# 传统哲学中的
# 人道与德性

李大华　著

商务印书馆
The Commercial Press

**图书在版编目(CIP)数据**

传统哲学中的人道与德性 / 李大华著. — 北京：
商务印书馆，2023
ISBN 978-7-100-21788-0

Ⅰ．①传… Ⅱ．①李… Ⅲ．①哲学思想－中国－文集
Ⅳ．①B2-53

中国版本图书馆CIP数据核字(2022)第197670号

传统哲学中的人道与德性
李大华 著

商 务 印 书 馆 出 版
（北京王府井大街36号 邮政编码100710）
商 务 印 书 馆 发 行
艺堂印刷（天津）有限公司印刷
ISBN 978-7-100-21788-0

2023年9月第1版　　　　开本 880×1230　1/32
2023年9月第1次印刷　　　印张 13
定价：65.00元

# 目　录

论先秦中国社会的公平观念 …………………………………… 1

再论先秦中国社会的公平观念 ………………………………… 25

三论先秦中国社会的公平观念

　　——"法"意义下的公平问题 ………………………… 43

略论初唐政治哲学中的宽容精神 …………………………… 65

法律与人道：关于大唐王朝和平崛起的法律思考

　　——在深圳图书馆人文讲坛上的演讲 ……………… 89

道家的政治智慧：天人道与人之道

　　——在深圳图书馆人文讲坛上的演讲 ……………… 105

道家哲学的性质问题 ………………………………………… 124

谈谈老子"观"的艺术 ……………………………………… 141

从道家和儒家看各自理想中的"圣人"

　　——在深圳图书馆人文讲坛上的演讲 ……………… 151

自然主义与道德主义

　　——罗隐《两同书》和小品文及其传统学术的现代性 175

阳明后学的异端品格与道家风骨

　　——从李贽的"童心说"说起 ………………………… 196

论憨山德清的庄子学 …………………………………… 212

论中国道德生活的可能性选择 ………………………… 227

庄子"道德"问题论
　　——对儒家的德性的早期反思 ………………… 253

商人伦理与宗教伦理
　　——兼论华南地区道教世俗化运动 …………… 274

生命秩序与环境伦理 …………………………………… 313

重塑人与自然的关系 …………………………………… 318

现代国民教育中的"格" ……………………………… 337

章太炎自由观念的阐释 ………………………………… 362

梁启超文化观寻迹与反思 ……………………………… 382

李大钊东西文化观述评 ………………………………… 397

# 论先秦中国社会的公平观念

"公平"概念，似乎是一个西方舶来品，是一个现代政治哲学的概念，其实不尽然。应当说，西方现代政治哲学家把这个概念作为其学说的最基本概念来阐述，并由此生发出来整个的政治哲学理念。但是，并不能由此断定公平问题只是一个西方的或现代的问题。公平问题由来已久，它涉及一个社会的政治生活的平衡、和谐与稳定，也涉及政权结构的合法性问题。任何一个社会，为了避免社会动荡，寻求社会安定与稳定，都要设法解决社会的不公，或者说都要正面地回答什么是社会的公平，怎样才是公平的。考察中国先秦公平观念，有助于理解中国的社会建构过程和发展的倾向性，并由此理解当代公平问题。

## 一 公平、中正的观念

这里说"观念"，是因为中国先秦的确没有等同于现代意义中"公平"的概念，但不等于没有这样的观念和问题，现代人所说的公平包含着个人的身份独立、平等和权利等，在先秦没有这样的含义，不过在那时有那时候的公平的含义。

在先秦，涉及公平观念，大约有这样一些词：公、平、中、正等。我们可在其特殊语境中来看它们所透露出来的观念。

（一）先看"正"与"中"。《今文尚书·汤誓》：

> 王曰："格尔众庶，悉听朕言。非台小子敢行称乱。有夏多罪，天命殛之。今尔有众，汝曰：'我后不恤我众，舍我穑事而割正夏？'予惟闻汝众言，夏氏有罪，予畏上帝，不敢不正。"①

商汤要革夏桀的命，先要数落夏氏的罪行，然后欲以上天的名义，革其不正以归于正。"正"是什么意思？《说文》释为："是也。从止，一以止。徐错曰：'守一以止也。'"这里，"正"也就是纠正的意思，那么纠正的"正"就是"是"，"是"相对于"错"而存在，换句话说，坚守"一"以制止不正当的行为。那么"一"就是正当了，它是判断一切是非的准则。这个是非准则必定是公共接受的，能够说服人的。再看《今文尚书·洪范》：

> 无偏无陂，遵王之义；无有作好，遵王之道；无有作恶，遵王之路。无偏无党，王道荡荡；无党无偏，王道平平；无反无侧，王道正直。②

无偏陂、无好恶、不结党营私、不违反法度，这些都是如何规范社会行为的问题，或者说如何纠偏匡正的问题，王道荡荡、王道平平、王道正直，则是一种政治与社会的理想状态，这种理想状态是人人所期望的，如此才成为公共的准则。《洪范》第六畴进一步把"正直"作为"三德"的第一德，把端正人的曲直作为治理国家的第一措施。基于这个原因，《书说命》上说："惟木从

---

① 孙星衍：《尚书今古文注疏》，中华书局1986年版。
② 同上。

绳则正。"也就是以绳墨校不正的木材，那么这个绳墨就是作为准则的"正"。孔子说："晋文公谲而不正，齐桓公正而不谲。"[①]这是把狡诈与正直作为评价人的道德标准。

"中"，在《尚书·盘庚》中有言："汝分猷念以相从，各设中于乃心。"在《尚书·酒诰》中有言："尔克永观省，作稽中德。"这里所说的"中"，都是正道、正直的意思。《易传·文言》在解释里"中"与"正"合用："龙德而正中者也"，"大哉乾元，刚健中正，纯粹精也"。从而把中看成没有偏颇与私欲的"君德"。这种带有公平、正直的观念保存至今人们的习常用语中。至于《论语》中"允执其中"及其"中和""中庸"等调和对立、寻求和谐的意思，则是从"中"开出的另一种观念。

（二）再看"平"。平，有平坦的意思，如《墨子·经上》："平，同高也。"《周易》泰卦："无平不陂，无往不复。"也有治理的意思，如上述"王道平平"。平还有公平的意思，《诗经小雅·节南山》：

> 节彼南山，维石岩岩。赫赫师尹，民具尔瞻。忧心如惔，不敢戏谈。国既卒斩，何用不监？节彼南山，有实其猗。赫赫师尹，不平谓何？……昊天不平，我王不宁。不惩其心，覆怨其正。

这首政治抒情诗表达了民众对执掌国政者的怨恨不满，也表达了对国家前途的担忧，通过社会内忧外患的现实，人民认识到社会政治生活和上天对待人间世界的双重不公平。虽然人们对什么是公平、怎样才能够具有社会的公平并没有理性的认识，

---

① 《论语·宪问》。

但那时已经有了公平的意识。他们反问："尹太师你为什么不公平，把国家搞得乌七八糟？"也质问上天："你为什么不公平，年年降灾，使我们国家陷于战乱中？"现代理性的公平观念乃是社会长期进步的结果，不能设想先秦社会就有了现代的认识，那时感性的认识只是表明了一种社会要求和倾向，这种要求和倾向正是进步的前提。

对于公平观念谈论最详者，荀况是第一人，他说：

> 故法而不议，则法之所不至者必废。职而不通，则职之所不及者必队。故法而议，职而通，无隐谋，无遗善，而百事无过，非君子莫能。故公平者，职之衡也，中和者，听之绳也。其有法者以法行，无法者以类举，听之尽也。偏党而无经，听之辟也。故有良法而乱者，有之矣；有君子而乱者，自古及今，未尝闻也。《传》曰："治生乎君子，乱生乎小人。"此之谓也。①

荀子以法作为标准，认为只要没有偏私地衡量事情的轻重，就能够做到公平；遵守常法、以法为准绳能够做到适中无过。法不议，界限不明；职不通，责任不清。法一旦设立，就属于公器，超乎个人主观爱好与倾向；而职属于执法听政者的事情，如果执法者对法的理解有问题，或者他在执行过程中有意曲解，都会形成不公平和过错。对于法本身的公正性质，荀子没有产生怀疑，只是对法律是否周全持保留态度，认为法律会有"所不至者"。对于执法者是否公平无差，则是荀子强调的，一部好的法律（"良法"），会因为执法的人不好（"偏党而无经"）而形成极其不公的结果。所以，在法治与人治二者之间，儒家

---

① 《荀子·王制》。

的观念占了上风，即相信贤良的人（"君子"）可以行为不僻（"无隐谋"）、公正执法，好的法律在他们手上可以得到一个好的治理结果。即便"法之所不至"，或"无其法者"，贤良的执法者也会以经验类推（"类举"）的方式，使原本无法可依的局面得到治理，换句话说，贤良的人能够保证公正和无差错。韩非子相信"奉法者强则国强，奉法者弱则国弱"①。他认为，社会的公平与不公平不在于执法的人，而在于法律的权威，在这个不可撼摇的权威面前，"暴者守愿，邪者反正，大勇愿，巨盗贞，则天下公平，而齐民之情正也"。② 所以，不在于贤或不肖执法听政，只在于法度的分明，"法分明则贤不得夺不肖，强不得侵弱，众不得暴寡，託天下于尧之法，则贞士不失分，奸人不徼幸"。③ 也就是说，在具有绝对权威和度量分明的法律面前，就有社会的公平，良士执法不会失却分寸，不肖的人也没有机会逃乎法度之外。

不过，荀子和韩非子的"公平"都没有身份平等的意思。荀子的公平观建立在不平等的身份基础上，在他看来，社会本来就应该有贫富、贵贱之分，没有这样的差别倒是很危险的，他说：

夫两贵之不能相事，两贱之不能相使，是天数也。执位齐而欲恶同，物不能澹则必争。争则必乱，乱则穷矣。先王恶其乱也，故制礼仪以分之，使有贫、富、贵、贱之等，足以相兼临者，是养天下之本也。《书》曰："维

---

① 《韩非子·有度》。
② 《韩非子·守道》。
③ 同上。

齐非齐。"此之谓也。①

社会的有序运转需要有等级差别，富贵可以凌驾于贫贱之上，而贫贱接受被富贵凌驾，这种差别性正是社会的动力所在（"相事"与"相使"），如果彼此都一样（不"相兼临"），必然导致"乱"的局面。所以社会的"礼仪"本是等级之"分"的结果，而"分"既有贵与贱、富与贫的分别，又有"职分"的区别。职分是荀子的一个基本观点，从天人相分到人人相分，人与天之间的合理与公平就是人不与天争职，明于天人之分称为"至人"。同样，人与人之间的公平与合理在于人人安于自己的职分，使君者为君、民者为民、商者为商、农者为农，所谓"君君、臣臣、父父、子子、兄兄、弟弟一也，农农、士士、工工、商商一也"。②荀子进一步把这种观点贯彻到国家政治生活当中去，他说：

> 兼听齐明则天下归之。然后明职分，序事业，材技官能，莫不治理，则公道达而私门塞矣，公义明而私事息矣。……故职分而民不慢，次定而序不乱，兼听齐明而百事不留。③

这里也涉及人与人之间在智识、才能等方面的差别，这些差别也是社会的职能分工的基础，把每个人放置在适合其才性的位置，从而使整个社会呈现从高到低的秩序性，是一种社会的公平。所以，荀子所借用《尚书》里"维齐非齐"的话，可以说是他的公平观念的准确表达，即为了公平而采取不平等的措施。

---

① 《荀子·王制》。
② 《荀子·王制》。
③ 《荀子·君道》。

## 二　神圣性、至上性与公平性

尽管每个人都试图超越自己的立场和社会地位的局限性，可是事实上并不能有效地说明自己所讲述的道理是大公无私的。从历史的眼光来看，个人不能完全地超越自身的局限，每个人都代表着某个阶层或集团的意见。可是，另一个方面也是事实，即每个历史上可记载的思想都取得了公共认同的形式，即便像黄宗羲所说的"以一己之大私为天下之大公"的帝王，也一定要取得这种公共认同的思想形式。换句话来说，一定要设法将自己的道理说成天下公理，而且也必须多少包含着社会公平的思想内容，至少需要在其学说中贯穿着追求社会公平的企图。而换取公共认同的最有效办法，就是采取非利己的形式，即超立场、超派别，而且超人类的办法，那就是神圣的立场，把自己所讲的道理说成来自上天的授意。

（一）神圣性与公平性。《尚书》所记载的重大历史事件，大多与此有关。《尚书·舜典》记载：

> 正月上日，受终于文祖。在璇玑玉衡，以齐七政，肆类于上帝，禋于六宗，望于山川，遍于群神。辑五端，既月乃日，觐四岳群牧，班瑞于群后。

这是说帝舜从帝尧禅让即位，但这件重大事件必须及时地向上帝报告，以表明继承权的合法性，而且政权的交替时间、形式，以及颁布法令的次序，都要遵守天地自然次序，这无非欲表明属人的次序的根据在于属天的次序。这与《尚书·洪范》所表明的过程是一样的，《洪范》是从五行关系说到五事、八政及其人事与社会关系的。同样，社会革命的依据也在于上帝的旨意。商汤要革夏命，自己却不愿意承担革命的责任，"非台小子敢称乱"，"予畏上帝，不敢不正"，把责任推给上帝。周武欲推翻商纣的暴虐统治，采取的办法与商汤如出一辙，《尚书·大诰》记载：

> 已！予惟小子，不敢替上帝命。天休于宁王，兴我小邦周，宁王惟卜用，克绥受兹命。今天其相民，矧亦惟卜用。呜呼！天明畏，弼我丕丕基！

这里的"天明畏"，即是通过一系列的事件表明上帝的态度，不仅卜卦显示了这种变化，而且上帝通过民众对武王伐纣的支持（"相"）表明了对正义性质的肯定。天（上帝）如何体现对社会与人事的有效支配呢？《尚书·高宗肜日》说道：

> 惟天监下民，典厥义。降年有永有不永，非天夭民，民中绝命。民有不若德，不听罪，天既孚命正厥德，乃曰其如台。呜呼！王司敬民，罔非天胤，典祀无丰于昵。

这里提出了两个相关的问题，一是天时刻督察着人间的物事，作为对人间的对与错、善与不善的奖赏与惩罚，天给予人的生命长短寿夭的差别；二是普天之下的民众都是天的后代（"罔非天胤"），作为人间事物的掌管人，统治者应当善待他的人民。也就是说，人间的事事物物都与天有着密切的联系。

不管统治阶层是否有意编造天上、人间相关的神话，可以肯定的是，在先秦这种观念成了官方和民间所共同认可的东西，就连最高的统治者对此也深信不疑。《尚书·西伯戡黎》记载了一个事件，周文王率兵攻克了黎国，祖伊慌忙奔告殷纣王，并忧伤地提醒说：天终止了我们殷王朝的大命（"天既讫我殷命"）。而纣王却满不在乎地说："我生不有命在天"，周人能把我怎么样？可见当统治者在将人间次序神圣化的观念教与人民的同时，他们自己也被这种观念同化了。

把社会秩序的先天基础说成是上帝，与把这种先天基础说成是无意志的自然，其共同点在于超越现实的社会关系，并把这种社会关系神圣化，进而从中获取存在合理性。因为有了这种神圣的性质，一切的社会关系都取得了正义性，人们不会对来自上帝或超自然的政治安排产生怀疑。孔子进朝廷，看起来害怕而谨慎的样子，好像没有容身之地（"鞠躬如也，如不容"）；经过国君的座位，神情庄重，脚步也快，言语似中气不足（"过位，色勃如也，足躩如也，其言似不足者"）。①孔子并非真的见到国君就如此害怕胆小，战战兢兢，而是在他看来，"位置本身比谁来占据那个位置更为重要"（史华兹语）。这种情形不唯中国先秦如此，也是全人类共同的思想历程，世俗的政治秩序总会被放置在超越世俗的秩序之下。可是，神圣性对于现实的社会政治秩序来说，实际上只是一层着色的光环，它使人产生炫目的感觉。问题是人不可能长期沉溺在这种保持距离的感觉中，总是要识别其真身的。也就是说，社会政治秩序光有神圣的光环是不够的，它还必须要靠其自身所包含的实际内容来博得人民的认同。这种"实际内容"应当来自对人性、人本的看法，包括把人当人看、尊重人的自尊、一定程度的社会公平，等等。一代统治者是否明智，就在于是否能够清醒地意识到自己的统治秩序是否具有上述的"实际内容"，如果说暴戾是殷纣王的本性，那么其昏聩就在于他沉溺在那神圣光环的感觉中，没有意识到统治的基础必须要有包括社会公平在内的"实际内容"，死到临头还相信自己的统治不可能受

① 《论语·乡党》。

到他人的挑战。而在有关圣明帝王的记载里，我们除了能找到一些神圣性，也能找到一些现实性。《尚书·尧典》记载：

> 帝曰："皋陶，蛮夷猾夏，寇贼奸宄。汝作士，五刑有服，五服三就。五流有宅，五宅三居。惟明克允。"

这段话是帝舜告诫司法官皋陶，要他根据罪犯的罪行大小，使用不同的法律尺度在不同地点予以处罚，有的罪犯可以采取流放的办法，流放地可以分为四海之外、九州之外和中国之外。执法应当明察案情，公允恰当，这样人民就会信服。另外，《尚书·皋陶谟》记载：

> 禹曰："俞哉! 帝光天之下，至于海隅苍生，万邦黎献，共惟帝臣。惟帝时举，敷纳以言，明庶以功，车服以庸，谁敢不让，敢不敬应。帝不时，敷同日奏，罔功。"

这段话表面上颂扬了帝舜的巨大成就，实质上则劝导帝舜要举用贤人，广泛听取意见，考察人们的作为，根据其功劳大小给予奖励。如果做到这样，没有人不谦让，没有人不恭敬回应。反之，如果好坏不分、真假不辨，就无法治理好国家。圣明的统治者必定有着清醒的头脑，认识到自己统治的基础在于是否公正廉洁，是否明辨是非，是否修贤选能，是否善待自己的臣民，等等。不但自己，而且自己的大臣们也应当是正直的，把每件事都处理得当,这样就能使每个举动都产生好的社会响应，所谓"其弼直，惟动丕应"[1]。只有做到这一点，上帝才会真正信任并嘉奖你，把重大的历史使命交与你（"馪志以昭受上帝，天其申命用休"[2]）。这就是说，得到上帝的信任是一件

---

[1] 《尚书·皋陶谟》。
[2] 同上。

极其重要的事，公正地行政、善待自己的臣民也同样的重要，而且只有后一个方面做得好，才可能得到前者。周王朝从殷王朝那里夺得天下，却不得不时常提醒自己要以夏朝、殷朝的覆灭为历史的镜子，"我不可不监于有夏，亦不可不监于有殷"[①]。以自己取得天下的经历，周王朝的统治者也不相信仅仅靠来自天的神圣性庇护就可以保住江山。

神圣性来自超越性。同样是把社会政治秩序放置在超越秩序之下，但东方的情形有别于西方。西方的超越秩序源自一个观念清楚的上帝，上帝虽然没有形象，但上帝通过与俗世立约，把自己的意图表达得十分地清楚，上帝的旨意通过宗教律令的形式表达出来了，一切俗世社会的公正与公平都在《圣经》里讲过了。人们可以对俗世的事务评头品足，却不可以对前定的秩序妄加评论。也就是说，在西方，宗教的精神起了支配作用，神圣性与公平性在上帝订立的约法中充分地实现了。在中国，虽然也有个上帝，甚至夏、商、周几个不同时代的上帝还都是同一个上帝，并没有因为俗世的改朝换代也跟着换了代，周王朝统治者清醒地意识到终止了殷商王朝、兴了小邦周的上帝是同一个上帝，上帝可以兴你，也可以废你。但是，这个上帝从来都是模糊不清的，没有哪个人对上帝有过清楚的描绘，上帝也没有对人间社会的秩序做出任何的说明，上帝只是通过降下吉祥或灾异表达他对人间社会的好恶，如《国语·周语》所记述的："是以或见神以兴，亦或以亡。……是皆明神之志者也。"

所以，人间社会秩序的神圣性虽然采取了超越的形式，却

---

① 《尚书·召诰》。

是通过世俗世界自觉地建构起来的，而且从一开始便有了有意附会的色彩。因为附会，才使得俗世的政治秩序产生了神圣性质。王者成了上帝之子（天子），人们把对上帝的崇敬转移到了对世俗政权及其统治者的崇敬。虽然上帝没有直接向人们说明什么是社会的公正、公平与合理，却通过对现世政治事务的喜好与憎恶昭示出来。在这个意义上来说，先秦中国社会的神圣性与公平性是在上帝呈现的各种异象中实现的，从而其超越性乃是模糊的和不彻底的。如果说中国先秦也有宗教的话，那也还是自然的或原始的宗教，没有与尘缘断绝关系的宗教。这种原始型的宗教留下了巨大的没有圆成的空缺，填补这个空缺只能依靠道德的至上性。

（二）至上性与公平性。对德行的重视，源自文明的开始，《尚书·皋陶谟》就提出"行有九德"：宽而栗、柔而立、愿而恭、乱而敬、扰而毅、直而温、简而廉、刚而塞、强而义等，并主张凡在日常行为中具备其中三德的人，就可以做卿大夫，能用其中六德约束自己的人可以做诸侯；上天配以天子、诸侯、大夫、士、庶人五种服装来表彰他们不同的德行。同样，对民众是否有德行也以祸福寿夭来彰显。不过，在周王朝之前，德行的要求对统治集团来说主要关系到能否公平行政，无德行的人如果执掌政权，会扰乱人们的正常社会秩序，带来社会的不安定。商汤在历数夏桀无德时，着重是说他"不恤我众，舍我穑事而割正夏"，也就是说，在周以前，德行是一个为政的要求，但并未将这种要求上升到至上性的程度。社会政治生活还笼罩在上帝的神圣支配之下，即人们相信上帝对人世间的保护是有效的，还不需要以个人的道德修养来迎合上天。说尧、舜、禹及商汤等帝王的政治圣明是一种有德的表现是没有错的，但如果说他们是通过德性的修养达到政治的圣明则未必。因为这些圣明的帝王都不是通过个人修养通往圣明之路的，或者说他们应当且必须具备个人德性修养，但他们不是靠个人德性修养达到圣明的。到了西周，情况发生了很大变化，周人对上天的保护产生了疑问，反之，他们对自己的德性修养更为看重。这大概与他们得到政权的经历有关系。司马迁在叙述周人兴起的过程时说：公刘修后稷之业，"务耕种，行地宜，自漆、沮度渭，取材用，行者有资，居者有蓄积，民赖其庆。百姓怀之，多徙而保归焉。周道之兴自此始，故诗人歌乐思其德"；"古公亶父复修后稷、公刘之业，积德行义，国人皆戴之"，"古公足，季历立，是为公季。公季修古公遗道，笃于行义，诸侯顺之"。[①]周人是靠积功累德赢得民众拥戴而从殷人那里取得政权的，他们很清楚自己的政治基础，所以周王朝始终都把德性修养摆在突出地位。周公在康叔赴命统治殷的遗民时，告诫他说：

> 惟乃丕显考文王，克明德慎罚，不敢侮鳏寡，庸庸，祗祗，威威，显民，用肇造我区夏，越我一二邦，以修我西土。惟时怙冒闻于上帝，帝休，天乃大命文王殪戎殷，诞受厥命越厥邦厥民。[②]

这是说周王朝以勤奋的德性取悦于上帝，上帝于是命文王灭掉殷王朝，接受统治天下的大命。所以，周公特别强调了"明德慎罚"，要以德性赢得民心。周公还反复提醒为政者不得懒惰懈怠，"君子所其无逸，先知稼穑之艰难，乃逸则知小人之依"。[③]

① 《史记·周本纪》。
② 《尚书·康诰》。
③ 《尚书·无逸》。

知稼穑的艰难，才不会因自己的奢侈淫逸而夺百姓生存的根本。《尚书·吕刑》还提出不能滥用刑法，要以德行使民众内心臣服，所谓"德威惟畏，德明惟明"。西周的统治经验一个有价值的启示是提出了由内到外的道德至上的路径，主张以内在的德性修养等待上帝的支持，也就是说通过道德至上性获得神圣性。与殷商时期比起来，西周的人的态度更加现实一些。尽管西周的人们并没有完成道德至上性的建构，但他们在这方面开了先河，所以"内圣外王"的根源在于西周。

道德至上性的建构是由儒家完成的。把德性作为为政的根本要求，这是儒家的一个基本思想，这个思想被荀子的王霸之说发挥了。虽然以力服人的霸道也是一种统治国家的方法，但儒家不主张这样的方式，儒家主张的是以德服人的王道，实行人道的统治方法。这不只是一般方法与策略上的变化，而是世界观的转变。我们知道，孔子尽管相信天命，但天命在孔子那里表现为不可预知的命数，天是什么，孔子不讲。有一点可以肯定，孔子所说的天不同于殷周人所说的天或上帝，这与殷周人爱讲神、孔子不爱讲神一样。因为孔子不相信由外在的天或上帝能够实现人间的救赎，而相信由内在的修养达到神圣。比较殷纣王所说"我生不有命在天"与孔子所说"天生德于予，桓魋其如予何"，可以看出，前者的天是上帝，后者的天是未知的命数或自然必然性；前者相信上帝赋予了自己统治天下的权利，后者相信自然的命数赋予了自己超凡入圣的德性。就是说，在孔子那里，道德获得了至上的品性，由于至上，从而神圣。

道德至上本身是个超越的问题，当追求道德至上限定在个人范围内的时候，它是个人的事情，等于说我愿意追求这样的精神境界，这是理性的自由；可是当这样的追求成了社会的意志时，它便不是个人的事情。作为一种社会意志，道德至上的要求中是否包含社会公平的思想？这是一个不能回避的问题。在现代西方，有关公平与正义的学说也是被作为伦理学说看待的。因为追求公平本身就是一种德性，是一种善。当人们在公平与不公平之间做出选择时，"择善而从之"是作为原初的动力在发生作用。在这个意义上来说，有关道德至上的学说必然包含着社会公平的思想，不管人们如何解释这样的公平。如上所述的不侮鳏寡、明德慎罚、积德行义都包含着社会公平的思想内容，而道德至上所表现出来的圣明，如通达事理、心胸广大、公而无私、明辨是非、广纳贤言、尊重他人，毫无疑问都体现了公平的意识。孔子的"己所不欲，勿施于人""己欲立而立人，己欲达而达人"，以及"忠恕"思想，都体现了先秦时期的社会公平。我们可以说孔子的这些思想带有极大的局限性和倾向性，但他的道德至上学说中涵育着社会公平思想是毋庸置疑的。

## 三　民的观念与合法性问题

当我们讲社会公平的时候，必须要回答两个问题：一是公平的实施对象，即在哪个范围内实现公平；二是公平作为一种社会追求，它的实施主体是政府，政府为了坚固自己的统治基础，一定要在它所认定的社会范围内推行公平，这个问题直接关系到其执政的合法性基础。前一个问题涉及"民"，后一个问题关系到政府对待民的态度。

（一）何谓民？这个问题似乎极其简单，但又最难说清楚。在一个等级分明的社会里，谁是民，谁不是，从历史的角度来看，并不容易弄清楚，但是有一点是十分清楚的——当统治阶层使用民的概念时，他们知道自己指的对象是谁，因为他们在运用这个概念时，已经在内心里圈定了一个范围，他们打算在这个范围内执行某种政策，推行某种主义；至于说不被圈定的那些人，如奴隶，虽然也是人，却不会被看作民。民之为民，建立在两个基础上：首先，这个概念具有最宽泛的可能性，谁都可能是民，在使用上具有最大的模糊性，从而似乎有着最大的代表性；其次，民并非某人或某些人称自己是民就能得到认可，这个概念表明的只是官方的态度，官方认为你是民才算有效，如战争俘虏、奴婢等不被视为民。民既表明与官方是同类，又表明是政府所赖以存在的基础。所以说，在先秦中国社会，民是特指那些具有一定社会地位的人们。《尚书》作为官方政治文件，其中关于"民"的看法能够使我们得到某种理解：

> 天聪明，自我民聪明。天明威，自我民明威。达于
> 上下，敬哉有土。(《皋陶谟》)
>
> 古我先后，罔不惟民之承。保后胥戚，鲜以不浮于
> 天时。(《盘庚》)
>
> 天畏棐忱，民情大可见。小人难保，往尽乃心，无
> 康好逸豫，乃其乂民。我闻曰：怨不在大，亦不在小。
> 惠不惠，懋不懋。(《康诰》)

上述表达了两层意思：一是天和民的关系，天对俗世的好恶爱憎，都要通过民心民情的向背表示出来，所以说"民情大可见"；二是统治者必须顺应民心民情，无论民间哀怨的大或小，都是值得注意的，所谓"罔不惟民"。那种被称为臣民的人们，也

是"天监"的下民，他们不仅臣于君主，也臣于上帝，是上帝的子民，从而君主善待自己的臣民，也是善待上帝的子民。很显然，民与上天的这层关系成了君主与民之间关系的基础，君主所要落实的社会的公正与公平就限定在这个范围内了。

哪些人才能进入这个范围呢？进一步说，君主与民的关系是怎样的？这需要具体地分析。《左传·昭公》：

> 天有十日，人有十等，下所以事上，上所以共神也。
> 故王臣公，公臣大夫，大夫臣士，士臣皂，皂臣舆，舆臣隶，隶臣僚，僚臣仆，仆臣台。

在这个等级阶梯中间，我们难以准确地分辨出哪些身份的人属于"民"，哪些是不计算在内的奴隶。关于奴隶的讨论在20世纪50年代初就有过激烈讨论，单从中国古代是否存在奴隶来说，这不是问题，问题是是否存在一个奴隶制度，以及其历史界限该划定在什么时期。郭沫若关于中国社会"经过了原始公社制、奴隶制、封建制而来"的观点，曾经被确立为权威。但其观点的基础有缺陷。单从陪葬和铁器等生产工具的出现还不足以说明奴隶制度，需要说明的是奴隶生产的大规模协作的历史存在，即一种生产方式的存在。至少我们可以说，中国的社会形态分期并不是典型的。因此，我们也应当从不典型的情形考虑其社会历史结构。也就是说，在当时存在着为数不少的奴隶，却没有形成一个阶级，尤其没有形成以生产关系为纽带的奴隶阶级，奴隶存在于部族、家族内，且依附于部族和家族，而这种情况是不能充分地说明奴隶制度的。

奴隶既不是整体的阶级，那么就不存在真正意义上的统治者与奴隶阶级之间的关系，存在的只是统治者与各个部族、家族以及家庭之间的关系。这之间既存在血缘关系，也有着非血缘关系。如殷商的盘庚与他所率领的迁移的人民之间就是部族关系，而西周征服殷商进而统治天下时，作为最高的统治者便超越了部族的界限。可以说，君主的产生就是不断地超越家庭、家族和部族的过程。这个超越过程始终伴随着血腥的征服，而寻求英雄与君主的保护成为一种现实的选择，即被征服者愿意尊崇英雄与君主的权威，从而获得安全的保护和利益的分配。君主能够最大限度地调配其资源，既可以满足自己的需求，也要在被保护的人们当中实现公平的分配，分配的对象当然是与统治者具有嫡血缘关系的亲族和非血缘关系的有身份的望族。至于说什么等级的同宗亲族和外姓望族能够分享权益，没有一个清楚的界限，这也就是"民"这个词的模糊性了。但有一点是清楚的，"民"除了具备一定的身份级别，还主要是以家庭、家族或部族为单位的。这是因为低贱人士的个人身份长期被忽视，身份独立的意识极其淡薄，官方从不重视下民个人的身份，常常以户或家为单位。这种情况或许是因为人们的个人身份与家庭身份总是一致的，分工决定了这一点，恰如管仲所说："士之子恒为士"，"工之子恒为工"，"商之子恒为商"，"农之子恒为农"。[①] 就是说，生产是以家庭或家族为基本单位的，而不是一个奴隶主驱使大批奴隶从事大规模的劳动协作，家庭或家族不仅承担了生产任务，也承担了道德与法律的责任，如此，才有家庭及家族成员的一荣俱荣、一罪俱罪的情形。这里涉及这样一个问题，有多少社会公平与在多大范围内实行社会公平，都是一个社会进步的标志，但这两者又是有区别的，有了公平并不等于全民都能享受到它；反之，并不能

---

① 《国语·齐语》。

因为享受范围受限，就否定存在着公平。有一点可以肯定，尽管君主要在民中间推行某种公道与公平，但统治者与被统治者之间不存在公道与公平的关系，他们之间只能是征服及尊崇的关系，所以中国长期存在着类似父母与子民的关系，其根源是很古老的，至少《尚书·洪范》已经说出了这种关系："天子作民父母，以为天下王。"

（二）民本与民权。民本的思想在中国可谓渊源很深，说"天聪明自我民聪明"时，就已经是一种民本的思想了。这种民本思想大概源自两个方面：一是社会历史变迁中的治与乱的经验，二是出自对人本身深切关怀的人类理性。在殷商，甚至传说的尧舜记事中已透露出了民本思想，但由于笼罩在神圣性与道德至上性之下，中国政治的发展没有充分地考虑到民的身份问题，可以说从来没有考虑过给人们以平等的身份。但是，中国有比较早的民本的思想，这种思想甚至可以说是比较成熟的人本主义，主张统治者要把民众当成人来看，尊重人的意志，不要把自己的观念强加于人，甚至具有民众也是上帝子民的思想，所以要体恤民众的痛苦，让他们有休养生息的空间。这些观念在春秋战国时期获得了充分的发展，在各个学术派别中都能找到关于民本思想的表述。墨子的"兼爱说"把人之间能否相爱看作是国家治乱的根源。

> 圣人以治天下为事者也，不可不察乱之所自起，当察乱之何自起？起自不相爱。[1]

"不相爱"，从而自爱而不知爱人、自利而不知利人，那么人们也要承担与此相反的结果。

---

[1] 《墨子·兼爱》。

夫爱人者，人必从而爱之；利人者，人必从而利之；
恶人者，人必从而恶之；害人者，人必从而害之。[1]

不光是父子、兄弟之间如此，国君与臣民之间也如此。墨子没有明确从本末关系说明兼相爱，但他就人们之间的利害关系和人的关爱做了论述。这种"兼爱说"虽然在春秋时期显得一厢情愿，却成了儒家民本思想的一个资源。儒家从人性的角度充分地发展出了仁爱、忠恕学说。这种观念被孟子提升为"民贵君轻"的民本思想，也被荀子发展成为"水则载舟，水则覆舟"的君民关系说。民本思想包含着对政府的这样一种诉求，即尊重人民的基本生存要求，尊重人的尊严，而且这样的尊重应当主要落实在对具有合法身份的下层民众的尊重，所以，民本思想深藏着人性的仁爱精神；但是，民本思想本身乃是一种社会政治学说，其中不乏政治力量和社会利害关系的权衡和考虑，荀子的君民关系说不过是把民本思想中的这层利害关系挑破了而已。民本思想的历史价值在于，它使得统治阶级从自身的安全和社会稳定的角度，不得不顾忌到民众的基本生存要求和个人的尊严，因为民本思想把君民之间的利害关系讲得十分的清楚，如果想要延续自己的统治地位，君主就要善待自己的臣民。先秦民本主义似乎呈现了某种可能性，即从中发展出类似于现代政治文明的社会平等与社会公平。但是，这种民本主义有其巨大的理论缺陷。首先，民本主义对人的尊重主要限定于人性和生存要求，没有落实在对人基本政治权利和生存权利的尊重，对人的爱不等于给予所爱的人以权利，后者才是人与人关系的根本解决办法，因为爱也可能侵犯所爱的人。其次，民本思想

---

[1] 《墨子·兼爱》。

始终都把群体的价值看得远远高于个体的价值，前面说到"民"不代表着个体的身份，就是说民本思想中并不包括对个体的尊重。其三，它把分工的差异与身份的不平等看成是民本主义的前提，这等于为人的尊严和社会的公平预设了前提，从而这种民本主义便与其理论上的缺陷并存，使得中国古代的民本思想不可能走向近现代政治文明。

（三）世俗基础与合法性。无论勤政爱民，还是在民当中公平执政，都有一个现实的考虑，即执政基础和社会信任，也就是世俗基础和合法性问题。按照福山（Francis Fukuyama）的理解，"合法性是政权的一种形式"。合法性危机主要是信任的危机，当我们说在一个权威系统里的合法性危机时，是指在他们的精英内部的内聚力是有效统治的实质。事实上，任何一个统治者都要注意其统治的社会基础，在其社会基础内的基本成员的认同就是其合法性。如果说，殷周以前政权的世俗基础是自己所统领的具有血缘关系的族群，其政权的合法性来自上天的支持的话，那么殷周以降，这样的关系与支持便不足以证明其合法性，不仅民众，而且统治者本身也清楚自己的世俗基础包含着不同的族群，统治的合法性更多地来自这些不同族群的信任和支持。当西周夺得三分之二的天下时，周武王考虑的问题主要是与殷纣王实力的比较，天意只是个辅助的因素。孔子说"为政以德，譬如北辰居其所而众星共之"，[①] 又强调"出门如见大宾，使民如承大祭"。[②] 孟子与梁惠王的对话，表达的中心意思是如何依靠德教行政，安定百姓的生活，使天

① 《论语·为政》。

② 《论语·颜渊》。

下人归往，所谓"保民而王，莫之能御"①。《管子》主张对民要"爱之，利之，益之，安之，四者道之出。帝王者用之，而天下治矣"。②荀子提出的"平政齐民"③"平正和民之善"④，以及"正理平治"⑤，都是强调应当善待民众，在他们中间公平、公正地行政，任何的"偏险悖乱"都是恶。总之，民心的向背成了政权的唯一合法性依据，这一点在《左传》记载的季梁的话就点明了："夫民，神之主也。是以圣王先成民而后致力于神。……今民各有心，而鬼神乏主。"⑥民众的这个政治基础越是广大，政权就越是具有稳定性。

　　从先秦的发展过程来看，每个统治者都会十分注意去加固其合法执政的基础，从而，"民"的观念是所有问题的基础。与此相关的问题是，统治者把"民"限定在哪个范围内，或者他们怎样运用"民"的观念。一方面，范围如果狭窄，容易平衡和满足这个范围内的成员利益，但基础不牢固；范围宽广，虽然具有牢固基础，但基础越大也就越是难以操作和控制，对统治者本身的制约和限制就越大，因为为了稳定这个基础，就要做出妥协和让步，在基本成员之间落实他们的权利和利益，体现某种社会的公平。所以，"民"注定要被模糊地使用。这个模糊，也就相应地产生了另一个问题：当"民"总是被集合地使用时，民就永远也没有真正落实权利和公平，这等于人人都看得到名分上属于自己的那份权益，可谁都拿不到；而

① 《孟子·梁惠王章句》。
② 《管子·枢言》。
③ 《荀子·富国》。
④ 《荀子·儒效》。
⑤ 《荀子·性恶》。
⑥ 《左传·僖公十九年》。

当"民"总是被作为个体意义使用时，便不会被作为整体考虑落实他们的权利和利益，只要对一些人做到了就行了，这样便又是极其的不公平，那些取得了权利和利益的人们就被看作为"民"的代表，多数人的权利和利益就被架空了。这正是中国先秦社会政治结构的奇怪现象，也是中国历史上公平观念的发展必然经历曲折的根源。

**本文主要参考文献：**

［1］顾颉刚：《顾颉刚古史论文集》第一集，中华书局1988 年版。

［2］冯达文：《早期中国哲学略论》，广东人民出版社1998 年版。

［3］本杰明·史华慈（Benjamin I. Schwartz）：《中国政治思想的深层结构》，见余英时主编《中国历史转型时期的知识分子》，台湾联经出版事业公司 1992 年版。

［4］艾森希塔（S. N. Eisenstadt）：《知识分子——开创性、改造性及其冲击》，见余英时主编《中国历史转型时期的知识分子》，台湾联经出版事业公司 1992 年版。

［5］余英时：《反智论与中国政治传统》，见《历史与思想》，台湾联经出版事业公司 1976 年版。

［6］郭沫若：《奴隶制时代》，见《郭沫若全集》（历史编　第三卷），人民出版社 1984 年版。

［7］吕思勉：《中国制度史》，上海世纪出版集团 2002 年版。

［8］萧公权：《中国政治史》，辽宁教育出版社 1998 年版。

［9］刘泽华：《中国政治思想史》，浙江人民出版社 2020

年版，第 51 页。

　　［10］Francis Fukuyama, *The End of History and the Last Man*, New York: The Free Press, 1992, pp.16, 258, 281.

# 再论先秦中国社会的公平观念

公平与正义问题由来已久，它是一个具有现实性和历史性的问题，每一个时代都有其自身对公平与正义的诉求，而每一个历史时代的思想家都有他们对这个问题的关切，从而有着他们不同方式的表达。这些诉求、关切和表达是我们关于公平正义的思想源头，又是我们处理当今社会问题的思想基础。在2004年的《哲学研究》上，笔者发表了《论先秦中国社会的公平观念》一文，这篇文章有点历史的跨度，从传说中的历史到战国末期，感觉有未尽之意，故再写本章，着力于先秦时期儒道两家对这方面问题的思考。

## 一　物不齐乃物之常情

孔子和孟子不大直接谈公平问题，孟子也只是偶尔谈到这个问题。有个追随神农之学的许行，仰慕滕文公行圣人之政，于是带了自己的徒弟几十人到滕国落了户，然而他又说滕文公还是没有得道——虽然贤者与老百姓一同耕地，一样地靠自己做饭，还要为百姓做事，但是，滕国还有仓廪库府的储蓄，还是靠损害别人来供养自己，这怎么算得上贤明呢？依照许行的观念，那个"贤明"中也就包含了公平的意思。反言之，损害别人的利益来供养自己是不公平的。孟子从别人那里听了许行的这番话之后，推导出许行的逻辑：如果按照许行的道理，市面上的价格没有两样，那么国家就没有伪诈了，即便儿童上街购物，也没有人欺负他。如此，市面上的布帛不管长短，麻缕丝絮无论轻重，五谷等粮食无论多少，卖的鞋子不论大小，都是同样的价格。孟子接着对许行的这个逻辑做了一个总结：

> 夫物之不齐，物之情也。或相倍蓰，或相什百，或相千万。子比而同之，是乱天下也。巨屦小屦同贾，人岂为之哉？从许子之道，相率而为伪者也，恶能治国家？①

孟子的意思是，所有的物品本来价值不等，这是事物的基本情况，有的价值甚至相差千万倍。你要是勉强地将它们以相同的价格出售，会使天下陷于混乱，因为没有人会愿意把不同大小的鞋子以同样的价格拿去卖。许行的治国思想看起来是公平贤明，其实是虚伪不实，根本行不通。

物的不等价，其实只是假借之义，根本的问题还是人的差异，有"大人之事"，有"小人之事"，孟子认为，你不能把"大人之事"等同于"小人之事"；或"劳心"，或"劳力"，你也不能把劳心者等同于劳力者。这些都是本来就存在的差异，或者说彼此本来就没有平等可言，如果你硬要把这些不平等的关系搞成平等关系，这是不现实的。由此类推，人们之间的"爱"存不存在平等关系呢？在孟子看来，爱一定是有差等的，也就是有亲疏的，不存在平等的、无差别的爱。墨家学者

---

① 《孟子·滕文公上》。

夷之与孟子有一番对话，夷之传话孟子：

> 儒者之道，古之人若保赤子，此言何谓也？之则以
> 为爱无差等，施由亲始。①

意思是：我听说儒家的传统观点是，君主爱护百姓，如同父亲对待自己的小孩那样，我由此联想到墨家的爱没有亲疏厚薄的差别，只是从父母亲情开始罢了。夷之的本意是想借此与孟子套个近乎，然而，孟子听了他的话之后，回应道：

> 夫夷子信以为人之亲其兄之子为若亲其邻之赤子乎？
> 彼有取尔也。赤子匍匐将入井，非赤子之罪也。且天之
> 生物也，使之一本，而夷子二本故也。②

孟子的意思是，夷子真的以为人们爱自己的侄子，与对待邻里的小孩是同样的吗？孟子知道夷子是抓住了这一点：小孩匍匐在井上行将掉下去了，人们见此情景，不管是自己的侄子，还是别人家的小孩，都会援之以手将其救起来的，因为这毕竟不是小孩的过错。但是，夷子显然是将人们的恻隐之心等同于墨家的爱无差等了，这是误解。况且，天生万物，都只有一个根源，而夷子却以为有两个根源。也就是说，儒家主张的是父母是唯一的，所以要亲其亲，对别人的爱不能与父母之爱相提并论；而夷子却以为人既有自己的父母，也当心存别人的父母，主张没有亲疏厚薄的兼爱。

"一本"与"二本"的表达是颇具意味的。依照"一本"的观念，人们应该对自己的父母亲，父母也应当对自己的子女爱，这是无与伦比的；依照"二本"的观念，人们不仅应该对自己的父母、子女亲爱，也当对别人的父母、子女亲爱，

---

① 《孟子·滕文公上》。
② 同上。

这之间的亲爱是平等的、无差别的，如果对自己的亲人有超于别人的亲爱，就不公平了。在孟子看来，"二本"的观念看起来高尚，其实两个根源的想法本身就没有依据。"一本"与"二本"的关系又如同"本末"关系一样，"不揣其本，而齐其末，方寸之木可使高于岑楼"①。也就是说，如果不在本源问题上弄清楚，只在末梢上去追求平等，那就如同我们不弄清楚基础，而把一块方寸大的木块放在高处，使其看来比高楼还要高。一句话，爱是不可能讲求平等的。这样讲并不意味着儒家不讲爱人（孔子讲"仁者爱人"），只是并不能把儒家的这种爱理解为无差序，不能把爱自己的亲人与爱他人放置在平等的位置上，至少存在一个先后、重轻、急缓的差别。孟子又说：

> 知者无不知也，当务之为急；仁者无不爱也，急亲贤之为务。尧舜之知而不遍物，急先务也；尧舜之仁不遍爱人，急亲贤也。②

从主观愿望上来说，好学的人想要学习所有的知识，仁爱的人想要爱所有的人，但这在现实中是无法达到的。尧舜意识到自身的局限，所以他们求知但不追求周遍，爱人却不追求爱所有的人，只优先选择亲人和贤人作为自己所亲所爱的对象。不周遍意味着不能够同等地对待所有的事和人。

在上述问题上，孟子的观点建立在两个事实基础上：一是不同的人和不同的事物本身之间就有差别，二是亲与疏之间本来就有差别。对于前者来说，人们不能够无视差别的存在，采用相同的价格对待不同商品，也不能够采用同样的标准要求不

---

① 《孟子·告子下》。

② 《孟子·尽心上》。

同的人（如"大人"与"小人"、"君子"与"野人"）。对于后者来说，亲与疏不能混淆，不能拿对待疏的人的办法来对待自己的亲人，也不能拿对待亲人的办法来对待疏的人，采取同样的办法对待不同的人，就不能算是一个仁人。杨朱与墨子是孟子主要批判的两个人，杨朱是为我——自私的典范，墨子是兼爱——无私的典范。不顾国家、只顾自己是"无君"，兼爱天下、不论亲疏是"无父"，这两者被孟子骂成是"禽兽"（《孟子·滕文公章句下》）。上面所谈到的夷子，正是墨学者，所以，孟子针对夷子的所有指责，也都是针对墨子来的。

值得注意的是，孟子始终没有直接谈论公平的问题，他依旧是从伦理的角度，或者说道德形上学的角度去谈论所有的问题，他始终没有偏离自己的方向，他没有说杨朱只顾自己不顾国家是对国家、对别人的不公平，只说这是"无君"；也没有说墨子兼爱、不论亲疏是对自己亲人的不公平，而只说是"无父"。无君、无父，就不能叫作人了！

为何孟子不愿意谈论公平问题呢？[①] 理由只能有两个：一是儒家的伦理原则，二是法的概念。公平要处理的首先是一个利益的问题，即不同利益主体之间的平衡和公允问题，如同一杆秤的两头要平衡，而利益却是儒家最不喜欢谈的问题。孔子说："君子喻以义，小人喻以利。"（《孔子·里仁》）孟子说："亦有仁义而已矣，王何必曰利。"（《孟子·梁惠王章句上》）孔孟在这个问题的立场上绝对一致，认为利益无论如何平衡公允，都会损害仁义。其实在经济领域里面，公平也是一个经济伦理问题，但却不是孔子和孟子愿意考虑的问题。当市

---

①　其实，公与私的问题从来都存在，平等与不平等的问题也是早就存在的，孔子、孟子的时代没有"公平"这个双音节词，并非没有公平的问题和观念。

场上出现了不等价交换的时候，公平问题呼之欲出了，然而，孟子不说不公平，却说不可行、虚伪，还是从伦理的角度说开去。公平在法律当中当然是立法和执法的基石，可是，虽然在春秋、战国时代既有习惯法的存在，也有了成文法的实行，但在孔孟看来，那不是王者之道，他们都不乐意从法律的角度谈论公平问题。从历史的眼光看，一个社会的长治久安，在于社会的利益关系是否处理得当、是否公平，而孟子开出的路径则是"人人亲其亲，长其长，而天下平"（《孟子·滕文公章句下》)，仍然是以伦理的立场回应天下的治理问题。

荀子所处的是一个立法的时代，不管这样的立法是否公平，但公平问题却几乎是思想家无法回避的问题了。在《荀子》书中，公平及与之相关的词，如至道、公道、公正、至平等词也频频出现，除了在法律的意义上界说公平[1]，荀子也从社会政治生活等方面界说公平、公道等意义，例如：

> 至道大形，隆礼至法则国有常，尚贤使能则民知方，纂论公察而民不疑，赏克罚偷则民不怠，兼听齐明则天下归之。然后明分职，序事业，材技官能，莫不治理，则公道达而私门塞矣，公义明而私事息矣。[2]

> 处胜人之势，行胜人之道，天下莫忿，汤武是也。处胜人之势，不以胜人之道，厚于天下之势，索为匹夫不可得也，桀纣是也。然则得胜人之势，其不如胜人之道远矣！夫主相者，胜人以势也，是为是，非为非，能为能，不能为不能，并己之私欲，必以道夫公道、通义

---

① 在《论先秦中国社会的公平观念》一文，笔者已经谈到了荀子的这个方面的内容，这里不再赘述。（见《哲学研究》2004 年第 10 期）

② 《荀子·君道》。

之可以相兼容者，是胜人之道也。①

荀子所论述的都是社会政治生活中的公平、正义等问题，主张对待礼仪要隆盛，对待法要给予至高的权威，强调秉公论事、赏贤罚罪、兼听齐明，这些方面都做好了，天下人都愿意归服；还要是非分明、能与不能分明、公私分明，才是"胜人之道"。他所说的"公道"相当于公平，"公义"与"通义"意思相同，相当于正义。这些都只是他所说的理想的"至道"的表现。"至道"是什么，他没有说。从上下文看来，它似乎指的是王者治理天下之道。不像在孔子、孟子那里，理想的"道"只有一个，是"一以贯之"的；在荀子那里，有许多不同意义的道，如"天道""人道""先王之道""天下之道""至道""百王之道""君子之道""圣人之道"，等等，以至于看起来有些驳杂。荀子时而像儒家，时而像法家，过去"评法批儒"的时候，将荀子看作法家，也不是没有道理的。但要仔细分辨，还是要说他是个儒家。这可以从两个方面看得出来：一是他主张隆礼，二是他主张明分职分。

对于儒家的"礼"，他说：

> 君子审于礼，则不可欺以诈伪。故绳者直之至，衡者平之至，规矩者方圆之至，礼者人道之极致也。②

> 凡得人者，必与道也。道者何也？礼义辞让忠信是也。③

这里所说的"道"自然是"人道"，而道的核心便是礼。绳、衡、规矩，这些是衡量事物曲直、轻重、方圆的标准，荀子拿

---

① 《荀子·强国》。
② 《荀子·礼论》。
③ 《荀子·强国》。

来表示衡量是否公平的标准，而礼就是衡量一切社会事物是否公平的最高标准。在这个意义上，荀子没有贬低儒家，而是崇尚儒家。

对于明分职分，他说：

> 故仁人在上，则农以力尽田，贾以察尽财，工以巧尽械器，士大夫以上至于公侯，莫不以仁厚知能尽官职，夫是之谓至平。①

这段话有两层意思：第一，农、贾、工、士等四民，各自能够尽到自己的职分，也即该做什么就做什么，且能够做得好，就是最大的社会公平；第二，要达到这样的公平，需要两个条件，一是最高统治者是一个仁义之人（"仁者在上"），二是人人内心都是仁厚的，以仁厚之心来尽自己的职分（"莫不以仁厚知能尽官职"）。前者是荀子所设计的社会公平的类型，后者是这种公平的道德基础。在这个理想类型里面，人与人本身没有平等，人们当恪守自己的出身与分工，不可以有越分的想法，所以，正是基于这个基础，荀子才说"惟齐非齐"的话。

孟子避谈公平问题，荀子则大谈公平问题，相比之下，孟子的主张要理想一些，荀子的主张对于社会治理要现实一些，然而，作为儒家，荀子的立场、观点却不像孟子那么纯粹了。

## 二　以不平平，其平也不平

公平问题涉及社会政治制度的安排，这也不是老庄的兴趣，但不等于他们不关切这个问题，他们只是以自己的方式来

---

① 《荀子·荣辱》。

谈论它。《庄子·列御寇》记述了庄子临死之前的一段对话：

> 庄子将死，弟子欲厚葬之。庄子曰："吾以天地为棺椁，以日月为连璧，以星辰为珠玑，万物为赍送，吾葬具岂不备邪？何以加此！"弟子曰："吾恐乌鸢之食夫子也。"庄子曰："在上为乌鸢食，在下为蝼蚁食，夺彼与此，何其偏也！"以不平平，其平也不平；以不征征，其征也不征。

庄子的弟子想到师父一生简易素朴，到死的时候应该好好安顿一下他，这也算是对得起老师，但弟子的想法却与庄子一贯的思想相抵牾，引来了庄子教导弟子的一番话。庄子先是表明自己与天同化、与万物齐一，什么也不缺少，无须厚葬；然后，他才说弟子夺了乌鸢的食而给了蝼蚁，这样做是偏心眼，行事不公平。其后的两句评价性的话才是由小及大的哲学推理：以不公平的方式实现公平，其实是不公平；以并非内心自然真实的回应来回应，其实这不算是回应。庄子在这里提出的是一个公正、平等的原则问题，目的是要实现公平，然而如果以不公平的方式去实现它，那么这样的公平即便实现了，其实也是不公平的。

　　这里的"平"指的是什么呢？细玩文意，才发现这是颇具意味的。成玄英将它解释为"均平"，然而"均平"常被理解为平均。这里的"平"是相对于"偏"而言，偏是偏心，均平与偏心并不构成严谨的对子，偏心只能与公平构成一个对子。夺乌鸢的食给蝼蚁，这是不公平，以这种不公平的方式想要达到的公平是什么呢？这个问题的答案在庄子的弟子那里。庄子的弟子认为师父学问那么大，人品那么高，到死了不能得到与他的身份相当的安顿，这才是不公平的。因为在弟子的眼里，与同时代的其他大学问家相比，师父的葬礼缺少了很多东西，只有填满了那些空缺，才会是公平的。弟子不理解这种方式本身便是不公平的，更不了解庄子的天地胸怀。对于庄子来说，要讲公平，就彻底一些，既要在人之间讲公平，那么也要在动物乃至事物之间讲公平，夺乌鸢的食给蝼蚁就是一种不公平，采取一种给谁都可以、给谁都一样的态度，才算是公平。

对于弟子心里的那道题，庄子如何破解呢？他靠的是逻辑的圆融自洽和超然的态度。庄子一生清贫、简约、素朴，有时候身穿粗麻布衣服，脚蹬草鞋，有时候甚至家里断了炊烟，到处借米度日，却视财富如粪土，视权力、地位、名利为腐鼠，如此一生，落了个干净。到了要死的时候，却被别人弄了棺椁、连璧、珠玑、赍送等一堆东西，对他来说，既是累赘，也不公平，因为这与他一生所奉行的逻辑相悖。而逻辑的圆融自洽就是，生来清贫，死去干净，这也才是对他的公平。这样的圆融自洽是建立在他的超然物外的生活态度基础之上的。这也如同对待生死问题。庄子说：

> 故善吾生者，乃所以善吾死也。……善夭善老，善始善终，人犹效之，又况万物之所系，而一化之所待哉！ [①]

庄子在此有个逻辑关系，因为你以活着为善，所以你也要以死亡为善；如果你只愿意活而不愿意接受将要死的事实，在逻辑上便不能说服自己，也就是生死两头不平衡、不公平。人们之所以采取"善夭善老，善始善终"的态度，只是因为人们意识到了生死的关系，才不得不接受这个事实。而人们能够在生死、夭老、始终问题采取达观态度，乃是意识到万物的所有生死变

---

化，都根源于道的运转，即"一化之所待"，既然大家都处在生生死死的不断运行的链条上，与其贪生怕死（其实还不得不死），不如豁然地面对生死。

在庄子的思想世界里面，还深藏着一个平等地看待一事一物的问题。虽然《齐物论》这篇的篇名未必是庄子自己的命名，但"齐"在整个《庄子》书里面的确是一个重要的概念。这个"齐"到底是指相同，还是相等？与"和""同"的概念一样，齐同与齐等，意思也很不同。过去的解释大多从相同方面理解了，在笔者看来，这两种意义都是存在的。当庄子说"朝三暮四"与"朝四暮三"的时候，是齐同，因为"名实未亏，喜怒为用"（《齐物论》）；当庄子说"天地与我并生，万物与我为一"的时候（同上），就不是齐同，而是齐等了，因为"泰山"与"秋毫之末"并不同，只是将它们放在不同的语境里，泰山可以是小，秋毫之末也可以为大。在这个意义上，泰山与秋毫之末就齐了等差了。那种以为庄子无视天地万物的差别而把它们都看成是同一的观点，笔者以为只是俗解。庄子岂是看不见事物的等差？他只是更愿意换个角度，把它们看成是平等的，他说"天地与我并生"的时候，那个"并"字就意味着他把世上的事事物物都看成平等的。

《秋水》中说道：

> 以道观之，物无贵贱；以物观之，自贵而相贱；以俗观之，贵贱不在己。……以道观之，何贵何贱，是谓反衍；无拘而志，与道大蹇。何少何多，是谓谢施；无一而行，与道参差。……万物一齐，孰短孰长？道无终始，物有死生，不恃其成；一虚一盈，不位乎其形。年不可举，时不可止，消息盈虚，终则有始。是所以语大义之

方，论万物之理也。

以世俗的眼光看来，贵贱、多少、长短、虚盈、生死、终始这些对立双方的差别与位置是固定的，而以道的平等眼光看来，这些东西的差别与位置则是不固定的，它们的差别与位置都只有相对的意义。比如，秉持自己贵而以别人为贱的，完全可以从对方贱的位置来证实自己其实也是贱，并不会永久的"贵"，因为比起更贵的人来说，自己就是贱了。这就是"反衍"，也就是"反复相明"。既然已经明白了这个道理，那么我们不应当执着一端（"无一而行"），也不应当守持住已有的位置（"不位乎其形"），而应当跟随道的变化（"与道参差"），把万事万物看成是齐等的（"万物齐一"），也就是平等地看待所有的事物。当如此看待事物的时候，是不是事物的那些差别就不存在了呢？差别依然是存在的，庄子并没有说贵就是贱，少就是多，长就是短，生就是死，而是想要说这些差别不重要了，这就是能够"语大义之方，论万物之理"了。这里的"观"，就是意味着一个主体如何看待这个世界，不同的"观"，看待世界的结果可能完全不同。

"观"，自然是无偏差、无成见、客观的、公平的观，可是这并不容易做到。在庄子看来，观者不能排开自己的立场，他在观的同时把自己也加入到对象当中去了，而当他要发表意见的时候，又陷入了语言的泥潭中。《寓言》中说：

不言则齐，齐与言不齐，言与齐不齐也，故日无言。

言无言，终身言，未尝不言。终身不言，未尝不言。

事物本来均等，却因了人的言说从而不均等了；当人们试图将这些言论所形成的差等关系抹灭的时候，却是不可能的了；如果有意把这些差等关系说成是没有差等，也不可能。所以，最好的办法是平等地观、冷静地看，却不用说什么；其实，你不言说，却似始终在言说；终身也不言说，却似终身在言说。语言本身是有限的，有限的语言不能表达无限的事情，而人只要张口了，就不再能够客观公平地看待事物了。

那么如何才能平等、冷静地观呢？庄子其实一直都在找寻这么一个不带任何立场、也不参与其中的观者，这个观者可以像尺子那样衡量曲直，可以像规矩那样量定方圆。《德充符》说：

> 平者，水停之盛也，其可以为法也，内保之而外不荡也。

《天道》说：

> 故静也，水静则明烛须眉，平中准，大匠取法焉。水静犹明，而况精神。圣人之心静乎，天地之鉴，万物之镜也。夫虚静恬淡寂漠无为者，天地之平，道德之至。

在所有的事物当中，止水之所以可以作为万物的法则，在于它至平、至静，它可以客观地照见事物的本来面目，照见的过程也就是做公平判别的过程。既然水可以作为万物的法则，那么人的精神何以做不到呢！人的精神只要做到虚静至极就可以了，为此，庄子提出了系列的方法，如心斋、坐忘等。心斋的核心是"虚"，虚而待物，虚而能应物；坐忘是要"堕肢体、黜聪明，离形去知，同于大通"（《大宗师》）。忘又有多样，如忘物、忘己、忘天下等。总之，彻底地排除主观与私己之心，在一种醇正的心态下来评价事事物物。又如《德充符》所说：

> 人莫鉴于流水而鉴于止水，唯止能止众止。受命于地，唯松柏独也，在冬夏青青；受命于天，唯舜独也正，幸能正生，以正众生。

松柏之所以能够做天下万物的尺度，在于它不受四季变化的影响，它端正无邪；舜之所以可以做天下人的法度，在于他公正无私。只有自己端正、公平了，才能以正来正天下的不正，所谓"幸能正生，以正众生"。这也如《徐无鬼》里所说：

> 以目视目，以耳听耳，以心复心。若然者，其平也绳，其变也循。

这个说法类似于老子说的"以身观身，以家观家，以乡观乡，以天下观天下"，即观者必须出离自身的局限，当你在观的时候，你自己似乎不存在了，自己就是被观的对象本身，如此观者之心才能够像绳墨那样公平，从而才可顺应天下苍生。[①]

我们注意到，庄子讲了平等与公平之理，却比较少讲平等与公平之治，平等、公平问题既涉及行政者如何对待民众，也涉及民众之间、人与人之间的关系，庄子似乎对社会政治制度的设计不大感兴趣，所以，他在谈到平等、公平的时候，重点还在于执政者的态度。《应帝王》说：

> 狂接舆曰："夫圣人之治也，治外乎？正而后行，确乎能其事而已矣。"……阳子居蹴然曰："敢问明王之治。"老子曰："明王之治，功盖天下而似不自己，化贷万物而民弗恃，有莫举名，使物自喜，立乎不测，而游于无有者也。"

这里的狂接舆、老子之言，其实都是庄子之言。在治外与治内方面，庄子显然倾向于治内。"圣人之治"，是把自己"打理"好了，天下自然就得到治理了，"正而后行"就是这个意思。"明王之治"是讲天下已经治理了，行政者还有个态度问题，

---

① 成玄英在解释这句话的时候，也从帝王行政的平等方面做了解释："绳无心而正物，圣忘怀而平等。"（见郭庆藩《庄子集释》）

如果你想要停留下来欣赏自己的治理成果，让天下人知道是你的功德，便不高明了，而应当让天下人觉得不是因为你的治理才至于此，要他们感觉到是他们自己的作为成就了天下大治的，这个时候，你就可以洒脱地转身，去享受自己人生的自由与快乐了。

庄子提出了如何公平地看待事物，如何使自己的内心具备公平的态度，却没有谈如何处理社会中间的不平等、不公平，在庄子看来，那些事情说到底还是利益之争、是非之争，而这不是庄子喜欢的，凡是遇到这些事情的时候，庄子都采取了超越的态度，不屑于纠缠。然而，公平问题本身是不超越的，它是世俗的。所以，庄子的公平观，是一种公平的智慧。

比较起来，《老子》更入世一些。《老子》书中有比较多的政治关怀，以及治理国家的一些原则与方略。自然，对于社会公平问题，老子也还是以他的道家立场表达出来的，如说：

> 天之道其犹张弓与？高者抑之，下者举之；有余者损之，不足者补之。天之道损有余而补不足。人之道则不然，损不足以奉有余。①

"天之道"就是道家的自然而然之道，自然而然之道通过一个看似无目的性的调节，却实现了"损有余而补不足"的目的性，这就是社会的公平；"人之道"是老子所处时代的人间社会，看起来一切行为都显得有目的性，效果却是无目的性，"损不足而奉有余"，富者更富，贫者更贫。老子又说：

> 以正治国，以奇用兵，以无事取天下。②

这个"奇"好理解，就是出其不意，或者称为诈术。而这个"正"，

---

① 《老子》第七十七章。
② 《老子》第五十七章。

后人有的解释为"道"（王弼《老子注》），有的解释为"正身之人"（《老子河上公章句》），也有的解释为"清静无为之道"①，无论何种解释，都包含了正义、公平这层意思，毕竟这是老子这句话当中的应有之义。老子还说：

> 知常容，容乃公，公乃王，王乃天，天乃道，道乃久，没身不殆。②

在这个连续的道理推断当中，既有成就治天下的政治理想，也包含了个人的超越与完善，其中，"公"就确定地指向了公平，王弼也是如此说的："荡然公平，则乃至于无所不周普也。"（王弼《老子注》）

可是，要在五千个字里面把公平问题说得透彻，这对惜墨如金的老子来说是苛求，况且公平问题只是他要关注的诸多问题当中的一个而已。而且，道家的立场决定了他的表达，对人间社会的不公平现象，他只能以一种失望的态度看待它们，不像孔子那样"知其不可而为之"，他只把问题留给了超越的道去解决。

## 三　历史的反思

公平、平等，在过去的中国，意思相近，公平意味着公共认同的平等。只是中国人谈到公平的时候多指事情，即行事公平不公平；而平等多指人的关系，即身份与地位平等不平等。这个"公共认同"在中国又意味着世代的认同，而非某个时期、时代由人民共同商讨而后认同确立。中国过去没有这么一

---

① 李存山：《老子》，中州古籍出版社 2008 年版。
② 《老子》第十六章。

个商讨的制度和机制，而是由一些"先知先觉"的"圣贤"或"士"，根据过往的历史和对现实社会的反思提出来的，然后才形成影响社会的各阶层。所以，它总是以"发生过"的形式出现，孔子、孟子也都"信而好古"，老子、庄子也喜称"古始"，好像上古时代传说中的公平美好确实存在过似的。其实，他们是把传说与当下他们的理解巧妙地结合起来，再用它来影响他们所生存的时代。在这个意义上，过去的公平美好，也都有着一些"预设"的成分，只不过这样的"预设"却逐渐取得了公共认同的资格。但是，孔子、孟子与老子、庄子，毕竟他们的立场不同，所以各自认同的古代，并不相同，也显示出了各自的价值与偏颇。

儒家的贡献在于：第一，提出了公平的道德基础。公平总是以改善人们之间的生存状况和社会关系为目的，所以，它理所当然地包含了"善"这层意思，这是所有讨论公平问题的一个基础。如果离开了善，那么强盗之间也可以为了分赃而争取公平，但显然这不是我们想要追求的公平。我们的公平一定是包含着善的，因为只有这样才能够合乎人的生存目的。第二，提出了儒家式的公平类型。孟子或者荀子，都没有讲过人天生平等的话，相反，他们都认为人天生就不可能平等，智与愚、美与丑本来就不一样，不能对这样的差异视而不见，这是讲公平问题的前提。如果不承认这个前提，公平便无从谈起。其次，公平也不是故意抹平这些差异，而是承认它们的合理性，如孟子说的"无君子，莫治野人；无野人，莫养君子"（《滕文公上》）。真正的公平乃是在承认差异的前提下，每个人都把自己的潜质、潜能充分地发挥出来，该干什么就干什么。"承认"类似于"采取"，采取看似不公平的方式来实现公平，这就是荀子讲的"惟齐非齐"。以道德代公平，以伦理代平等，就能孕育出德性或伦理的政治。事实上，中国的政治历史也证明了这一点。

道家的贡献在于：第一，提供了平等的智慧。道家从不平等的事实中，试图看出一个平等的世界来，这自然涉及"如何看待"世界的问题，"以道"与"以俗"看出来的是两个不同世界。但是，这并非只是一个价值的问题，其实还是事实的问题，只是你在什么样的基础上去看待。平常的人与君主相比，如果从世俗的角度看待就不可能平等，如果从"天而生"或者都要经历生与死的角度看，那么就是平等的。庄子提出了一个作为衡量事物平等、公平关系的标准问题，这个标准必须是排除了主观性的尺度，这个尺度对待谁都是一样的，如同平静的水不会故意把一些人照得丑，而把另一些人照得美丽无比，这就是它的客观性，而客观性就意味着公平性。如此，庄子逻辑自洽的方式也是公平的一种形式，恰如一个国家对待他国采取双重标准的话，就是逻辑上的不自洽，那么这国也就要为这种不公平付出代价。第二，道家的公平提出了一个基本的原则，既要目的的公平，也要手段的公平，如果手段不公平，那么说到底这样的公平是不公平的，这与儒家的公平观适成对立。道家的公平观补足了儒家的偏颇，但道家的公平观难以在现实中找到实现的途径，因为老子和庄子的学说介于现世与超越之间，现世的部分不足以解决现世的问题，超越的部分则不能对普罗大众产生效果。

# 三论先秦中国社会的公平观念

## ——"法"意义下的公平问题

公平问题由来已久，在现当代，这个观念成为人们日常政治生活的基本术语，也成为中国现在的核心价值观之一。人们在社会交往活动中，凡事都喜欢谈及公平，这是社会进步的一种表现。这里试图对"法"意义下的公平问题的做一个具有现实意义的历史和文化比较的考察，以彰显这个问题本身所具有的价值。

## 一 立法的动机

在中国，立法及其执法的传说历史很久远，但文献不可考，不过，春秋时期郑国铸刑书则是一个铁证凿凿的重大历史事件，这是公开的立法。我们的考察就从主政齐国的管仲和郑国的子产开始。

为何要立法，这是先秦时期法家学者共同思考的问题。事实上，中国在是否推行"以法治国"上有过从未间断的思索。这些思索当然是超不出历史具体条件的。《管子》说道：

法者，将用民之死命者也。①

不法法，则事毋常，法不法，则令不行，令而不行，则令不法也。②

夫法者，上之所以一民使下也。……故法者，天下之至道也，圣君之实用也。③

以法治国，则举措而已。④

依照管仲的理解，"以法治国"是一项治国的举措，如果没有法度，则国事变得无法测度，百姓行为无规范可循，法可以用来统一全国民众的行为。管仲用了一个"将用民之死命"的说法，这意味着国法是衡量百姓死命的根本准绳，也是统治者统御百姓的方法，是"圣君之实用"。

《左传》记述：

三月，郑人铸刑书。叔向使诒子产书，曰："始吾有虞于子，今则已矣。昔先王议事以制，不为刑辟，惧民心之有争也，犹不可禁御，是故闲之以义，纠之以政，行之以礼，守之以信，奉之以仁，制为禄位以劝其从，严断刑法以威其淫。……民知有辟，则不忌于上，并有争心，以征于书，而徼幸以成之，弗可为矣。夏有乱政而作《禹刑》，商有乱政而作《汤刑》，周有乱政而作《九刑》，三辟之兴，皆叔世也。今吾子相郑国，作封洫，立谤政，制参辟，铸刑书，将以靖民，不亦难乎？"……复

---

① 《管子·权修》。
② 《管子·法法》。
③ 《管子·任法》。
④ 《管子·明法》。

书曰："若吾子之言，侨不才，不能及子孙，吾以救世也。既不承命，敢忘大惠？"①

在这个来回的书信对话中，叔向质疑子产立法度的动机，说前人都只是使用仁义礼信等制度议事，不曾使用刑法，百姓知道了刑法，就不会再忌惮于君王，并且因此产生刑法之下的相互的"争心"，所以作刑罚，其实是上中下三世（伯仲叔）中的"叔世"，也谓末世，想要以此来安定百姓，可能吗？子产的回答直截了当，说自己只是想要"救世"，没有想到以此传之子孙。"救世"一词表达的正是当时没有法度不能安定百姓的情形，或许子产在这里只是一个搪塞的说法，他未必相信立法只是一个暂时的措施。

商鞅主导的秦国变法，其立法动机更明确，《商君书》说道：

> 虑世事之变，讨正法之本，求使民之道。……法者所以爱民也，礼者所以便事也。②

> 以刑去刑，国治。以刑致刑，国乱。③

> 故凡明主之治也，任其力不任其德，是以不忧不劳，而功可立也，度数已立，而法可修。④

> 是故先王知自议誉私之不可任也，故立法明分，中程者赏之，毁公者诛之。赏诛之法，不失其议，故民不争。⑤

商鞅所言立法是为了"爱民"，这个说法有些勉强，在所

---

① 《左传·昭公六年》。
② 《商君书·更法》。
③ 《商君书·去强》。
④ 《商君书·错法》。
⑤ 《商君书·修权》。

有先秦法家中，商鞅的变法思想是最冷峻的，在与秦孝公的对话中，他所说的"求使民之道"，以及"任力不任德"，应该是最真实的想法。但"以刑去刑"则是客观的效果，因为"立法明分"，可以"不失其议，故民不争"，是商鞅所能够清醒地认识到的。商鞅所说的"不争"，只是法度的明确性上的不争，即使用法律量刑上的不争；但在他变法的本意上，奖励耕战，就是要鼓励百姓去争，去为国家效死命。

慎到，有人看作法家，有人看作道家，其实，他是法家、道家兼而有之。《慎子》：

> 治国之君，非一人之力也，将治乱，在乎贤使任职而不在于忠也，故智盈天下，泽及其君；忠盈天下，害及其国。①

> 君人者，舍法而以身治，则诛赏予夺，从君心出矣。……大君任法而弗躬，则事断于法矣。法之所加，各以其分，蒙其赏罚而无望于君也，是以怨不生而上下和矣。②

> 法非从天下，非从地出，发于人间，合乎人心而已。③

慎到也是认定以人治国远不如以法治国，人治强调的是忠诚，以及君主个人的亲躬与决断，法治强调的是"贤使任职""事断于法"，是众人的智慧。慎到甚至认为君主的智慧未必能够胜过众人（"君之智，未必最贤于众也"④），但好的

---

① 《慎子·知忠》。
② 《慎子·君人》。
③ 《慎子·逸文》。
④ 《慎子·民杂》。

君主之所以能够统御国家，在于法度的分明与权位之重。与别的法家不同的是，慎到认为法的产生并非"天下""地生"，而是"合乎人心"，这也就涉及法本身的合法性问题了，这里的合法也就是合理，是人间的合理选择。在这个方面，慎到其实走得很远，他甚至认为："立天子以为天下，非立天下以为天子也；立国君以为国，非立国以为君也；立官长以为官，非立官以为长也。法虽不善，犹愈于无法，所以一人心也。"① 也就是说，天下不是为天子存在的，国家不是为国君存在的，而是相反。这是一种人本的观念。从而，法是治理国家的最好路径，但它不是君主御民的工具。

韩非子虽然也是法家、道家兼有，但主体是法家，这与他的老师荀况儒法兼有而主体是儒家一样。在法家这个范围来说，韩非子与管仲、商鞅等相类似的是，他们都是以君主为本，他们在思考法律的时候，出发点都是如何有利于巩固君主地位、如何有利于统御百姓，所以，法只是工具，而不是目的。《韩非子》：

> 国无常强，无常弱，奉法者强则国强，奉法者弱则国弱。②

> 人主离法失人，则危于伯夷；不妄取，则不免于田成盗跖之祸。……故立法度量，度量信则伯夷不失是，而盗跖不得非。法分明，则贤不得夺不肖，强不得侵弱，众不得暴寡。託天下于尧之法，则贞士不失分明，奸人不徼幸。……立法非所以避曾史也，所以使庸主能止盗跖

---

① 《慎子·威德》。
② 《韩非子·有度》。

也。①

　　释法而任心治，尧不能正一国；去规而妄意度，奚仲不能成一轮；废尺寸而差短长，王尔不能半中。使中主守法术，拙匠执规矩尺寸，则万不失矣。君人者，能去贤巧之所不能，守中拙之所万不失，则人力尽而功名立。②

韩非子所处的时代在战国后期，他已经能够看到变法带来的强国的事实，如管仲所在的齐国，子产所在的郑国，商鞅所在的秦国，所以他把奉法与国强做了必然性推断，成为一种治国的定律。在这个方面他与慎到有相同的认知，认为只要以法来治国，那么君主哪怕不够智慧，也能够国强民安，所谓"庸主能止盗""中主守法术"，因为君主的"心治"总是不及法治的。这与管仲、子产、商鞅不同，他们都认为只有"明主"能采取以法治国。由于韩非子以君主为本，所以"立法"的根据来自对历史和现实利害关系的认知，但是，以法治国，说到底不过是一种工具，把它称为"法术"是再恰当不过了。

管仲、子产、商鞅、韩非子，以及慎到，都是在君主制度下考虑立法和变法问题（在大多数情况下，其变法就是立法），但在立法和变法的动机上是有异趣的。管仲、子产的立法和变法比较温和，他们主要还是政治家，可以说是政治家主张变法，很在意民心的向背，如管子言："道之在天者日也，在人者心也。"③子产"立谤政"，允许百姓议论国家施政得失，所以他们推行的以法治国是兼顾人道的，也可以说不

---

①《韩非子·守道》。

②《韩非子·用人》。

③《管子·枢言》。

是那么"冷"。孔子不主张法治，却在子产、管仲二人的评论中保留了肯定之意。他在谈到子产的时候说道："子产，惠人也"①，"人谓子产不仁，吾不信也"②，"有君子之道四焉，其行己也恭，其事上也敬，其养民也惠，其使民也义"③。谈到管仲的时候，孔子说："人也，夺伯氏骈邑三百，饭疏食，没齿无怨言"④，"桓公九合诸侯，不以兵车，管仲之力也，如其仁，如其仁"⑤。这之中是可以看到肯定之意的。商鞅是一个成功的变法家，却不是一个成功的政治家。他的变法意志最果敢，也最严酷，在他那里，强国是目的，变法是手段，而百姓只是为了达到强国目的的工具而已。韩非子与李斯因为都曾是荀子的学生，习惯上我们会把李斯在秦国的变法看成是韩非子思想的实现，这么看也没有大的问题，但是，仔细审视韩非子的著作和李斯的言行，之间有不小的差别。韩非子还是讲求慈爱、仁道的，至少他在认知上做到了，他讲过："人君者无道，则内暴虐其民，而外侵欺邻国。"⑥而李斯，司马迁对他早有盖棺定论，如"斯知六蓺之归，不务明政以补主上之缺，持爵禄之重，阿顺苟合，严威酷刑"⑦云云。慎到在法家当中应该是一个例外，他似乎是依纯粹理性在思考法的问题，既然君主不是本位，百姓也不是工具，寻求一个最合理的治国之道，就是法治，尽管这个法也还处在君主之下，但君主的存在只是国家的

①《论语·宪问》。
②《左传·襄公三十一年》。
③《论语·公冶长》。
④《论语·宪问》。
⑤同上。
⑥《韩非子·解老》。
⑦《史记·李斯列传》。

需要而已，而不是目的。

谈到这里，有两点必须指出：第一，包括慎到在内的所有法家，推行的都只是"以法治国"，而不是"法治国家"，这并不是词语上的区别，而是实质上的差异；第二，所有的"变法"，都无涉于权利问题，也就是"法权"问题，从传说的历史，到有文献的法家，都找不到权利的影子，而权利恰恰是"法治"的根本与前提。这个根本性问题的存在，也就是解开中国法治史的关键。

## 二　立法的精神

尽管先秦法家们的立法动机都是方便君主统治的"法术"，并不是为了社会的公平正义，但是，这些"法术"一旦付诸实践，公平正义的问题就彰显出来了，这正是立法当中的精神。《管子》说：

> 君一置则仪，则百官守其法，上明陈其制，则下皆会其度。君之置其仪也不一，则下之倍法而立私理者必多矣。[1]

> 有生法，有守法，有法于法。夫生法者君也，守法者臣也，法于法者民也。君臣上下贵贱皆从法，此谓为大治。故主有三术，夫爱人不私赏也，恶人不私罚也，置仪设法以度量断者，上主也。爱人而私赏之，恶人而私罚之，倍大臣，离左右，专以其心断者，中主也。臣有所爱而为私赏之，有所恶而为私罚之，倍其公法，损

---

① 《管子·法禁》。

其正心，专听其大臣者，危主也。故为人主者，不重爱人，不重恶人，重爱日失德，重恶日失威。……法不平，令不全，是亦夺柄失位之道也。故有为枉法，有为毁令，此圣君之所以自禁也。……治世则不然，不知亲疏远近贵贱美恶，以度量断之，其杀戮人者不怨也，其赏罚人者不德，以法治行之，如天地之无私也。……上以公正论，以法治断，故任天下而不重也。①

《管子》所说"一置则仪""明陈其制"，都是说公开立法。法律一旦确立，就是公器了。公器的意义在于：它是统一的标准，臣民皆可以明确其界限（"下皆会其度矣"），从而知道自己的行为之"可"与"非"；它是超越了私人的爱恶的，即便君主也不例外，所以，作为公器的法律，它的本意就是公平和公正的。但是，法既是君主之"实用"，它就存在是否公平公正地使用它的问题（即法平不平的问题），因为法是君主所生之法，那么君主可以公平公正地使用，也可能不公平不公正地使用。对此，管仲所采用的办法是劝诫君主，以"上主""中主""危主"的范式，规劝君主做"上主""圣君"，而不要做"危主"。也就是晓以利害，让君主"自禁"，主动限制自己的权力和个人的爱恶，"以度量断之"，"以法治断"，而不要以心断之，如此就可以使天下"不怨""不德""不重"，社会可以实现公平公正了。

子产铸刑鼎之所以遭叔向反对，其中一个重要理由是"民之有辟，则不忌于上，并有争心，以征于书，而徼幸以成之"，意思是百姓要是知道了刑辟的规则与数度，就可以自行

---

① 《管子·任法》。

其是，甚或钻法律的空子，他们就不会再像过去那样忌怕君主了，从而君主手里也就"没牌"可出了。换句话说，法律的实行，削弱了君主的权威。

当商鞅说"立法分明"，"不失其议"，也就是说，法分明了，就有了公允。他又说：

> 故明主慎法治，言不中法者，不听也；行不中法者，不高也；事不中法者，不为也。①

同管仲一样，商鞅也认为，法律确立了就要赋予它以绝对的权威，首先要从君主做起，以中不中法为唯一的准则。然而，这些法治思想得以落实的前提，仍然是君主能够接受它，并努力克制自己滥用权力的欲望。而且，这一代君主接受了，并不能保证下一代君主也能够接受它，且不说改朝换代，即便是同一王朝，换了君主，往往都会拿触犯了既得利益的法家问罪，商鞅就做了自己以法治国主张的祭品。

慎到与韩非子在这个方面的认识更为清楚，他们皆认为法是体现公平正义的。慎到说：

> 法虽不善，犹愈于无法，所以一人心也。夫投钩以分财，投策以分马，非钩策为均也，使得美者，不知所以德；使得恶者，不知所以怨。此所以塞愿望也。故著龟，所以立公识也；权衡，所以立公正也；书契，所以立公信也；度量，所以立公审也；法制礼籍，所以立公义也。凡立公，所以弃私也。明君动事分功必由慧，定赏分财必由法，行德制中必由礼，故欲不得干时，爱不得犯法，贵不得逾亲，禄不得逾位，士不得兼官，工不

---

① 《商君书·君臣》。

得兼事。以能受事，以事受利，若是者，上无美赏，下无美财。①

法所以能够"一人心"，在于它排除了个人对于公众利益决断的影响，哪怕公决出来的结果并不一定是最公平的，但法的作用本身就是公平性质的。如同"钩策"并非最好的公决方式，但它是能够让人不怨不悔的方式，能够"塞愿望"。慎到所列举的"蓍龟""权衡""书契""度量"，就是公识、公正、公信、公审、公义的衡量公器，让个人的私欲、私爱、私怨在其面前止步。

荀子更是直接把公平喻为权衡轻重是非的一杆秤，他说：

故公平者，职之衡也，中和者，听之绳也。有其法者以法行，无其法者以类举，听之尽也。②

这里荀子说的正是法律的公平，所谓"有其法者以法行，无其法者以类举"，是说有法律准则的依法而衡量，如法律准则没有规定的就参照过去的案例推定。韩非子说：

饬令则法不迁，法平则吏无奸。法已定矣，不以善言售法。任功则民少言，任善则民多言。③

圣人之治民，度于本，不从其欲，期于利民而已。故其与之刑，非所以恶民，爱之本也。刑胜而民静，赏繁而奸生。④

明主使其群臣，不游意于法之外，不为惠于法之内。……法不阿贵，绳不挠曲，法之所加，智者弗能辞，

---

① 《慎子·威德》。
② 《荀子·王制》。
③ 《韩非子·饬令》。
④ 《韩非子·心度》。

勇者弗敢争，刑不避大臣，赏善不遗匹夫。①

韩非子所说的"法平"，指的是法律的公平；所说"度于本，不从其欲"，是以法为根本，立刑法的本意是为了让百姓知道行为界限，从而少犯禁，所以是"爱之本"；"不游意于法之外，不为惠于法之内"，是以"明主"来劝慰君主，通过自律与约束，来限制君主的权力；至于"法不阿贵"云云，则直指法的权威性和执法过程中的公平性质，与儒家主张的"刑不上大夫"不同，以法治国，就要"刑不避大臣，赏善不遗匹夫"。

公平正义与公私本是两个问题，即不能将公平正义的问题看作是公私问题，正如出于公心且无私心的人，不等于他能够在法律方面实现公平正义。然而，由于执法过程是否公平，涉及公私问题，所以，先秦法家多将公私问题置入了公平正义问题当中。

管仲说"法治不议，则民不相私"②，"爱人不私赏也，恶人不私罚也"③，"以法治行之，如天地之无私也"④，又说"圣君任法而不任智，任数而不任说，任公而不任私，任大道而不任小物"⑤。

依照管仲的"生法""守法"和"法法"的关系，"生法"（即立法）是体现统治阶级意志的，但"生法"只是间接关涉统治者的利益，真正直接关涉到统治者利益的是"守法"（即执法），至于"法法"（百姓遵守法），则本身是无关立法和执

---

① 《韩非子·有度》。
② 《管子·法禁》。
③ 《管子·任法》。
④ 同上。
⑤ 同上。

法的，他们总是被动的。尽管执法似乎是臣子的责任，但无不关系到君主本身，管仲所提及的所有"私赏""私罚"，以及"任公不任私"，对象都直指君主本人而非臣子，这表明管仲最担心的还是君主本人破坏自己设立的法律，或者说破坏法律的根源不在于臣子，而是君主。

慎到在《威德》篇中列举了公识、公信、公审、公正之后说："凡立公，所以弃私也。"对象也是君王。他又说：

> 法之功，莫大使私不行；君之功，莫大使民不争。今立法而行私，是私与法争，其乱甚于无法。立君而尊贤，是贤与君争，其乱甚于无君。故有道之国，法立则私议不行，君立则贤者不尊。民一于君，事断于法，是国之大道也。①

在维持"两贵而不相事，两贱不相使"的前提下②，慎到认为在尊卑问题上，君为尊，所以要百姓要听从君主的（"民一于君"）；而在涉及法律的事务上，就要一断于法。这里说的"立法而行私""私与法争"，显然是针对君主而非臣民。

韩非子显然更关心臣子的私欲乱法问题，他说道：

> 禁主之道，必明于公私之分，明法治，去私恩，夫令必行，禁必止，人主之公义也必行其私，信于朋友，不可为赏劝，不可为罚沮，人臣之私义也。私义行则乱，公义行则治，故公私有分，人臣有私心，有公义。修身洁白，而行公行正，居官无私，人臣之公义也。污行纵欲，安身利家，人臣之私心也。明主在上，则人臣去私

---

① 《慎子·逸文》。
② 同上。

心，行公义。乱主在上，则人臣去公义，行私心。[1]

事实上君主与臣子都存在以私利、私心违法犯法的问题，只是韩非子在做这番推论时，是预设了前提的，那就是只有明主才能够选择以法治国，所以，才有人臣以法行事的公义与违法行事的私恩的对立，而君主行私恩的问题则在他的论域之外，或者说他把君主犯禁的问题悬置了起来。将公与私的问题引入到法律上的公平正义，除了立法和执法的人如何排除私心私利，还有一个重要的原因，那就是人们到底相信作为天下公器的法，还是相信自己的善恶判断，也就是韩非子提出的"立其私智，以法为非者"[2]。这个问题不仅是君主的问题，也是人臣的问题，甚至也是思想家的问题。我们知道，主张法治的荀子还说过："故有良法而乱者，有之矣；有君子而乱者，自古及今，未尝闻也。"[3] 显然，在"良法"与"君子"之间，他更相信君子。相信君子，说到底，是相信善良的人治超过好的法律。

在上述意义上，我们再来思考孔子对此的态度。孔子主张"为政以德"，也就是以德治国，所以他说道：

> 道之以政，齐之以刑，民免而无耻。道之以德，齐之以礼，有耻且格。[4]

> 礼乐不兴，则刑罚不中；刑罚不中，则民无所措手足。[5]

孔子的这番话并不是针对某个法家的，却又是针对所有法家的。

---

① 《韩非子·饰邪》。
② 同上。
③ 《荀子·王制》。
④ 《论语·为政》。
⑤ 《论语·子路》。

也就是说，他对管仲、子产推行的法治措施都不赞成，而他之所以对管仲和子产表达了理解和支持，首先在于他们以法治国的成效有目共睹，其次是因为他们的法治措施中间包含了德治与人道的内容。对于法治所涉及的公平问题，包括孔子在内的儒家都不关心，他们关心的只是是否合乎仁爱与礼义，因为"民免而无耻"总归不及"有耻且格"，这是道德水平和思想境界上的区别。在《左传》中，我们没有看到他对子产铸刑鼎的评价，但看到了他对晋国铸刑鼎"著范宣子所为刑书"的评价：

> 晋其亡乎，失其度矣。夫晋国将守唐叔之所受法度，以经纬其民，卿大夫以序守之。民是以能尊其贵，贵是以能守其业。贵贱不愆，所谓度也。文公是以作执秩之官，为被庐之法，以为盟主。今弃是度也，而为刑鼎，民在鼎矣，何以尊贵？贵何业之守？贵贱无序，何以为国？①

孔子所说的"唐叔之所受法度"，并非法律意义的法度，而是礼法的法度；而"范宣子所为刑书"才是法律意义的法度。孔子赞成前者而否定后者，在于前者"贵贱不愆"，而后者"贵贱无序"。这正是前面提到的"叔向使诒子产书"中所担心的问题，没有贵贱上下的区别，君主失去了权威性。孔子之所以称礼法的制度为法度，是因为在儒家看来，礼仪制度本身就是可以作为法度来执行的，是习惯法意义的法度，即包含了人伦秩序和道德追求的法度。管仲曰："仁义礼乐者，皆出于法，此先圣之所以一民者也。"②孔子没有看到商鞅的变法，要是看到了又不知会怎样评价了。

---

① 《左传·昭公二十九年》。
② 《管子·任法》。

## 三　法的实行

前面已经说到，法家所推行的是以法治国，或者说法治措施，而并非法治国家。法治国家所需要的社会条件要高昂得多，故而法家只能在以法治国的条件下探究法的实行。

在先秦，法家在他们的主张中讲得最多的是变法，字面意思似乎都是如何改革法律，变法当然有变革法律的意思，但许多的变法其实就是立法，实行以法治国。如果要说是变革法律的话，那么也是包括所有礼法制度的变革，中间有以立法来代替礼法的意思，这也是叔向、孔子反对的原因之一。

在法变不变的问题上，法家基本都是肯定变法的。但这个变法，并不意味着可以随意地修改它。管仲说：

> 置法而不变，使民安其法者也。……法者不可恒也，存亡治乱之所从出，圣君所以为天下大仪也，君臣上下贵贱皆发焉，故曰：法古之法也。……故明王之所恒者二：一曰明法而固守之，二曰禁民私而收使之。此二者，主之所恒也。[①]

管仲所说有两层意思，一是法律是不能随意更改的，这是法律的权威性所需要的，所谓"置法而不变"，甚或要继承前人的法，所谓"法古之法"；二是法也是要因应时代而变化的，没有一个从古至今一成不变的法，所谓"法者不可恒也"。这两者当中，显然管仲更强调前者，也就是变法与守法（"明法而固守之"）之间，守法甚于变法。管仲可称为一个老到的

---

① 《管子·任法》。

政治家，他在推行以法治国的过程中，隐含一个重要的思想，法律不管它够不够好，维护它的权威、认真履行它，比一部写得很好、但束之高阁的法律要好得多，因为它排除了君主自私用智之弊。

商鞅是极力主张变法的，他的变法主张，是要通过新的立法，改变传统的礼俗、陈规与法度，在他那里，除了变法的主张不能改变之外，其他一切都是可以改变的。当反对变法的甘龙说"圣人不易民而教，知者不变法而治"的时候，商鞅回应道：

> 三代不同礼而王，五霸不同法而霸。[①]

在回应杜挚"法古无过，循礼无邪"时，商鞅说：

> 前世不同教，何古之法？帝王不相复，何礼之循？伏羲、神农教而不诛，黄帝、尧、舜诛而不怒，及至文、武，各当时而立法，因事而制礼。礼法以时而定，制令各顺其宜，兵甲器备，各便其用。[②]

商鞅之所以要将过去的礼与法都否定，在于礼其实是代表了习惯法的，许多的礼俗是作为法在执行的，而他的变法力度之大，在那个时代，也算是与传统来一次决裂了。而他说夏商周三代、春秋五霸礼法皆不同，并非那中间找不到同一性，而是要从变异方面强调罢了，目的是为变法张目。他的变法真正与春秋时期管仲、子产的变法不同的是，管仲、子产还是想要追求一个王道，商鞅则赤裸裸地追求霸道，一切都服从于强国的目标。由于这个目标并不很高尚，但很强势，有迫切的社会需求，所以，尽管他的变法很冷酷，却也能畅行无阻。对于商

---

① 《商君书·更法》。

② 同上。

鞅来说，变法开罪多少人并不是他关心的，他关心的只是自己的变法主张能否贯彻下来。故而，在秦孝公死后，他遭受到同样冷酷的报复，也是必然的。正是在这个意义上，商鞅的变法措施也就变得可以理解了。如他主张的"愚民""弱民"：

> 民不贵学问则愚，愚则无外交，无外交，国安而不殆。民不贱农，则勉农而不偷，则草必垦矣。①

> 民弱国强，国强民弱。故有道之国，务在民弱。②

又如他主张的"以奸民治"：

> 用善则民亲其亲，任奸则民亲其制。……民胜法，国乱。法胜民，兵强。故曰：以良民治，必乱至削，以奸民治，必治至强。③

"愚民""弱民"不符合历史进步观念，违背人类基本价值，也与公平公正无涉，这已是常识，不管它们对于强国富国是多么有效，但是，在"以奸民治"或者"以良民治"的问题上，中国人并没有清楚的认知。"以奸民治"，意谓以奸民治善民，即利用告奸的人来治理不肯告奸的人；而"以善民治"，意谓以不肯告奸的人来治理告奸的人。如果"奸民"仅仅是指告发别人的人，似乎不涉及道德评价，我们甚至可能把这种人看作好人，因为他可能在维护法律和正义。但是，"奸民"这个词对应的恰恰是"良民"，"任奸"对应的是"用善"，在这种对应性关系中，告发人的人就不能说是好人了。在这个意义上，商鞅其实是有价值判断的，但之所以这么主张，就因为它是有效的，他所针对的应该就是儒家的"亲亲相隐"。如果任

---

① 《商君书·垦令》。
② 《商君书·弱民》。
③ 《商君书·说民》。

由其"亲其亲",人们就不会"亲其制",即忠实于法律制度。所以,为了使人民忠实于法律制度,就应该"以奸民治"。商鞅的这个主张给中国法律制度带来的是困惑性的问题,在他那个时代远没有得到解决。

与此相关,他提出的"以刑去刑",也是带有争议性的主张。他说:

> 以刑去刑,国治。以刑致刑,国乱。故曰:行刑重轻,刑去事成,国强;重重而轻轻,刑至事生,国削。①

就是说,以重刑来治轻罪,那么人人害怕犯刑,反而会刑法不用而国家得到治理;如果以重刑治重罪,以轻刑治轻罪,那么刑法不断地反复使用,国家仍然不得治理。在历史上有一个共同认同的观念,那就是乱世用重刑,治世用轻刑。乱世的重刑可造成人们恐惧感,从而达到短时间的有效治理,而治世用轻刑在于和平环境下人们有自己的生活,没人愿意轻易冒犯刑律,故而轻刑也就管用了。以法治的观点看,无论乱世或治世,都应该一以法度,无重与轻之分别,有了轻重分别就还是人治而非法治。商鞅所推行的法,显然是以法治理,而非法治,因为使人恐惧的做法并不能持久,且促成了酷吏滥用刑律的后果。法的作用应该使国家长治久安,而重刑的恐惧从根本上说是违背法治精神的,也就与公平正义的初衷相抵牾了。慎到和韩非都没有机会践行自己的法治思想,他们在推行法治主张方面不像商鞅那么富有争议,但在主张变法、明法和守法方面差别不大,尤其在对待君主的地位及作用方面几乎是一致的。如慎到主张的贵贱相使的等差观念,君主凌驾于法律之上

---

① 《商君书·去强》。

的"势"，与商鞅无别，他所主张的法律的至上性（"至公大定之制""至法"云云），也因此与君权的特殊性相抵消了。而韩非不仅在主张"严刑""以刑去刑"方面与商鞅一致，且也把法律看作是手段，"以法治国，举措而已矣"[①]。他所欲成就的仍然是商鞅所推崇的霸业，至于君主本人如何遵守法律，他只是强调君主应该"忠法"，所谓"明主之道忠法"[②]，说到底还是仰仗君主的自觉，如果君主要违法也是没有办法的。

## 余　论

春秋战国是一个多元而开放的时期，各种思想与政治实践皆不受限制，因而滋生了如此的多样性，在政治哲学、法律学等方面提供了诸多可供选择的历史途径。随着秦国的逐渐强大以及统一天下，商鞅及李斯的政治与法律主张也成为统一的国家意志，与此相关，其弊端也随之放大——冷酷而暴戾，缺乏道德基础和人道关怀，所以很快就走到了尽头。秦失不在制，而在于政，柳宗元早有过总结。在此基础上，可做如下总结。

第一，目的与手段的区别。先秦法家都提出了类似的主张：以法治国。但是，这并不意味着可以走向法治国家。因为无论是推行以法治国的君主，还是力主变法的法家，都是把法律看作"君主之实用"，"御民""使下"之"举措"，即工具与手段，而不是目的。工具与手段的意义在于：做这件事情只是为了实现另一个事情，而不是为了这件事情本身。推行变法是为了强盛称霸与巩固君主的地位，法家们和君们都能够看

---

① 《韩非子·二柄》。

② 《韩非子·安危》。

到变法带来的好处，却不是想把国家变成一个法治国家，"好处"一旦妨碍到立法的君主，就要动摇了。在这个意义上，法家也只是规劝君主自觉使用和遵守法律（"自禁"），而不是利用法律来限制君主，从法家们所表达的内容来看，他们最担心的也是君主本人破坏法律。立法者既超然于法之上，法律对于立法者来说是无奈的，在整个中国封建社会法治史上，法律都没有摆脱对于立法者的无奈。在这个意义上，所谓法律下的公平，只存在于臣与臣、民与民之间，而不存在于君臣之间或君民之间。法治国家与以法治国的区别就在于：法治国家没有人可以凌驾于法律之上，以法治国则可以有例外。在这个方面，中国先贤者没有超过希腊人，我们知道亚里士多德的《政治学》就提出过限制君权的问题。慎到在法的合法性方面的某些主张相比其他法家，确有超越之处，但一来他没有机会进行这样的政治实践，二来他也没有从"法术势"的循环中走出来，那点合理性也就消耗在"术"的诡异与"势"的权威之中了。既然有权威在法之上，那么与法律相关的法权，也就无从谈起了，臣民所分享到的任何公平公正，都只是君主的恩惠了。

第二，法的宽严问题。法律的宽严论争，从古至今，不绝于耳。乱世用重典，治世用轻典，宽猛相济，既然已经成为历史常识，也就说明这种做法的合理性了。但是，这并不是没有问题的。如果在法允许的范围内，只要有法可依，那么宽与严的执行也是为了兼顾公平正义，诸如顾忌到当事人的认罪态度、犯罪情节，以及缓急、道德等因素。但是，超出法律允许的界限而采取的宽或严，无论这些措施是多么合理，那也不是公平正义的了。回到法律本身的意义，如果法是为了实现公平正义——法的精神，那么它就没有超出法律范围的宽与严的问题。那种乱世用重典、治世用轻典的做法，说到底，还是法律充当了工具，而不是目的，因为重典虽然有效，但容易造成冤案，轻典则容易放过犯法的人。这一基本原则也体现在法律的目的正义与程序正义上，即便目的是正义的，程序不正义，最终也是不正义的，这里的程序正义，恰恰涉及的就是重典与轻典的问题。

# 略论初唐政治哲学中的宽容精神

一个大国的兴起，除了与其社会生产能力有关，更与社会的政治制度、法律制度与文化政策有关，而政治制度、法律制度和文化政策又必与其基本的理念及其核心价值有关。设想，在类似的历史条件下，有的国家能够走强，有的则只能守弱，其原因当从这方面去思索。

唐代立国，短短二十年间，完成了一个中国历史上神话般的创造，成为一个世界上强盛的中央帝国，这与政治的清明、社会能力的解放、社会关系的和谐化密切相关。唐王朝为社会的整体发展和文化的繁荣营造了一个极其宽松的环境，而这个环境的营造离不开一个宽容的政治心态。纵观唐代历史发展过程，这个心态贯彻始终。

宽容（Tolerance），这在西方政治哲学中是一个极其重要的概念。在十六、十七世纪的宗教改革过程中，围绕着对《圣经》的解释和对真理追求权利的论证，形成了一种宽容的精神。宗教的宽容成了思想解放和新型政治制度得以产生的思想基础。在中国，宽容主要是一种个人的风范、雅量，《老子》很早就说过"有容乃大"，《论语》讲过"忠恕"，但在漫长的历史上，很少形成一种社会的精神和风气。但在唐代，形成了这样的精神和风气，这样一种"例外"，有理由引起我们的足够重视。

## 一 律法与仁政之间的平衡

现代社会，我们会以法治或人治来区分社会管理制度的类型。从制度上讲，法治与人情不相容，所谓法网无情。法治管理就是把国家内部发生的各类事物交由一系列国家确立的原则、准则去衡量，原则、准则本身成了衡量器，执掌衡量器的各级官吏的作用只在于准确地操作它们，合理地运用它们，没有太多的想象空间，任何人为的因素都会对法律本身的权威性造成危害，而法律的权威性也就来自所有的人，包括执法的人对法律的敬畏。法律不讲人情，在一般意义上讲是对的，只有不讲人情，才可能有公正存在。但是，不能做出这样的推断：法律与人情无关，或进而说，推行法治与推行仁政相悖。

可以说，在任何情况下，都存在着一个能否实现无偏私的人的普遍关怀，不管是在法治的社会或者人治的社会，有了这样的关怀，社会才是富有人性的、稳定的。当然，这里不是说唐代实行的是法治社会，而是说唐代统治者在律法与仁政之间找到了平衡点。在太宗执政初年，在与大臣们讨论律法与仁政关系的时候，他就明确地宣示：

> 朕看古来帝王以仁义为治者，国祚延长，任法御人者，虽救弊于一时，败亡亦足。既见前王成事，只是元龟，今欲专以仁义诚信为治，望革近代之浇薄也。[1]

这可以说是太宗在接管统治大权时一个明确的政治态度，而太

---

[1] 吴竞:《贞观政要》卷五，上海古籍出版社 1978 年版。（以下省略）

宗周围的大臣们则反复地申述这个道理，劝导并坚固了太宗的态度。贞观十一年，魏徵上书说：

> 故圣哲君临，移风易俗，不资严刑苛法，在仁义而已。故非仁无以广施，非义无以正身。惠下以仁，正身以义，则其政不严而理，其教不肃而成矣。然则仁义，理之本也；刑罚，理之末也。……凡立法者，非以司民短，而诛过误也，乃以防奸恶，而救祸患，检淫邪，而内正道。……是以圣帝明王，皆敦德化而薄威刑也。德者，所以循己也，威者，所以治人也。①

这样的讨论在贞观年间经常进行，总结历史经验，在历数帝王统治得失的时候，从中开出自己的最合理路径，这是太宗与他的大臣们最为关心的问题。这里的讨论不是要不要律法或者仁政的问题，而是怎样才能行得当，怎样才会是合理的法和仁，也就是如何在两者之间找到一个平衡点。历史上，秦朝推行了法治，商鞅、韩非和李斯等皆相信法不仅可以禁奸贼、防祸乱，还可以实现帝制前提之下的社会公正和强大，关键只在于法度是否分明。法家的确把法的作用推至极端，这种极端从功利的角度来说，确乎将秦国推至六国霸主地位，并一举统一了天下。但这样极端的法治观念有着致命的缺陷，因为立法本身并没有体现广泛的民意，或者说没有合法的基础，法律只是极少数人实现自己称霸野心的工具。因而，这样的法律在推行过程中遭遇阻力是必然的，减轻社会阻力的办法只能是双方的妥协，主要是统治者的妥协，也就是一定程度上的宽容。可是，秦朝推行的是一个极其严苛的法律，在施行过程中也寸步不让，中间

---

① 吴兢:《贞观政要》卷五。

没有妥协空间。其次，这样的法律把人当工具使唤，没有人的
关怀，不给人以任何喘息的机会，从而民众与统治者之间处于
尖锐的对立。

　　唐太宗及其谋士们对此看得很清楚，严苛的律法不能使得
社会长治久安，但又不能不要律法，律法的防奸恶、救祸患、
检淫邪的作用仍然是不可替代的。但律法本身的性质是无情
的，如果一任律法来治理国家，那么会使得人与人之间浇薄，
缺乏相互的体恤和同情。所以，问题便集中到如何在律法中贯
彻以体恤和同情，体现仁爱的精神。如何在律法中体现这种精
神呢？

　　首先，体现在立法基础上。魏徵规劝太宗"不资严刑峻
法，在仁义而已"，就是立法基础要体现仁义。这一基础为后
来人所共同认可。在元朝泰定年间，柳赞谨在《唐律疏议序》
中就说道："盖姬周而下，文物仪章，莫备于唐始，太宗因魏
徵一言，遂以宽仁为出治之本。中书奏献，常三覆五覆而后报
可，其不欲以法禁胜德化之意，瞭然与哀矜慎恤者同符。"[1]其
所言"宽仁为出治之本""不欲以法禁胜德化之意"，就是对
唐代立法基础的确认。其"哀矜慎恤者"正谓律法中的宽容与
悲怜精神。《资治通鉴》在论述初唐宰相事迹时也说当时"用
法宽平"，"不以求备取人，不以己长格物"。[2]又记述侍御史
崔仁师的话说"凡治狱当以平恕为本"。[3]也就是说，唐代律
法中是贯彻着仁爱与宽容、悲怜精神的。即便在现代政治哲学
或法哲学中，也有一个不言而喻的原则，即立法必须具有道德

---

① 长孙无忌:《唐律疏议》，台湾商务印书馆 1965 年版。
② 《资治通鉴》卷一百九十三，中华书局 1956 年版。(以下省略 )
③ 《资治通鉴》卷一百九十二。

基础。

其次，体现在执法过程中的同情心。魏徵在上疏中说道：

> 凡听讼理狱，必原父子之亲，立君臣之义，权轻重
> 之序，测浅深之量。悉其聪明，致其忠爱，疑则与众共
> 之。疑则从轻者，所以重之也，故舜命咎繇曰："汝作士，
> 惟刑之恤。"又复加之以三讯，众所善，然后断之。是以
> 为法，参人之情。故《传》曰："小大之狱，虽不能察，
> 必以情。"①

这是说在审理诉讼案件时，必须要体现亲情、忠诚和道义，即
便在审理嫌疑犯时，也要给予深切的关爱，对于疑罪，当从轻
发落，如要量刑，须再三议论，慎之又慎。又说：

> 凡理狱之情，必本所犯之事以为主，不严讯，不旁
> 求，不贵多端，以见聪明，故律正其举动之法，参伍其
> 辞，所以求实也，非所以饰实也，但当参伍明聪之耳，
> 不使狱吏锻炼饰理成辞于手。孔子曰："古之断狱，求所
> 以生之也；今之断狱，求所以杀之也。"②

这是说在审理案件过程中必须要就事论事，对案件涉及的事实
展开调查，不能逼供，不能随意地引申；所有供词都只能用来
寻求事实真相，而不是用来文饰事实真相；当多方面地听取意
见，但不能允许关押犯人的狱吏把屈打成招的言辞作为有效的
证词。这里还借孔子的话提出了一个价值的导向：断狱的目的
不是为了淫威，而是为了从犯罪当中拯救生命。

其三，体现在对公正的追求。在律法中贯彻仁爱与宽容精
神，不等于没有法律界限，更不是纵容犯罪，只是本着这样的

---

① 《贞观政要·公平》。
② 同上。

精神去履行司法的责任。这里存在的问题在于能否避免私情对律法的干扰，包括最高统治者以及立法和执法的人在内。所以，在执法过程中贯彻同情和宽容精神与执法过程中的徇私情是绝然的两事。而能够对执法产生干扰作用的又恰恰是当权者个人的好恶，在这个意义上，执法过程的公平本身，就是一种没有个人偏私的广泛的社会同情。① 在初唐，追求公平是一种朝野的共识。魏徵劝导太宗说：

> 且法，国之权衡也，时之准绳也。权衡所以定轻重，准绳所以正曲直，今作法贵其宽平，罪人欲其严酷，喜怒肆志，高下在心，是则舍准绳以正曲直，弃权衡而定轻重者也。不亦惑哉？诸葛孔明，小国之相，犹曰："吾心如称，不能为人作轻重。"况万乘之主，当可封之日，而任心而弃法，取怨于人乎？②

魏徵之言总是直接而尖锐，针砭与批评所向，直指太宗本人，而太宗也总是听得真切，行得笃实。太宗多次反复自我告诫："法者非朕一人之法，乃天下之法"③，"故知君人者，以天下为公，无私于物"④。贞观年间，刑部张亮因谋反罪下狱，太宗下令百官对此案量刑议论，结果多数人都说罪该诛杀，唯独殿中少监李道裕坚持说"反形未具，明其无罪"，但太宗一怒之下，下令杀了张亮。事情过后，太宗对自己的武断表示反悔，而对李道裕敢于坚持公道表示了钦佩，说："往者李道裕议张亮云'反形未具'，可谓公平矣。当时虽不用其言，至

---

① 《唐律疏议》："秋卿司于邦典，高下在心。"长孙无忌等疏为："左传曰：高下在心，谓不遂法度而用心不公也。"（台湾商务印书馆1965年版，第7页）

② 《贞观政要·公平》。

③ 同上。

④ 同上

今追悔。"①另外，侍御史张玄素弹乐蟠令叱奴骘盗取官粮，太宗盛怒之下令处斩，中书舍人张文权根据律令，力争罪不当死，太宗说："仓粮事重，不斩恐犯者众。"魏徵则坚持："陛下设法，与天下共之。今若改张，人将法外畏罪。且复有重于此者，何以加之？"最终，太宗被说服，免了叱奴骘的死罪。②

类似案件的处理，虽然只是个案，但具有示范的效应，表明了最高统治者对待司法公正的态度，如此，在初唐形成了一个风气，如魏徵所赞："志存公道，人有所犯，一一于法。"③

那么，唐王朝又是怎样推行其仁政的呢？大抵说来有三个方面。

首先，在与百姓的关系上，主张"以百姓之心为心"。在君民之间关系上，魏徵曾对太宗讲述了荀子所提出过的"水则载舟，水则覆舟"的道理，太宗深刻地领会了这一点，在他的言论中反复地告诫自己和儿孙。他说：

> 舟所以比人君，水所以比黎庶，水能载舟，亦能覆舟。尔方为人主，可不畏惧？④

> 为人君之道，必须先存百姓，若损百姓以奉其身，如割胫以自啖，腹饱而身毙。⑤

与以往把君民之间关系描绘成天经地义或温情脉脉不同，太宗敢于面对实际，他清醒地意识到这之间的利害关系，为了比较融洽地处理这种利害关系，就要把主次位置摆正确——百姓为

---

① 《贞观政要·公平》。
② 见《大唐新语》卷四，中华书局1984年版。
③ 《贞观政要·公平》。
④ 《贞观政要·教戒太子诸王》。
⑤ 王方庆：《魏郑公谏录》，见《四库全书》。（以下省略）

主，君为次。这是先秦孟子民本思想的一个重大实践和发展。
贞观二年，隋朝旧臣郑仁基有个女儿，容色殊绝，为当世所不
及，太宗甚为喜欢，准备纳为嫔妃，诏书已经发出，不料魏徵
知道此女已经许配别人，便极力规劝太宗：

> 陛下为人父母，抚爱百姓，当忧其所忧，乐其所乐。
> 自古有道之主，以百姓之心为心。……今郑氏之女，久已
> 许人，陛下取之不疑，无所顾问，播之四海，岂为民父
> 母之道乎？①

太宗深为魏徵所言震动，"深自克责"，命令停止纳嫔事。"以
百姓之心为心"，体现的不仅仅是一个低的姿态，或者做做秀，
而是包含着同情和理解，有着现代人所说的换位思考，设身处
地地为百姓着想。这类事件在贞观年间颇多。贞观二年，关中
旱饥，太宗下诏书："若使年谷丰稔，天下又安，移灾朕身，
以存万国，是所愿也，甘心无吝。"②由这种同情和理解推开来，
便是对他人的悲悯之心。贞观十九年，高句丽遣使给太宗送来
两个美女，太宗认为此女远离父母兄弟，"若爱其色而伤其心，
我不取也。"于是把这两个美女送了回去。太宗也以宽厚自慰，
但有人议论，认为他太过于宽厚，以致对人对事缺乏规范，于
是太宗便与李靖、魏徵等人议论此事：

> 太宗谓右仆射李靖等曰："人君之道唯在宽厚，非但
> 刑戮，乃至鞭挞亦不欲行，比每人嫌朕太宽，未知此言
> 可行否？"公（魏徵）对曰："古来帝王以杀戮肆威者实
> 非久安之策，臣等见隋炀帝初有天下，亦大威严而官人、
> 百姓造罪未一，今陛下仁育天下，万姓获安，臣下虽愚，

---

① 《贞观政要·直谏》。
② 《资治通鉴》卷一百九十二。

岂容不识恩造。"太宗曰："公等假以为非，朕终不改此
志。"①

这场辩论的结果是君臣达成一项共识：威刑非但不能使事情得
到很好的规范，而且人们照旧造反，所谓"民不畏死，奈何以
死惧之"；宽厚不仅不使事物缺乏规范，而且能够使天下长治
久安，这一条在初唐时期成了既定的国策。

其次，在君臣关系上，主张君臣同心。与君民关系一样，
魏徵先是陈述了君臣的利害关系，然后提出君臣同心合力的道
理。在魏徵看来，如果君对臣不仁慈，那么臣对君未必就该忠
诚，君臣之间的关系并不是一定就投合的，君臣相遇，自古为
难，如同以石投水，千载一合，而以水投石，无时不有。太宗
也对魏徵的规劝总是心领神会，他说：

　　但君臣相须，事同鱼水，然鱼不得水则不立，水无
鱼则废。②

孔子曾说：鱼失水则死，水失鱼犹为水。孔子是在君民之间关
系意义上说的，君如鱼，民如水，鱼不能离水而存，水却不因
鱼而存。这里喻君臣关系，则用了"相须"来表达，"相须"
在唐代是一个哲学的术语，意谓对待的两方存在着内在的紧张
与对立，但彼此相依赖，离了任何一方，另一方都无法生存下
去。水若无鱼，那么就徒有其水，水本来就是为了养鱼的。太
宗以此表达了一个联动式的君臣关系，荣辱与共，兴废俱存。
在这个意义上，为君者应当体恤臣下。贞观十九年征高句丽，
右卫大将军李思摩为流矢射中，太宗亲自为其吮血，将士莫不
为之感动；魏徵"拜埽还乡"，太宗"乃问所经百姓安否"。

---

① 王方庆：《魏郑公谏录》。
② 《贞观政要·教戒太子诸王》。

此类事例甚多。

## 二　言路的广开

唐太宗善于纳谏，在历史上传为美谈，《新唐书》在本纪赞语中说他"除隋之乱，比迹汤、武，致治之美，庶几成、康。自古功德兼备，由汉以来未之有也。"能够成就如此的伟业，非太宗一人之力可以做到，关键在于他能够开创一个思想开放的局面，释放出群体的智慧。而这除了广开言路，善于听取别人的意见，没有第二条路。

贞观二年，太宗与侍臣说：明主总是看到自己的短处，从而吸收别人的长处以弥补自己的短处；暗主总是袒护自己的短处，从而愚昧无知。贞观六年，太宗与侍臣谈到直谏与纳谏问题时说道：历史上夏桀诛杀了谏臣关龙逢，汉景帝则诛杀了晁错，此事不能不令人废书而叹息；隋炀帝因为残暴，身死匹夫之手，举国上下，没有一个人为他感到悲伤。君臣从各自的责任来说，我们应当尽自己的忠诚来匡扶国家。那么，现在我来深刻反省龙逢、晁错被诛事件，而你们来考虑隋氏灭亡的事情。你们尽管正词直谏，只要有利于国家政教，我决不因为犯言忤旨而妄兴诛杀。从我临朝决断国家事务以来，其实也不免有以个人意志有违国家律令的地方。你们却以为这些不算大事，所以不肯直言。但是，大事起因于小事，小事不论曲直，那么大事就将不可挽救，从而国家的危难就将到来了。[①]

这是一种少见的坦诚和自知之明！其坦诚在于不避利害，

① 见《贞观政要·政体》。

直陈君臣与国家的关系及其各自所应有的责任，宣示自己的承诺；其自知在于勇于当着众人检讨自己，承认自己有过错，并把这种过错与国家安危联系起来。正是以这样的坦诚和自知，才造就了言路广开的社会环境。

其实，太宗自己很清楚，真要做到有自知之明，绝非易事，他与房玄龄说道：

> 自知者明，信为难矣。……由是言之，人君须得匡谏之臣，举其愆过。一日万机，一人听断，虽复忧劳，安能尽善？①

任何的人都不免矜夸自己，贬低别人，这是一个不自觉的习惯。作为日理万机的君主，他也是人，即便他有心不做错事，都不可能，那么，必须有人能够纠正他的过错。太宗如此想，也如此践行。贞观八年，太宗说：

> 朕每闲居静坐，则自内省。恒恐上不称天心，下为百姓所怨。但思正人匡谏，欲令耳目外通，下无怨滞。……所以每有谏者，纵不合朕心，朕亦不以为忤。若即嗔责，深恐人怀战惧，岂肯更言。②

早在春秋时期，政治家子产就认识到，防人之口，甚于防川。防川尚且不能用堵塞的办法，只能疏川导滞，防人之口则更应该采用疏导的办法，让人把话讲出来，诚恳地听取意见。既然错误不可避免，就没有必要掩饰错误，只在于改正自己的错误。如果堵塞别人的言路，那么会变成怨滞，而且这些怨滞一定会以另一种形式爆发开来，从而给社会的安定带来极大的破坏。

---

① 《贞观政要·求谏》。
② 同上。

太宗深明这个道理，故而，他要始终保持"耳目外通"，防止百姓怨滞这种情形。所以，凡是有直言其过的，即便很难听，他也要硬着头皮听下去，而且要表现得诚恳、温悦，让讲话的人能够不怀"战惧"地讲下去。如果因为别人的意见不合乎自己的心意，不能诚恳地接受别人的意见，又如何要求别人接受自己的意见？此所谓"若不能受谏，安能谏人？"[①]

希望人讲真话，希望人直言其过，这是一种善良的愿望，这种愿望能否充分实现，还不仅仅取决于愿望本身，需要一些条件作为保障。只有这些保障被证实是确信无疑的，才可能形成言路敞开的社会环境，至少在统治集团内部形成开放的言论环境。我们知道，保障的条件可能包括最高统治者的诚信和一贯态度、特定的政策导向，在彼此都遵守法纪的情形下，最有力的保障还是律法的保障。我们既难以把初唐社会作为一种法治社会的类型，也难以说它是个无法纪的人治社会，我们看到的是一个有法纪且又把人的因素发挥得淋漓尽致的社会。所以，我们所了解的正是这两个方面都具备的条件保障。

从人的因素方面来说，除了上述已经表明的，还要看统治者会不会因为谏言者陈述国家利害、直言其过，或意见相左，从而治其罪行。贞观八年，陕县县丞皇甫德参"上书忤旨，太宗以为讪谤"。魏徵极力规劝太宗，说：

> 昔贾谊当汉文帝上书云云"可为痛哭者一，可为长叹息者六。"自古上书，率多激切，若不激切，则不能起人主之心。激切即似讪谤，惟陛下详其可否。[②]

---

① 《贞观政要·求谏》。

② 《贞观政要·纳谏》。

八年之后，魏徵与太宗又谈起这件事的时候，魏徵说：皇上当时虽然听从了规劝，但心里难平，"难于受谏也"。太宗说：的确如同魏徵所言，"非公无能道此者"，又感叹说"人皆苦于不自觉"。可见当时这件事引起争议的激烈程度。在唐人王方庆撰《魏郑公谏录》中，记录了皇甫德参上书的内容：

> 太宗谓房玄龄等曰："昨皇甫德参上书，言朕修营洛川宫殿是劳人也，收地租是厚敛也，俗尚高髻是宫中所化也，此人欲使国家不役一丁，不收一租，宫人皆无髻，乃称其忘耳！事既讪谤，当须论罪。"①

直谏与讪谤，要在它们之间划出个明确的界限是困难的，同样的内容以不同的表达方式，或者不同的态度，都会引出两种截然不同的结果。如魏徵所言，为了使在上的人引起注意，往往表达方式比较激切。皇甫德参的情况就是如此，只要他讲的是一个真实的情况而没有欺骗，那么他就应该没有罪责，至多只是表达的态度问题了。于是，问题便取决于皇帝本人了，他以什么样的立场和方式来处理这件事。如果以当时的情形，太宗完全可能以讪谤的罪来治他，而且他也的确准备这样做了。可是另一个贤良的谏臣魏徵成功地阻止了他。这些事件似乎都是碰巧遇到及时劝解的人，其实并非如此，如果太宗没有一个正确的态度和一贯纳谏的热忱，他的身边便不可能及时出现冒死直谏的人。而且，以皇帝的权力，在所有国家事务当中，治一个皇甫德参的"讪谤"罪，不过是区区小事，尚且算不得淫威。可贵的是，太宗知轻重，他看到的不只是这件事情本身，而是由微知著，意识到治了皇甫德参的罪，等于兴了言论罪，在他

---

① 王方庆：《魏郑公谏录》。

的执政过程中开了一个坏的先例，从此，人们便不愿意与他诚恳地对话。

从法纪的方面来说，在《唐律》十二篇中以及长孙无忌等人奉敕撰写的《唐律疏议》中，并没有"讪谤"这一条罪以及对这条罪的量刑准则。①也就是说，在大唐律法中是没有因文字而兴罪的规定的。这在律法上为言路的敞开做好了保障。如果太宗果真以"讪谤"名治了皇甫德参的罪，也等于先罗织了罪名，然后再立法，所幸的是太宗终究没有这么做，而这又不是偶然的。

无论太宗有怎样的愿望，抑或大唐律法有着怎样的立法保证，毕竟言论方面的罪责通常不像其他罪责那么规范、明了，又总是触及最高统治者的敏感的神经，所以对于这方面问题的处理通常不是寻着律法的途径来了结的，而总是联系到统治者个人的一些素养，特别是能否容得下别人在某些时候尖锐的批评，尤其是在直言国家或个人的一些利害关系的时候，是否具有在善良愿望基础上的雅量。太宗恰恰就有这个雅量。贞观年间，太宗考虑到长安离中原各地偏远，不便于各地朝贡，于是决定兴建洛阳宫殿，但是遭到张玄素的坚决反对，言辞之激烈，甚至把这个行为与隋炀帝相类比。要论"讪谤"，张玄素的言辞绝对有过之，然而，太宗并没有这么看，而是从他敢于"以卑干尊"的言论，看出他的忠诚，看出事理，所谓："以卑干尊，古来不易，非其忠直，安能

---

① 《唐律疏议》中只有"上书奏事犯讳"条款，如上书中不避皇帝名字或宗庙讳者，口误处以杖八十，笔误处以笞五十不等的惩罚。（台湾商务印书馆1965年版，第142页）

如此？"①

　　设想，如果太宗没有这个雅量，因此治了张玄素的"讪谤"罪，恐怕没有人说太宗没这个权力，而且也似乎合情合理，但问题与皇甫德参的性质是同样的。那么律法对言论的保障作用在哪里呢？应该说，在太宗下决心治他们二人的"讪谤"罪的时候，律法不大起作用。在那个时代，律法对皇帝并没有绝对的约束作用，对皇帝来说，只有自律。律法的作用只在事件发生之后，一个有理性的皇帝的反省工夫上，像太宗时常所做的那样，反复告诫自己不要干扰律法的执行。

　　由于太宗始终坚持听取批评意见，"从谏如流"，在初唐逐渐形成一种社会政治风气，朝野内外都乐于献计献策。在当时，不仅近臣，而且地位卑贱的地方小官，乃至布衣百姓也都积极贡献自己的意见。贞观十八年，太宗为苑西监穆裕的事激怒，下令斩杀。当时高宗已被立为太子，竟然犯颜进谏，太宗最终听从了太子的意见。时任司徒的长孙无忌说：自古太子进谏，都是乘皇上心平气静的时候，如今皇上发天威之怒，太子遽然犯颜进谏，的确是古今没有过的事。太宗则说：人与人久相处，自然染上同样的习性。自从我驾御天下以来，虚心正直，就有魏徵朝夕进谏。魏徵死后，又有刘洎、岑文本、马周、褚遂良等继承之。太子自幼在我身边，经常见我真心听谏的事，也染成习性，所以有今日的犯颜进谏。②太宗的贤妃徐充容也曾多次进谏。马周，本来是个平民百姓，竟然也上书献策二十多件事，太宗深深为他的见识感到惊奇，完全采纳了他的意见，破格提拔他为朝廷重臣。

――――――――

　　①　《贞观政要·纳谏》。
　　②　同上。

贞观年间，唐王朝广开言路，统治阶层能够直面社会矛盾和各种利害关系，这不仅在实现贞观之治过程中发挥了积极作用，也奠定了唐朝在言论方面的基本国策，即便到了中唐后期，也还保持着这个传统。在刘禹锡的《夔州论利害表》及《论利害表》中，也重提这个传统，其曰："如有利害可言者，不限时节，任自上表闻奏者"。①

## 三 致广大的文化心态

贞观二年，太宗与黄门侍郎王珪讨论古今理政的得失。太宗说："近代君臣治国，多劣于前古，何也？"王珪回答说："古之帝王为政，皆志尚清净，以百姓之心为心。近代则唯损百姓以适其欲。所任用大臣，复非经术之士。"虽然太宗接受了王珪的观点，但他心里却并不认为当今不如古代。贞观初年，太宗与魏徵、封德彝讨论同一个话题，封德彝亦坚持今不如古，所谓"三代以后，人渐浇讹，故秦任法律，汉杂霸道"。魏徵坚信今并非一定不如古，说：如果说三代以后，人渐浇讹，人不淳朴，那么以此类推，现在人应该都成为"鬼魅"了，可是实际情况并不是如此。人只要愿意接受教化，就能够被教化。多年之后，太宗说道：

> 贞观初，人皆为异论，云当今必不可行帝道、王道，惟魏徵劝我。既从其言，不过数载，遂得华夏安宁，远夷宾服。突厥自古以来，常为中国勍敌，今酋长并带刀宿卫，部落皆袭衣冠，使我遂至于此，皆魏徵之力也。②

---

① 《刘禹锡集》，中华书局 1990 年版。
② 《贞观政要·政体》。

这就是说，太宗听从了魏徵的指引，厉行的是一条帝道兼王道的政治路线，既要推行人道关怀，实行博爱基础上的仁政①，又要依靠法律，运用智谋，实现一个中央大帝国的政治抱负。在他的关怀里，那个大帝国不是区区中原逐鹿之地，也不是划地为疆的国家，是一个广大而无疆的中央帝国。

如此一个中央帝国，在文化心态上必然是有着广泛适应性的，没有这样的心态，便不可能成就帝业。在具备一定条件的时候，就是有多大的心态，就能够成就多大的事业。这样一种致广大的文化心态应该具备什么样的要求呢？大抵说来，应当兼容并存，不应当独断专己；应该唯才是举，不当任人唯亲；应当怀柔致远，仁威并用，不应当苟且偷安。

初唐既行帝道与王道，那么在思想文化资源上，就不拘泥于一端，而是儒道并举，仁法兼综，甚至也广泛地借鉴外来的文化资源。在初唐，我们看到的不是一个保守自封的社会，而是一个极具开放性质的社会，任何的思想、学说都可以拿出来讲论，在这种动态的批评与反批评的过程中，人们相互吸收和运用其思想成果。尽管太宗也说他所崇尚的是尧舜周孔之道，但这只是表明他对古代淳厚与仁爱精神的向往，并不表明他独守儒家学说。李唐王朝与道家始祖老子有着一层特殊的关系，尚在夺取政权的艰难岁月，道士就曾坚定地支持过李渊，道士在唐代被视为皇家的同宗，尤其重要的是，作为太宗政治导师的魏徵还是道士出身，魏徵教给太宗的正好是儒道并用的

---

① 韩愈《原道》在解释"仁、义、道、德"时说："博爱之谓仁，行而宜之之谓义，由是而之焉之谓道，足乎己无待于外之谓德。"这个解释比较能够反映唐代人对这四个概念的理解。

道理。魏徵在贞观十一年的上疏中，把国家的治理分为三种境界：

> 神话潜通，无为而治，德之上也……悦以使人，不竭其力，常念居之者逸，作之者劳，亿兆悦以子来，群生仰而遂性，德之次也；若惟圣周念，不慎厥终，忘缔构之艰难，谓天命之可恃……不知止足，人不见德，而劳役是闻，斯为下矣。①

在同月的上疏中，魏徵进一步阐述道：

> 则智者尽其谋，勇者竭其力，仁者播其惠，信者效其忠。文武争驰，君臣无事，可以尽豫游之乐，可以养松、乔之寿，鸣琴垂拱，不言而化，何必劳神苦思，代下司职，役聪明之耳目，亏无为之大道哉！②

在魏徵的观念当中，智、勇、仁、信，没有一样是不重要的，都是应该具备的德性。只是在治理国家的境界追求上，道家的境界是最高的。这里的"无为"是对最高统治者而言的，帝王之下，智者、勇者、仁者、信者皆能积极作为。在他看来，最高统治者的积极有为，都不是件好事，像隋炀帝那样，越是"有为"，百姓生活处境越糟。所以，最好是保持清醒的头脑，无为而治，让下面的人们去放手做事，静观其变，这样君臣之间的关系也会比较简单易处了。具有这种看法的不止魏徵一人，王珪也劝太宗"志尚清静，以百姓之心为心"③，房玄龄则在贞观二十二年太宗欲伐高句丽时，规劝太宗"遵皇祖老子止足

---

① 《贞观政要·君道》。
② 同上。
③ 《贞观政要·政体》。

之说，以保万代巍巍之名"①。太宗也明确地表示，当"夙夜孜孜，惟欲清静，使天下无事"②。

儒道之外，太宗对佛教也很礼遇。贞观三年，他支持玄奘和尚西去取经，"探求佛法，咸究根源"；贞观十九年，玄奘回来，太宗亲自为玄奘选择译经地点，所谓："法师行后，造弘福寺，其处虽小，禅院虚静，可谓翻译之所"③。这表明唐初统治者在寻求思想资源多样性方面所持的开放观念。尽管从武德年间太史令傅奕主张废佛以后，废佛声音不断，但都没有改变朝廷对宗教与文化多元的基本态度。贞观年间，西方的景教也传入中国，大唐王朝也没有采取拒斥的态度。显然，唐代思想文化的繁荣与初唐所奠定的政治与文化基础是分不开的。

太宗曾经感叹隋炀帝手下不是没有人才，而是不会用人才。太宗在用人方面，不仅举贤不问贵贱身份，而且敢于起用过去的仇敌。在贞观年间，辅佐太宗实现天下大治的左右重臣当中，只有房玄龄、杜如晦是跟随太宗征战天下的部下，只有长孙无忌是亲戚，其他几个大臣中，马周是平民出身，魏徵、李靖、李勣、虞世南、王珪等都是旧臣，魏徵、李靖和王珪还是旧时的仇敌，而太宗都敢于起用。这在太宗给高宗的《帝范》一书中有过表述：

> 如山岳焉高峻而不动，如日月焉贞明而普照，兆庶之所瞻仰。宽大其志，足以兼包；平正其心，足以制断。

---

① 《贞观政要·征伐》。
② 《贞观政要·政体》。
③ 刘肃：《大唐新语》卷之十三，中华书局 1984 年版。

> 非威德无以致远，非慈厚无以怀人。[1]
>
> 　夫国治匡辅必待忠良，任使得人，天下自治。……不以卑而不用，不以辱而不尊。[2]

这些话都是从如何做君主的立场来说的，其试图永保李家天下的动机毋庸置疑，但是，作为最高统治者，是否拥有一个至大至公的关怀和宽容慈厚的胸襟，对于国家的兴衰是至关重要的。正是在这样的政治环境下，一批贤良之士聚集在太宗的身边。魏徵和王珪都曾经是太宗的政敌，他们曾经效力过隐太子李建成。太宗灭建成之后，质问魏徵：你为何要离间我们兄弟之间的关系呢？魏徵回答说：皇太子（建成）要是早听我的话，及早采取措施，就不会有今天的杀身之祸了。太宗听后，"为之敛容，厚加礼异，擢拜谏议大夫"[3]。魏徵后来被太宗视为可使自己"明得失"的一面镜子。王珪在建成被灭后流放在外，太宗将其召回，拜为谏议大夫，"每推诚尽节，多所献纳"，太宗还表示，"卿若常居谏官，朕必永无过失"[4]。虞世南，也是隋朝旧臣，太宗"引为上客"，太宗每次与他商榷古今，"有一言之善，世南无不悦，有一言之失，未尝不怅恨"。这几个重要的谏臣，都个性鲜明，从不阿言屈从。魏徵"有经国之才，性又抗烈，无所屈挠"，王珪"激浊扬清，嫉恶好善"，虞世南则"虽容貌懦弱，如不胜衣，而志性抗烈"。在军事方面，初唐的两位重臣也是隋朝的旧臣。李靖在炀帝时，曾经上书请求及早除掉当时为太原太守的李渊。李渊攻克京城，俘获

---

[1] 唐太宗：《帝范·君体》，见《四库全书》。
[2] 唐太宗：《帝范·求贤》。
[3] 《贞观政要·任贤》。
[4] 同上。

李靖，正准备杀掉他，李靖大呼："公起义兵除乱，不欲就大事，而以私怨斩壮士乎？"太宗刀下救了他，并任命为刑部尚书，后又迁升为尚书右仆射。就是这个李靖，在征讨唐朝强敌突厥和吐谷浑的战争中，立下赫赫战功，威震西域。李勣原为李密的部下，太宗看出他的品质和才能，任其为兵部尚书，在征突厥、薛延陀、高句丽的战争中，立下盖世功勋。在晚年，太宗甚至托孤幼于李勣，说："公往不遗于李密，今岂负于朕哉！"①太宗不仅对不同政治派别、不同社会经历和地位的人士是如此，对外也是如此。突厥一直都是大唐的外患，俟突厥被打败之后，凡诸部落来投降的，太宗都拜将军中郎将，"布列朝廷，五品以上百余人，殆与朝士相半"，于此可见蔚为大观。正所谓"不以卑而不用，不以辱而不尊"。宽恕在这里表现为：对别人经历的理解同情，对别人的赤诚予以赞赏和肯定。

　　相反，太宗在任用人或封奖问题上，皇亲国戚并没有得到同样的机会。贞观元年，太宗封中书令房玄龄为邗国公，兵部尚书杜如晦为蔡国公，吏部尚书长孙无忌为齐国公。这件事引起了皇叔父淮安王李神通的不满，他说：当年太祖在太原起义的时候，我从长安率兵先至，如今房玄龄等刀笔之人竟然功居第一，这是什么道理？太宗对答说：国家大事，就在于赏与罚。赏如果恰当地给予那些劳苦功高的人，那么无功的人就会自行退让；罚如果恰当地给予了那些有罪的人，那么为恶的人都会畏惧。所以赏罚不可以轻易地施行。如今，我们按照功劳大小行赏，房玄龄等运筹帷幄，对于国家的建立具有与汉代萧何一般的功劳。叔父为国至亲，我并非舍不得奖赏您，但不可

---

　　① 《贞观政要·任贤》。

以因为私情而滥与勋臣同赏啊！

这件事在朝野引起积极反映，人们认为太宗"赏不和亲"，行事公道。

在与周边国家或政权的关系上，初唐推行的是仁威并重的方略。在太宗的心里，大唐既是一个中央帝国，却又不能单靠武力制服，他要的是他们口服心服。所以，唐王朝平日养兵不多，其武备力量是通过民力的积蓄和战时的动员实现的。而在战争的目的性上，也不是为了炫耀武力，穷兵黩武，而是立足于"止戈为武"，在不得不动用武力时，才会动用。与吐蕃、突厥以及南方诸国或政权的几次战争，在临战前夕，不战而屈人之兵，避免了流血冲突。发生的大的战事，主要是对突厥和高句丽。而对突厥和高句丽的战争理由，又是完全不同的。突厥在唐代是国家最主要的安全威胁，颉利可汗的突厥兵多次进犯大唐，最近的一次率兵陈于霸桥，与太宗隔河相望。因此，太宗决意要彻底打败突厥，最终李靖领兵大破突厥，解除了威胁。而对高句丽的战争，一是因为高句丽不肯称臣，二是道义的原因。在大唐如此强盛的情况下，高句丽却不肯称臣，这在当时显然不是明智之举。尽管太宗并不愿意去攻打高句丽，但在心里他无法忍受这样一个事实。其实，即便打下高句丽，他也不想奴役他们，只是希望高句丽承认大唐宗主国的地位而已，而且只有名义上的进贡义务，并没有多少实际的要求。至于说道义上的原因，也许根本够不上战争理由，如贞观十八年欲征高句丽，理由只是"高（句）丽莫离支贼杀其主，残虐其下"。这本来是其内部的政治事务，但太宗觉得在道义上他必须出兵主持正义。所以，在大多数情况下，当太宗要发动战争时，他都极其谨慎，他在《帝范》中说：

> 夫兵甲者，国家凶器也。土地虽广，好战则民凋；
> 中国虽安，忘备则民殆。凋非保全之术，殆非拟寇之方，
> 不可以全除，不可以常用。

在争夺天下时，太宗曾经身经百战，应该说，他是深知用兵的利害关系的。在不得不用兵的时候，他仍然贯彻一种怀柔、宽恕和德化的政策。贞观十九年太宗征辽东安市城，高句丽人皆死战，太宗没有攻下来，却赐绢奖赏守城的人们坚守臣节。贞观年间，岭南各州盛传冯盎将反，大臣都劝太宗振兵威，魏徵劝导太宗说："千石之弩不为鼷鼠发机，大国之师岂为蛮夷兴动？胜之不武，不胜为笑。但怀以德，不召自来。"结果，太宗只派了个特使就安顿了岭南，"不劳而定胜于十万之师"[1]。看起来太宗接受魏徵的建议只是个偶然事件，其实不然。初唐王朝在没有对国家百姓生活的安定造成重大影响的情形下，解除了周边安全威胁，使四夷诚服，并使中国文化远播四海，这与其致广大的文化心态和所推行的德威并重的政策是有联系的。

初唐致广大的文化心态表现了对不同政治派别、不同思想流派以及异质文化的宽容。在统治集团方面来说，他们在差异性当中吸收思想资源的同时，也学会了平衡、处理差异和冲突；而在客观上则创造了一个思想、文化和社会全面发展的环境。

最后，我们不禁要问：初唐统治阶层的宽容精神是如何可能的？也就是说，在中国历史上的其他王朝为什么就没有这样的宽容精神呢？历史本身并不能回答问题，但是，历史的原因

---

① 王方庆：《魏郑公谏录》。

只能从历史事件本身去寻找。从现象来说，有以下一些因素是宽容精神得以产生的诱因：第一，对历史经验教训的总结，明确了社会利害关系，使唐初的统治者明智地采取了缓和与容让的政策，这也就是过去史学界讨论过的"让步政策问题"；第二，初唐统治者的"天下"观念，使得他们不拘于偏安，而是具有吐纳万象的精神面貌；第三，在权力高度集中的社会条件下，最高统治者有条件将个人的雅量与风范化为社会风气。

# 法律与人道：关于大唐王朝和平崛起的法律思考

## ——在深圳图书馆人文讲坛上的演讲

各位新老朋友，大家晚上好。快过年了，今天我们一起来分享一个"法律与人道"的问题，副标题是"关于大唐王朝和平崛起的法律思考"。这个话题虽然说的是过去的事情，属于我们曾经最为辉煌的那个时期。但是，这个话题却与当下每一个在座的人都有关系。一千多年过去了，我们的生活处境、我们的人文环境、我们的法律环境有没有得到改变呢？我们中华民族历史上有两个最为辉煌的时期。说到这个辉煌时期，大家可能马上想到，是不是"大汉天子"汉武帝的时候呢？一定不是。汉武帝那个时候场面做得很大，但是人民过得很不舒服，所以那个朝代不是我们要颂扬的。汉朝的确是有那么一个时期，那就是文帝和景帝时期，也简称为"文景之治"。另外一个时期就是"贞观之治"。贞观时期也不是唐朝场面最大的时期，场面最大的是开元、天宝年间。但是历史上颂扬的既不是汉武帝，也不是开元、天宝的唐玄宗，而是汉文帝、汉景帝和"贞观之治"时期的唐太宗。所谓"贞观之治"，也就是唐朝开国不久后所经历的 23 个年头，这个年间造就了中华民族的辉煌。

大唐王朝的崛起有一些什么样的条件呢？我们先说说大唐帝国的那种景象吧。隋朝时，北边有最强大的北突厥，西边有西突厥，当时隋朝的版图是较小的。而大唐王朝的版图北面靠近北极，南面到南海，东面到太平洋，西到地中海。新旧《唐书》，以及《资治通鉴》里面记载了贞观年间四夷来朝的那种景象，当时站在长安的城楼上，向四面望去，一望无际，看着四面八方前来朝贡的各国使节，"不绝于路"，路上全是朝贡的人。初唐时期很有名的画家阎立本专门作了一幅画，描绘唐太宗会见这百国使臣的场面。当时各国给唐太宗封了一个号，叫"天可汗"。李世民当时听了这个称呼之后，幽默地说：我已经是大唐皇帝，为什么还要当"天可汗"呢？但这是四夷各国给他封的号，他得接受，就是天下的皇帝，而不仅仅是中国的皇帝了。这是唐朝的一种景象。接着我们就要反思了，贞观年间为何可以实现如此的辉煌？我希望能与大家分享，这些话题是有深有浅的，甚至有一些是故事，但是我们可以反思里面的道理。

我们说大国的崛起需要诸多的条件，然而，拥有一部好的法律则是必备的条件。今天我们专说贞观的法律。

有一种说法：世界历史上有两部法律被认为是最好的法律，一部是西方的罗马法，另一部就是唐朝的贞观律。这两部法律各自的优长在哪里呢？罗马法确定了人的权利，权利的观念就这么出来了。而贞观律的长处是把人道贯彻到了法律里面，把整个道德基础贯彻进去了，所以它是一部人道的法律。

既然说贞观律好，我们就来说说它怎么好。先说说它缘起的过程。在贞观之前，也有两部施行的法律，一部是隋炀帝时期推行的《大业律》，但是隋炀帝执政仅仅13年，他就倒了。唐朝在武德初年，就是唐高祖李渊统治的时期，也开始制订唐朝的法律，这个法律叫《武德律》，但是《武德律》一共才施行了八年时间，到武德九年就发生玄武门之变了。李渊称帝之后的八年时间里，天下从来就没有平静过，江山还没有打下来，他仅仅是夺取了长安就称帝，其实整个中原地区，绝大半个中国都处在战乱当中，所以真正开始治理国家是在贞观年间。这个时候秦王李世民夺取了权力，开始修一部法律，叫作《贞观律》。

这一部法律有什么好呢？

第一，从时间上说，它一修就是十年，很慎重。

这十年中，太宗给他的臣子们说不要急，慢慢来，要修一部好的法律。很多人都参与了，其中有四个人负主要责任，一个是太宗的小舅子长孙无忌，另外是右相房玄龄，左相杜如晦，还有一个谏议大夫魏徵。先说这四个人的长处，长孙无忌是懂法律的，他是法律专家。现在你们看到满街上卖的，以及图书馆有很多本的《唐律疏议》，就是长孙无忌负责解释的，唐律也就是我们所说的《贞观律》。房玄龄也是法律专家。还在战争年代的时候，房玄龄每一次打完仗，他不像有些人去捞财物，他都是捞文书。他的做法很像汉高祖刘邦时候的萧何，萧何也是走到哪儿都抢文书，知道以后重建国家需要文章典籍。杜如晦是个兵家，也是个法律专家。唯独魏徵不是法律专家，他当过道士，后来当过谋士。魏徵可以说不懂法律，但恰恰是他对这一部法律的影响最大，那是因为他影响了皇帝，继而影响了所有人。所以说，理论只要彻底，就能够说服人，他就有这个能力。

第二，唐朝的法律好就好在把人道与法律关系摆平衡了。

法律不是冷酷的，是讲人情的，讲人道的，讲关爱的，讲道德的；同时，又不是只讲人情，法律是摆在那里的。这两者之间要有一个平衡关系。法的本意是要讲公平，而不讲情的，但是法又与情有关。为什么法与情有关呢？因为法律是对人的。远的不说，就说西方，美国法庭审判的时候都有个陪审团，陪审团的成员多不是法律专家，可以说基本上不懂法，但法官不能直接宣布嫌疑犯有罪，而是由陪审团经过合议之后判定嫌疑犯是有罪还是无罪。陪审团不懂法律，但是他们听案子，其实他们就只做一个道德判断，把案情听完了之后，说被告有没有罪，是以道德为原则的，所以这个审判其实是道德审判。即便是一个冷酷的法律，它也有是道德基础的，也就是说，法是与情有关系的。

说到这里，我们要说说魏徵这个人，魏徵不懂法律，但是他影响了法律的起草，影响了整个立法过程。他给唐太宗的上书说道："故圣哲君临，移风易俗，不资严刑苛法，在仁义而已。"法律是干什么的，法律是为了推行仁义，还是为了给人治罪呢？魏徵借孔子之言："古之听狱，求所以生之也，今之听狱，求所以杀之也。"断狱是为了给人求生，而不是要杀人。以法求生、以法杀人是两个不同的动机，唐朝法律不是专门来治罪的，而是用来救人的。你说魏徵不懂法律，但是他说服了皇帝，也说服了当时这一批立法的人。元朝的人在为《唐律疏议》作序的时候，做了这样的评价："太宗因魏徵一言，遂以宽仁为出治之本。"一个是宽，一个是仁，宽是宽容，仁是仁厚。"中书奏献，常三覆五覆后报可，其不欲以法禁胜德化之意。"所谓"三覆五覆"，就是在定罪之前，尤其是定死罪之前，要三次讨论、五次复核，所以法律程序很严，不是说一个法官断了就断了。"不欲以法禁胜德化之意"，就是说唐朝立法的动机是不要用法律去战胜道德，所以"瞰然与哀矜慎恤者同符"。哀、矜、慎、恤，就是哀怜、同情、慎重、体恤，说的正是法律当中的宽容与悲怜精神。现在有人讲"零容忍"，这不一定个好事情。"零容忍"用在惩治贪污上是可以的，用在交通规则上也是可以的，但是什么事都说要"零容忍"，那就有问题了。零容忍其实就是不容忍、不宽容。大家读过《资治通鉴》的都知道，《资治通鉴》讨论历史、评价历史事件的时候，其实它有一个标准，即道德审判，用道德的观念评价以前的所有事情。它在论述到唐朝宰相的时候，说"用法宽平"，宽容、平允，平允就是不要刻意治人罪，不要去挑三拣四，不去追人家的言论错误。大家知道，过去中国历史上有一个传统，皇帝的字、姓氏之类的，别人在写书的时候是不能用的，要避讳，但是贞观年间，唐太宗放开了这项限制，该说就说，不要避讳，平允一点、宽容一点。也就是说唐朝的立法是贯彻着仁爱、宽容与悲怜精神的。大家注意，我们这么说的时候，不是在说唐朝的道德问题，而是在说唐朝法律，说唐朝的法律中是不是彻底地贯彻着道德的精神。法律是冷酷的，但是它的出发点、它的过程，都有一个道德的考虑。再说说宽平之义，在修改唐朝法律的过程中，唐太宗和他的大臣们多次讨论过这个问题，参照的对象就是隋炀帝的《大业律》，说《大业律》太刻急，对人要求太过分，所以唐朝的法律一定要尽量宽容、平允一点，不要咬文嚼字，而且文字要让下级官员、一般水平的人都能看得懂，所以唐朝的《贞观

律》文字并不复杂，表达都是清楚而明白的。长孙无忌在解释
《唐律》的时候，解释的东西也是有法律效力的，长孙无忌的
解释也尽量把人道的东西解释出来。

说到这儿，我们也讲一点故事，解释唐朝法律为什么是人
道的。先说一个"夺亲之罪"，可能是秦始皇之前，就是秦国
商鞅制定的法律是鼓励检举揭发的。从道德上来说，这不是一
件好事情，不值得提倡。唐朝法律就是这样，不鼓励人揭发，
它有一个罪，叫"夺亲之罪"，意思是什么呢？家里有人犯了
法了，老婆去检举老公，儿子去检举父亲，孙子去检举爷爷，
如果发生这种事情，一律不论是非曲直，先治你检举的罪。你
为什么检举你的丈夫？或者你为什么检举你的老婆？你为什么
检举你的父亲？你为什么检举你的爷爷？你连亲情都不要，先
治你的罪，其次再说你检举的是不是事实。过去有"十恶不
赦"，其中有一恶就是六亲不认，任何大赦都不能赦免。如果
检举的是事实，你的亲人确实是犯了法，再治他的罪。这一
条是出于什么考虑呢？就是不鼓励揭发，因为揭发破坏了伦
理关系，这个做法本身不道德，法律不能鼓励不道德的事情。
在《贞观律》当中我们可以看到，它维护了习惯法中亲情之间
"有罪相为隐"的传统。

再说一个例子，孙思邈，大家知道孙思邈是药王，他写
了很多书，比如《千金要方》《千金翼方》，都是很有名的书。
有一天，孙思邈呈上一本《明堂针灸书》给唐太宗，唐太宗拿
到这本书后仔细地看，他发现人的脏腑都是贴在背上的，难怪
审犯人的时候经常把人给打死了，从此以后规定，不准打背
部，可以打屁股，打腿，打手，但不能打背部。这是一个皇帝
亲自管的执法的事，你想想这是一个什么样的考虑？要强调

人道。

立法程序的基础是这样的，执法过程又是怎么样的呢？执法过程中要体现关怀与同情。魏徵说："凡听讼理狱，必原父子之亲，立君臣之义，权轻重之序，测浅深之量，悉其聪明，致其钟爱，疑则与众共之，疑则从轻者，所以重之也。"大家看看这段话，先说所有案子的审理，都要根植于父子之情，要表明君臣之间的伦理关系，还要权衡轻重。"轻重之序"这个话很有意思，比如说某人犯了偷窃罪，肯定要治他偷窃的罪。但是他为什么要偷？小偷说：我八十岁的老母，她要饿死了，我不偷怎么办？我又抢不了，我只有偷，我没有食物供养她，我只有偷了。这种情况，就要权衡轻和重。你偷是罪，毫无疑问，但是你为自己的父母去偷。你八十岁的老母断了粮，国家给予体恤，先给你老母送上食物，然后再教训你，打多少棒，多少鞭子，坐多长时间牢，但是你做这件事的动机是好的。这就是轻重之序。过去研究唐朝法律的，其中就有人把唐朝的法律和明朝的法律做了对比，认为唐朝的法律最知轻重。如果有一个人烧了祖庙，侮辱自己的师父，侮辱自己的父母，那一定是重罪，唐朝就是这样，这是道义之重。所以"测浅深之量"，要仔细地探这个事情的深和浅。下面还有一句话，"疑则与众共之，疑则从轻者"，魏徵把这个观念贯彻到唐朝法律中去了。也就是说，凡是疑案，证据不确凿，这个时候要"与众共之"，众人要一起议论这个案子，不能由长官一人说了算。唐朝有一些大案，所有尚书都要参与听案子，不是大理寺一家说了算的，一定要所有朝官共同议论。而且"疑则从轻"，凡是案子证据不确凿，如果要发落的话，一定要从轻。说这个意思，大家就可以理解，唐朝的法律为什么好。

说到这里，我们给大家说一些故事吧。先说"三覆奏"与"五覆奏"的事情。原来实行三覆奏，就是重案，凡是要判死刑的都要经过皇帝亲自审批。可见那个时候判死刑是一个非常大的事情，大理寺只是复核，判死刑由皇帝亲自来审，而且不只审一次，要审三次。判罪的时候，大理寺官员告诉皇上，这个人已经被判了死刑（第一遍提醒）。快要伏法了，要执行了，再一次告诉皇上，说这个人明天要伏法了，皇上有什么意见？（这是第二遍）如果皇帝说这个事情证据确凿，还维持原来的判决，到了当天，大理寺再告诉一遍，说今天寅时或卯时要开始执行了，皇上有什么意见？这是第三遍。就是要皇帝有充分的时间去考虑到底该不该判这个人死刑，该不该执行，过程中皇帝稍有犹豫，叫停了就不能执行，这是三覆奏。因为三覆奏还是难免有冤案错案，唐太宗就下了一条指令说，修改法律执行程序，改成五覆奏，变成五次向皇上奏明，皇上要反反复复地掂量这个人能不能杀，要严格地去审查这个案件。

唐朝贞观年间规定一年当中有许多个日子不能执行死刑。过年不能杀人，大年初一、初二、初三不能杀人，初十不能杀人，正月十五也不能杀人，三月三不能杀人，端阳节就不用说了，七夕节、中秋节所有这些节日都不能杀人。一年365天中有两百多天不能杀人，这也表明了国家法律对习惯与民俗的尊崇，也表示了对生命的敬重。

唐朝有过废除死刑的议论。有一次唐太宗与大家讨论，说我们实行仁道，可不可以考虑废除死刑？唐太宗说人是生命之重，我们不能随意地去判定一个人死刑，而要再三掂量。有没有一个办法能够替代死刑，让他不死？因为你杀了一个人，可能人家是独生子女，父母成了孤老；或者是一个妻子的丈夫，他的妻子从此就守寡了，所以想个办法不要他死。这当然有前提，有些重罪是不能赦免的，包括欺师灭祖，挖自己的祖坟这些，都是不能赦免的；在能够赦免的犯罪中，偷盗罪、过失杀人罪，这些都要考虑是不是能够废除死刑。当时长孙无忌提出了一个议案，说我们可采取剁他的手或者脚趾头以代替死刑，等于我给了你一刀，只是这刀没杀死你，给你留了一条命。国家有没有行使杀的权力呢？还是行使了，给了你一刀，却不要你的命。这个议案提交给了唐太宗，唐太宗掂量再三，说这也不行，《孝经》里面怎么说的，"身体发肤，受之父母，不敢毁伤，孝之始也"。我们现在都有一个观念，谁把自己的手指头削一块，这是不孝的行为，国家不能鼓励这种不孝的事情，还有没有办法？长孙无忌受不了了，对他大发脾气，说：皇上你还要不要法律了？死罪剁个脚趾头、手指头你都不愿意，那不是没法了吗？干脆把人放了算了！唐太宗听了之后，说大家再议论议论。这个时候益州一个地方官员给唐太宗上奏，他说有一个办法，可以让他生不如死，让他日夜思念着自己的亲人，思念自己的家乡。什么办法呢？流放，把他放到边疆去，放到边远地区戍边去，去开垦农田，让他日夜思念自己的家属，让他生不如死。唐太宗说这个好，当时唐朝的很多案犯就是这样被处置的。我们不说唐朝由此就废除死刑，但这是很有名的一件事情，在唐朝的贞观年间唐朝的政要们正式议论过要不要废除死刑。

再说一个放归过节的事情。在贞观年间，社会道德水平很高，整个国家才几十号罪犯关在中央监狱里面。到了一两百号的时候，唐太宗审那个名单，他一看就说，现在怎么刑往过密了？怎么有这么多人关在牢里呢？他就反思这个问题。有一天快到过年了，他突发奇想，他说我们能不能够把这些死囚犯放回去过年？叫他们年过完了，来春再来伏法。大臣们说这个风险很大，这些都是判了死刑的，他们一定会逃。唐太宗说风险的确是很大，我们就冒一次险行不行？如果犯人都逃了，再也不回来了，那我们以后就不这么做了，我们试一试看看。经过细致的工作，大臣们同意了，过年时把这些死囚犯全放回去了。这个事情大家都可以想得到，应该是都不回来了。但是，奇迹发生了，第二年开春，这些死囚犯一个没少全回来了。这就在唐朝历史上，乃至在中华民族的历史上开了一个先河。这个时候唐太宗高兴了：你看看，这是个什么样的情况！接下来他又发奇想，他说既然死囚犯都回来了，说明他们是讲信义的，讲德性的，我们大唐要行的正是这个德性！我再提议，把这些死刑犯全免罪了，行不行？这下又炸开了锅，大家都七嘴八舌，说这个真是不可以，死囚都放了，那轻罪怎么办呢？唐太宗说因为他们放回去了，却都回来了，我们唐朝要布的是大信义，向天下布大信义。这个事情在他的坚持之下就实行了，这些死囚犯获得新生，从此重新做人。

再说一个事情。当年有一个地方发生了一个案子，是一个很平常的案子，一个店老板，他老婆回娘家去了，他守在店里面。这一天来了几个狱卒在他店里面住下来了。第二天早上清晨，发现这个店老板被杀了，又发现这些狱卒的刀上留有血迹，这不是现成的证据吗？所以从地方官员一直到大理寺，都认定这几个狱卒有不可推卸的杀人之罪，于是案子到太宗皇帝那儿去了，要执行死刑。唐太宗觉得有疑问，那狱卒既然杀人，为什么不把刀上的血迹擦干净呢？有这个疑问，就另外派了一个官员直接去调查。这个审案的人很有头脑，他把全村的人召集起来，给大家开会，说你们从实讲来，谁有嫌疑，杀了店老板。接着一个个展开谈话。到了傍晚的时候，其他人都放回去了，唯独把一个老太婆留下了，一直到很晚才放这个老太婆回去。这边放她回去，那边就派人悄悄地跟踪老太婆。老太婆刚回去，就有人找她，打探官差问了什么。这个老太婆说，他们没问我啥，他们跟我聊天呢。但这个人完全不相信。第二天又同样这么做了，官差把老太婆留到最后，到很晚才放她回去。又是那个人跑去问老太婆了，老太婆做了同样的回答。既然两次都是同一个人去问老太婆，案情明朗起来了。审案第三天，立刻把那个人抓来了，说：所有证据显示你就是嫌犯，从实招来。一抓一个准，这个人从实道来了，说因为店主的老婆与他私通，他想把店主灭掉，又怕店主老婆脱不了嫌疑，于是早早约定了让她回娘家，正好趁狱卒在这儿住宿的时候借刀杀人。真相大白之后，唐太宗非常高兴，说你们看看，这种原以为铁定的事情都可以形成冤案，所以要小心再小心。

再说一个例子。侯君集当时是兵部尚书，但是他犯了谋反之罪，太子行为不轨，他和太子合起来想篡权，事情败露后被下狱了。侯君集是一个军事家，但是唐朝还有个更有名的军事家，叫李靖。唐太宗要李靖教侯君集战略战术，很多都教了，却留了一手没有教他。侯君集就告诉唐太宗，说李靖留了一手不教他。李靖对唐太宗说：侯君集有谋反的嫌疑，我教他那些东西足以应付战场，他还要这一手，一定是来对付皇上的。但是唐太宗听不进去，说必须有事实才行，没有事实他绝对不相信。最后事实发生了，侯君集这种谋反之罪是十恶不赦，但唐朝法律规定，只对犯罪者与十六岁以上的儿子处以绞刑。在临刑之前，唐太宗亲自去狱里看了侯君集，说：我不愿意让下属辱没了你，因为你是功臣，一般的人来跟你谈话不够格，所以我亲自来看你。还有什么要交代的？因为这个死罪是肯定的了，侯君集就提出了一个要求，说：望皇上念罪臣跟您这么多年，请留一个到我坟头上烧纸的人。唐太宗当场答应说：可以，把你儿子留下来，以后你儿子去给你坟头上烧纸，去守孝。相反，《大明律》和《大清律》对待谋反罪则是要夷灭全族，可见历史并不总是在前进的。

第三，唐朝的法律体现了对社会公正的追求。

一个社会不能只讲手段，要讲正义。如果社会没有基本的价值，没有正义了，那一切都不可以说了，什么事都做得出来。在立法中贯彻仁爱与宽容精神，不等于没有法律界限，更不是纵容犯罪，只是本着这种精神去履行司法的责任。执法过程当中的公平本身就是一个没有偏私的广泛的社会同情，这是我对它的一个评论。

唐太宗有一天反省，谈到诸葛亮，说小国之相（诸葛亮自称）都知道"吾心如秤，不能为人做轻重"。意思是：我心公平，像一杆秤，但是仍然不能为人衡量轻重。大家知道诸葛孔明，他很贤明，很公平，尽管如此，还是不能为人做轻重，必须要有法。不能说我自己觉得公平，我就随便来断案。又何况是万乘之主呢？如果任心任性，说的话就是法律，那是非常可怕的。所以唐太宗认为，要有法，不能任心而弃法，如果任心而弃法，一定是取怨于人。取怨于人就是会造成千千万万人的怨恨。唐太宗还说："法者非朕一人之法"，这个法不是我一个人的法；"乃天下之法，故知君人者，以天下为公，无私于物"，这个法一经确立，那就是天下之法，要公平，不能有私心，不要去干预法律。干扰法律的事件比比皆是，但是李世民就深刻反省这个东西。

我们要说一个案例。唐太宗的小舅子长孙无忌犯了禁，他犯的禁跟《水浒传》中的林冲犯的禁是同样的，挎着刀进了禁区，去见皇上去了。本来大臣都是没有刀的，他竟然挎着刀直接奔着见皇上去了。侍卫一看，你怎么带着刀进呢？毫无疑问，马上把他拿下了。大理寺说，长孙无忌可能是忘了，他不是谋反，是一时疏忽了。大理寺审案的时候，说为什么没有人提醒他呢？他进大门的时候，门卫为什么不把他的刀卸下来呢？立刻把这个门卫抓了。麻烦也来了，一边是皇帝小舅子，一边是小官员，判门卫的罪是肯定的了，但小舅子是不能杀的，皇亲国戚嘛。儒家有一个传统，刑不上大夫。怎么办呢？当时有人就说，把门卫判死刑，长孙无忌就不要判罪。但大理寺不同意，说王族与庶人犯的是同样的罪，为什么只治门卫的罪，而不治长孙无忌的罪呢？大理寺提出了一个要求，要么都不治罪，要么都治罪。最后经过唐太宗允许，折中了一下，给这个门卫判一个轻罪，也给长孙无忌一个惩罚。

还有件事，大理丞张蕴古因泄密罪被杀了，之后，唐太宗又反悔了。他在朝廷之上发了一顿火，问为什么众卿没有一个人反对？太宗由此下了一道诏令，将三覆奏改成五覆奏，就是刚才说的，三次跟皇帝奏明，变成五次奏明，要皇帝再三慎重考虑判死刑这个事情，就是这么来的。所以历史上评论说：在初唐时期形成了一个风气，人们志存公道，人有所犯，一一于法。没有谁会逃得出法律的制裁，法网恢恢，疏而不漏。这句话本来是出自《老子》的"天网恢恢，疏而不失"，后来衍生为"法网恢恢，疏而不漏"，意思就是法网很广大，真正犯了罪没有逃得脱的，但是小过就放了，捞大鱼，小鱼全放了。

通过这些事情我们可以看到，唐的法律有一个公平。社会环境是宽松的，是自在的，即使你真的犯了法，还看你动机，反对举报。说到举报，在这儿再说两句，前面说过唐太宗是反对揭发举报的，法律就要立下这条规矩。有人说：那要是谋反罪呢？如果妻子举报她丈夫谋反呢？或者儿子检举他父亲颠覆国家怎么办呢？唐太宗说，如果是这种事情，也不能鼓励举报，谁要举报了，还是先治检举人的夺亲之罪，就是要亲亲相隐，亲和亲之间相互要隐藏某些东西，不能拿出来检举。唐太宗说如果出现谋反的事情，不需要亲人举报，因为谋反罪不是一天两天可以做成的，一定有迹象，有行为，让别人去检举他，不要家人互相检举。唐朝的法律就是如此，所以它是人道的，它是有一个冷冰冰的网在那里，但是这个网是很宽松的。

现在我们来反思一下。

第一个问题，中国历史上存不存在法治？我想说，唐朝的贞观年间出现了中国古代历史上最好的一部法律，但是它仍然不是法治国家。法治国家很简单的一个标准，就是法是不是高于一切的，法律高于一切的时候，它才可能是法治国家。中国只有在秦始皇时期，或者商鞅变法后的秦国才最靠近依法治国，最靠近法治国家，但是也不是法治国家。秦朝的法律很有效，但是很暴戾。秦朝要从具体层面来说，它几乎是依法治国了。但是秦朝为什么很快就灭亡了呢？一个原因就是它这个法缺乏道德基础，就是说秦朝靠近法治，但是秦朝的法律太冷酷，没有人情味，没有人道，没有同情，所以它走向了反面。懂法律的都知道，秦朝从商鞅开始搞的法是什么，法是"使民之道"，也就是驭民之术，从他这句话就知道，秦朝的法律法不是为了实现公平，是在君主驾驭百姓的前提下去讨论公平。

但是你不要跟皇帝讨论公平，皇帝跟百姓之间没有公平，而你们老百姓可以讨论，你跟王公大臣、跟贵族也都不能讨论公平。秦朝的法律还有一个什么呢？它鼓励以奸治国。所以我刚才说，检举揭发可能是从商鞅搞起来的。商鞅推行的政策反对以善人治国，而主张以奸治国，以奸人治善人，而不是以善人治奸人，这个是很值得反思的。凡是检举的，商鞅知道都是坏人，你连父亲、夫妻都不认了，朋友也不管了，你就是个坏人。但是用坏人治理的国家是有效的，只是隐藏的祸害更大。大家注意，后来谁那么欣赏秦始皇、欣赏商鞅呢？很多。从曹操一直往下数，很多帝王喜欢这样的，这是商鞅留下的遗毒。所以中国历史上不存在法治。尽管秦朝的法律并不好，但柳宗元写《封建论》的时候说到，秦朝没有一个叛吏，那个制度把官员管得死死的。但是秦朝有叛贼，叛贼指的是造反的百姓。官员不敢造反，军队不敢造反，老百姓可以造你的反吧？所以揭竿而起，宣布起义，秦王朝就是这么被埋葬掉的。这是第一个反思。

第二个反思，以法治国与以德治国。这是我们当今中国人思考的问题，但我想恐怕我们对于这个问题都没有思考清楚。我们现在一方面提倡以德治国，一方面又提倡以法治国，这个东西好像是既可以这样，又可以那样。以法治国就是要建立法治国家，但是这个话有点笼统，似乎是我可以用法律治国，这只是个方向，目标是要实现法治；但是又提以德治国。唐朝践行的也是这样，但唐朝的法律还是皇帝立法，皇帝在法律之上。只要有一个人在法律之上，就不能叫作法治国家。因为法律的位置不是至上的，它在人之下，哪怕是在一个人之下，这就不叫法治国家。法律必须是至上的，不管你是什么样的人，在法律面前都得低头，这才可能叫法治国家。所以说唐朝的情况是法和德两个融合起来了，好就好在把法律与人道搞平衡了，这个道德的基础夯得实在。但我个人认为，法治与德治是同一个问题的两个选项，就是你不能既是这个，又是那个。

　　谢谢大家。

# 道家的政治智慧：天人道与人之道

## ——在深圳图书馆人文讲坛上的演讲

　　各位老朋友、新朋友，晚上好，我们又见面了。我们今天讲的主题是天道与人道，大前提是道家的政治智慧。我们的历史悠久，文化积淀很深厚，拥有很多的智慧，但我要说，我们这个国家在政治智慧方面，至少在政治实践、社会实践方面，我们的资源不足，所以不要盲目地自信。有一些东西我们可以自信，有一些东西我们不能自信。我以前给大家讲过，有两个东西，在中国文化传统中找不到的，必须引进来，比如说民主这个东西，中国就是没有。过去儒家说"三公议政"，"三公"就是地位最高的政治人物，比如司徒、司空、司马，三公议政以辅佐天子，儒家就认为，这就是民主的雏形，就有民主了，我看跟民主差得太远了，那还是以官为主，三公协助天子，跟老百姓做主没有一毛钱的关系。再一个，我们中国文化缺乏"权利"观念。所谓"权利"很简单，比如说哪个地方遭了灾，那皇帝就要派人去救济灾民，灾民领到了皇家发的救济粮就要感恩戴德。如果用权利的观念看，这粮食本来就是百姓给国家奉献的，百姓现在遭灾了，国家应该返还回来，这就是权利观念。政府本来就是大家把权利让渡出来才得以建立的，那政府跟大家是什么样的关系呢？既然权利是让渡出来的，政府理当为人民服务，他没有权利去为百姓做主，他只有为人民服务，只有这个职责，这是他的天职。中国还有很多传统的，比如民本思想，从孟子那时就有："民为贵，社稷次之，君为轻。"先秦的时候，慎子（慎到）还说过，天子他不必贤于民，就是天子不见得比老百姓更聪明，这个是确确实实的，谁敢说做皇帝的智慧就一定超过老百姓呢？再说自由的传统，中国有，在庄子那儿是最讲自由的，当然在老子思想里面也可以发现很多类似的智慧。但是有些东西是没有的，我们就需要从外部引进来，否则的话，就是邓小平说的，如果我们把自己封闭起来，就会把国家搞得没有发展的机会，就是这个道理。好了，我们现在言归正传，谈道家的政治智慧。天道与人道，这个观念好像是一个久远的古代的事情，其实这个东西是深入到我们百姓骨髓当中去了的。

我们先说这个缘起。我们目前能够大概知道的，是春秋时期的子产谈起过这个问题。子产是郑国的宰相，春秋时期，子产辅佐一个弱小的国家——郑国，在大国中间自由地游走，游刃有余，引得大国对它充满了敬意。有点像我们现在世界格局中的新加坡，新加坡那么小的国家，但是经常在国际关系的一些大事情当中进行斡旋。当时郑国有人预言将要发生火灾，很大很大的火灾，子产根据当时这个情况说了一句话，说"天道远，人道迩"，就是天道与人道隔得很远，不要以为这个预言就会起作用，只要我们做好防范，天道不会殃及人道的。也就是说，春秋时期还没有把天道和人道混在一起。但是到了封建君主制时代，比较准确地说是君主制时代①，董仲舒有个命题，叫"天不变，道亦不变"，也就是说天道和人道，天道不变，人道也不变，意思是什么呢？有一个天道，有一个人道，但是人道就是那个天道。儒家在此之前其实不讲天道、人道的问题。我们知道，在孔子那里，孔子讲得最多的是天命。"君子有三畏，畏天命，畏大人，畏圣人之言。"要敬畏，首先要敬畏天命，也就是在孔子那里，天道跟人道还不是一回事，但是到了汉武帝之后，汉武帝为了塑造自己的绝对权威，把自己说成天之子，他替天行道，代替的是天。康熙不也是吗？康熙见到外国人，听说西方人还有上帝，他说什么上帝，我就是上帝，我就是圣人。他是这个观念。很久以前，中国人就形成一种观念：天子不是凡人，是天之子，他代表的是天，他行的就是天道。《水浒》里面讲替天行道，把皇家政权所推出的一切东西都认为是天道，但是我今天要给大家讲的恰恰相反，天道和人道是不一样的，很不一样。我们来看看是如何的不同。

　　这个思想渊源我们要从《道德经》，也就是《老子》这本书里面去看。《老子》第四十六章说道：

　　　　天下有道，却走马以粪，天下无道，戎马生于郊，罪莫大于可欲，祸莫大于不知足，咎莫大于欲得，故知足之足，常足矣。

　　大家看，天下有道和天下无道分开来了。老子这个话一开始就告诉我们，天下某个时候有道，某个时候是无道的，不要以为有皇帝就是天下有道，似乎道就在这里了。老子说"天下

　　① 我们说中国历史上秦朝之前是封建制，即把土地分封给各个诸侯；到了秦朝就搞了郡县制度，就有点像我们现在的这个制度，过去的州大概相当于我们现在的省；到了汉武帝这儿，就把专制制度在意识形态方面做到了极致。

有道"，这个天下当然指的是人间社会，"却走马以粪"，这个"却"字用的是很好的，"却"字在这里就是退还的意思，天下要是有道，马匹都退还到田里面去耕地了。反过来说，要是天下无道呢？戎马都生于郊，战场上那些战马都在野外的战场上生下马崽了。这个马的本来意义是什么？我们现在说马，可能把它看成是一个运输工具，也可以耕田，但马本是用来作战的。说文解字说："马，怒也，武也。"它是一个善于发力的动物，马都是有脾气的，怒也，武也。但是到了天下有道的时候，马匹用不上了，就退到田里耕地了。后面说，没有比欲望更大的罪过，没有比永不满足更大的灾祸，没有比想要得到更大的过失，所以知道满足于满足，就永远是满足的，"知足之足，常足矣"。先说前面几个，可欲、不知足、欲得，大家想，老子既然把它们做出一个对子，把相反的东西提出来，他表达的是一个什么意思？就是天下有道，与可欲、不知足、欲得是相反的。但是，大家不要把这个理解成老子反对人有欲望。老子不反对大家有物质基础，有房子住，有衣服穿，有钱可花。他下面一句话说得很严密，"知足之足，常足矣"。这里的"知足之足"不是说我们任何愿望都不应该有，"知足之足"，知道满足，知道满足于足。知道满足是一个态度，那个"足"就是你的物质基础，知道满足于你现在得到的那些东西，这样就常足了。那什么是"知足之足"后面那个"足"呢？就是我们生活的物质基础，对我们现在的人来说，房子、票子、衣服、食物，甚至还包括必要的车子，这可能都是我们必要的物质生活基础。也就是说，在物质生活基础得到满足的时候，我就满足了，我满足于这个"足"，就常足了，就永远是满足的了。如果我不知道满足，不知道止步，那就是前面说的"可欲"，那个欲望是没有终止的，就不会知足。人生有些祸就是由于不知足带来的。"欲得"也是这样，"欲得"是超过了他应得的和可得的，有了非分之想。这个非分跟我们人要奋斗的理想是两回事。如果你偏要有很多很多的想法，超过你的能力的，超过你的职位的，那就是"欲得"，所以"知足之足"，知道满足于那个"足"，就常足了。由此来说，这里"天下有道"和"天下无道"，从逻辑上看，老子说的就是，凡是那种意愿没有得到满足的，永不知道满足的，永不知道止步的，这种人导致的结果就是"天下无道"。但是我们在看这个问题的时候也要分清楚，百姓有百姓的欲望，官员有官员的欲望，皇帝也有皇帝的欲望。老子说这个话是没有分别的，不要一说欲望，都说我们百姓不应该有欲望，那皇帝可以欲望无止吗？如果那个欲望不能得到节制，变成野心的话，就如老子所说的，会带来咎祸。

　　说到这儿，我们其实要分别一下，《史记》里面讲"天下熙熙，皆为利来，天下攘攘，皆为利往"，利来利往，世俗社会就是这样的。我有个朋友说：我们可能看不惯这个社会的没落、堕落、俗气，可仔细一想，这个社会就是世俗的，就应该是世俗的，我们不要看不惯，如果不世俗，那就不叫社会了。这时我们要有一个正常的心态，看待社会芸芸众生，大家都是利来利往的，所以他们在争取利益这个问题上，天经地义。只是我们需要领会老子一个东西，是"知足之足"。你在基本生活满足的情况下，你可不可以知足？能不能止步？我认为，这需要划一道界线，当这个界线能够划得出来的时候，就大不一样了。我们在为生活所迫、去奋斗的时候，天经地义，我们可能很顽强，充满着欲望，但是我们生活得到基本满足之后，我们在这个基础之上可以划一道底线，这个底线之上的事情，比如权力、名誉、欲望这些东西，就可有可无，有就有，无就无。我还是要进一步努力做事情，但不是去为了那个利来利往，至少不仅仅是为了它，而是我活在世上，就是要活得精彩，活得有意义，要证明自己的存在价值。

这个"天下有道"和"天下无道"的关系，我想引用庄子的一段描述。有一次孔子到了楚国，楚国有一个名人，这个人是一个"神人"，见到孔子就靠到孔子的门上，唱道："凤凰啊，凤凰啊，怎么这么衰落啊，未来的世界不可以等到它来，过去的世界又不可以追回来，天下有道，圣人就会成就天下，天下无道，圣人也只能苟全性命，如今之时，仅仅能够免遭刑戮而已。而幸福啊，比鸿毛还轻，没有人知道如何承受它；灾害啊，比大地还厚重，没有人知道如何规避它。算了吧，算了吧，以德教人！危殆啊，危殆啊，在地上画出行迹，要人遵循！迷阳迷阳，不要伤我的脚，我行随顺物性，不要伤我的足。"这段话说的是孔子，他把孔子比作凤凰。因为孔子四处奔走，经常如丧家之犬，孔子自己这么说的。他就说，你在这个时候仅仅够苟全性命而已，不要试图拿这套东西去教化人们，回复到过去那个周朝的时代。所以他说，算了吧，算了吧，原话是"已乎，已乎，临人以德"，当你在教化别人的时候，就表明自己很有德行，而别人没有德行。这是庄子的话。庄子对待这个事情有几种说法，他反对以德临人，又反对以贤临人，在跟别人交往的时候老觉得自己聪明，别人笨拙，想以自己的智慧去教化别人；庄子还反对一种态度，叫作"以财戏人"，所谓"以财戏人"，是说别人还在为基本的生活、衣食住行奋斗的时候，你却一掷千金，这叫以财戏人。庄子最不喜欢这种人。

我们再看下一段，这里讲天之道与人之道，在七十三章，老子说：

> 勇于敢则杀，勇于不敢则活，此两者，或利或害，天之所恶，孰知其故？是以圣人犹难之，天之道，不争而善胜，不言而善应，不召而自来，繟然而善谋，天网恢恢，疏而不失。

我们先把这段话给大家分解一下。"勇于敢则杀，勇于不敢则活"，这是两个态度。这里的"勇"就是勇敢的意思，在我们先秦时代双音节词少，"勇"就相当于我们说的勇敢，"勇于敢"，就是勇于采取刚强，这里的"敢"是刚强的意思。勇于采取刚强的那种人往往是会死的，强梁者不得好死，"兵强则灭，木强则折"，那些好逞强的人，比如强盗，有几个有好下场的？所以勇于敢则杀，而勇于不敢则活，勇敢地采取了柔弱而不是刚强的人，就能活下来。这个话是什么意思？"不敢"是显示柔弱，但是老子却说，勇敢地采取了柔弱的人能活。我们在理解老子的时候，很多人以为老子就是讲柔弱的，这柔弱怎么就胜刚强呢？柔弱不是很弱的吗？这个理解就搞错了。老子在价值倾向上是要柔弱的，所以他主动地采取了这个姿态，勇于不敢，这个"柔弱"是勇敢地采取的柔弱。在战场上，如果一个军事家，他处处要去逞强、逞能、施暴的话，那就是"勇于敢"；仁者之师，用兵的时候不能轻举妄动，即便战胜了，也胜而不美。打了胜仗，不是要庆功，而以悲哀处置，要为死伤的人进行哀悼，因为这不是个好事情。你看他都是主动、勇敢地采取柔弱，只有这样他才能够活。此两者，或利或害，因为态度不同，选择不同。"天之所恶，孰知其故"，这是说天是有意志的。我这里所说的"天道"，就是讲天是有道的，天道是有好恶的，它是有意志的。它的意志百姓怎么知道呢？所以在这个问题上，圣人也难以采取刚强，即便那个刚强可能会带来好处，也不敢。"天之道，不争而善胜"，"天之道"这里又出来了，说天道不与万物相争，不与人相争，但是善于最终取得胜利。"不言而善应"，天之道不用说什么，但是它善于对人间的善恶做出回应，罚恶赏善，这就是天的不言而善应，它不用说什么。"不召而自来"，也就是说，人间的所有事情都在天道的观照之下。中国人也喜欢引用一句话，就是"头上三尺有神明"，这个话是古人说的。我们做事情要知道三尺之上有神明，有双眼睛盯着你，不得作恶，所以"不召而自来"，因为人间社会任何事情都在天的观照之下，没有例外。"繟然而善谋"，这里面的"繟然"是表达一种舒缓，有人理解为坦荡、坦然，也就是说，天不会是那么刻急的，它很舒缓，但是善于谋划。这里是有意思的，大家注意这个"善谋"，"善谋"不是天为自身善谋，天不与人争功，它的善谋是为众人。道家主张的是合乎万物自身的利益，圣人没有特殊利益，天道也没有特殊利益，以百姓、万物的利益为利益，这就是老子讲的"以百姓心为心"，不要让百姓去迁就一个君主，而是君主要迁就百姓的想法，看人民高兴不高兴，人民乐意不乐意，关键在于谁是主体，他的善谋不是为自己谋，而是为天下的事情去谋划。后面两句，"天网恢恢，疏而不失"，这句话到我们现在就变成什么了？我们讲法治，就是"法网恢恢，疏而不漏"。这句话的本意不是讲法网的意思，这里的天网是指讲天之道，天之道如同一个巨大无边的网，网罗着天下，所有的东西都到观照之下，毫无例外。但它是稀疏的（"恢恢"），天道把所有的事情都网罗进去，但它不是稠密的。就像我们渔民打鱼一样，七八十年代大家允许放开了都去打鱼，结果鱼越打越少，就只好把网眼越做越小，最后连小鱼仔都打上来了，打到最后没鱼了，这就如同竭泽而渔了。天道是要疏松的，后来引申到法治的时候，就很有意思了，法网要恢恢，但是我们多数人都可能把它理解为什么呢？什么都在法的笼罩之下，你别想逍遥法外，你犯了罪，你一定逃不脱的，重点是解释这个。但是忘了"天网恢恢"，这个网应当是稀疏的，就是搂住大鱼，放走小鱼，犯了罪的，真正触犯了刑律的，才要追究，而一般的事情，放任它，都随了它去。《吕氏春秋》里讲过一段很有意思的话：

> 汤见祝网者，置四面，其祝曰："从天坠者，从地出者，从四面来者，皆离吾网。"汤曰："嘻，尽之矣，非桀其孰为此也？"汤收其三面，置其一面，更教祝曰："昔蛛蝥作网罟，今之人学纾，欲左者左，欲右者右，欲高者高，欲下者下，吾取其犯命者。"汉南之国闻之曰："汤之德及于禽兽矣，四十国归之，人置四面未必得鸟，汤去其三面，置其一面，以网其四十国，非徒网鸟也。"

这段话非常有意思，显示了中国人的智慧。商汤王，他已经做了王了，但是他的地盘很小。他见到一个祝网者，说做一个网鸟的网，那个建造网的人，"置四面"，也就是将四面八方设成网。这个人说什么呢？从天上掉下来的，从地上冒出来的，从四面八方来的，都在我的网罗之中，没有谁能够逃得脱。表面上说的是网鸟，实际说的是什么问题呢？说的是法的问题。商汤王对他的回话很有意思。商汤王说：哎呀，你这已经做到极致了，做得很好了，要不是夏桀王做不出这等事情来。夏桀王是夏朝最后一个君主，也是最暴戾的那个君主，最后被商汤

王灭掉了。四面八方全祝网，天上来的，地下冒出来的，四面
八方来的，全被网罗到，没有一个人逃得脱，我想治谁的罪，
谁也逃不掉。但是我们看商汤王，"汤取其三面"，把这一张
天网撤掉了三面，只留了一面，然后对祝网的人说：过去蛛蝥
做网罟，蛛蝥是做网罟的人，今之人应当学舒缓。这里的"纾"
就是舒缓，就是老子讲的"天网恢恢"。今之人做网应当学习
宽舒，"欲左者左，欲右者右"，他想往左边去，由他去，他
想往右边去，也由他去，想往天上飞，由他去，想往地下钻，
也由他去，给他充分的自由。"吾取其犯命者"，我只留了一
面，如果有人愿意去犯命（犯法）公开去触犯这个法网，我就
把他拿下。也就是说，给予人民充分的自由。这个网三面打开，
只放了一面，只有那些要故意去犯法的人我才去逮他。其实行
为也是一样，随人民的意愿，不去设网罗，不去下套，结果呢？
网罗到了四十国。"汉之南"，就说汉水之南，就是汉江南边
那些很多地方还不归汤管，那里传说"汤之德及于禽兽矣"，
就是汤王的德性不仅是对人好，对禽兽都是公平的，于是，南
方的四十国归附于他。有人设了四面的网，却网不到鸟，汤撤
掉了三面，只留了一面，却网罗来四十个国家，看来这个网不
仅仅是网鸟的。我想这个故事讲完，大家会有很多想法。我所
说的中国文化传统，它不缺自由，它自由是有的，即便那些道
学家讲究儒家的礼义，讲道学那套东西，在心理上他又是向往
自由的。

再看"天之道"与"人之道"，《老子》七十七章：

> 天之道，其犹张弓欤，高者抑之，下者举之，有余
> 者损之，不足者补之，天之道，损有余而补不足，人之
> 道则不然，损不足以奉有余，孰能有余以奉天下，唯有

道者，是以圣人为而不恃，功成而不处，其不欲见贤。

这里又提出了"天之道"的问题。他说"天之道"就像张开的弓箭，要射那个靶子，拉开弓箭瞄准的时候，要是高了我就往下压一压，要是低了我就往上抬一抬，为什么或者要压一压，或者又抬一抬呢？因为那个目标、那个靶子在那里，我是盯着那个靶子的，盯着那个目标去的。这里边就隐含了一个哲学问题，就是说，在治国上面，在治理社会上面，以什么东西为目的、为目标的问题。这个"为目标"不是说我可以有权设定这个目标，我想做什么就可以做什么，是说这个箭是来射靶子的，你不能说我很任性，我射出去的箭满天飞，我随便射，我就这样，而是一定要根据这个目标来确定。所以你个人的意志不重要。大家明白这个意思吗？自己的意志不重要，而是那个目标重要，所以低了就往起抬，高了就往下压，要准确地射中那个目标。下面说"有余者损之，不足者补之，天之道，损有余而补不足，人之道，损不足以奉有余"。天之道和人之道是如何的不同？人之道，不足者来奉养有余的人，穷人去养活富人，在穷人身上榨钱，使富人更富，这就涉及我们现在所说的两极分化的问题，贫富差距过大。国家的税收，尤其是个人所得税，要在富人身上多收税，去补给那些纳不起税的人、低收入的人，而不是让低收入去奉养高收入的人。中国现代就有这个问题了，大家知道现在中国的贫富差距很大，那就涉及税收的问题，你重点在哪里扩税？我们现在实行的累进税，收入越高交的税越多，全世界文明的社会都是这样。天之道就是要损有余的人去补足那些不足的人，人之道反之，谁能够以有余奉天下呢？"唯有道者"，这里"道者"是追求道的人。后面几句话，"圣人为而不恃，功成而不处，其不欲见贤"，直接指的是有权位的圣人，比如君主，他说圣人应该是这样的，为而不恃功，事情做成了，而不让别人知道，不去占据那个万众仰慕的位置、让大家称颂他，因为他不愿意去显示自己的贤能。可惜中国两千多年的君主制都是颂圣，颂扬圣王，生怕漏掉了君主的一点功劳。这里面的"天之道"和"人之道"，再一次提出了这个问题。"天之道"这个好理解，那么什么是"人之道"呢？有人说天之道是指有道之君所行的道，人之道是无道之君所行的道，但是这个说法其实有问题，因为这么说的时候，就把人间社会做的某些事情看作是天之道。我刚才跟大家说，老子说的"天之道"和"人之道"就是决然两分的，人间社会就是为利益的，但是天之道不是为利益的。在老子看来，天地、宇宙是有一个精神、有一个意志的，这个意志要行公平之事，而人之道的本性就是为了利来利往的，在这个意义上说，人间所行的道不能说成是天之道，也就不像汉武帝时期所说的那样，因为他是天之子，所以他代表了天道。

　　老子要说的"天之道"是人间社会不具备的。老子做了一个"天之道"与"人之道"之分别，就是要表明天道和人道是决然不同的，人间所行的是人之道，不是天之道，天道是远远超越于人间社会的，人间社会本来就是利来利往的。但是人间社会如何做到治理有序、社会和谐呢？两个可能，第一个可能是学天之道，学习天那种公平、正义，没有偏私，没有个人利益，没有家族或集团利益。所说的圣人都是学了天之道的，但是人间所行的事情，仅仅是学那个超越的精神而已，没有说你所做的事情就是天之道，没人有资格这么说，如果这么说就是错了，不符合老子的意思。第二个可能，人是有头脑的，会思考问题，这就是人的理性。什么理性？我们都是利益的个体或群体，你为你的利益，我为我的利益，这个集团有这个集团的利益，那个集团有那个集团的利益，如果利益之间达不成一种和谐，就会无限制地争斗下去，争斗的结果，就会令社会陷入动乱，社会没有持续的发展的能力。那怎么办呢？人既然是有理性的，就要把自己的权利让渡出来一部分，组成政府，我们把权力交给选出的领导人及政府，以代我们行政。如果说人人都是这么自私的，这个社会公益事情谁去管呢？我们彼此如何形成一个良好的互动关系呢？因为人是有理性的，所以就要修那种功德。我说中国人就是私德很好，放在家庭、放在群体，就是放在熟人社会、放到乡里面都是有德行的，但是人间社会是需要公德的，依靠私德不足以形成有良好秩序的社会关系。公德怎么形成呢？西方人的讲法叫作"有限的慷慨"。我们要慷慨一点，如果人都那么自私，这个社会无法治理了，为了我们共同的利益，我们要都让渡一点出来，奉献一点出来，那就是有限的慷慨。但是人不可能达到完善，每个人都有私利，没有例外，如果说一个人没有任何私利，我是怀疑的，反倒说人都是自私的，人都有自己的利益，这样会好得多。可能有一些人境界高一些，或者有信仰，他会有更多的一些公利，少一些私利，但人要说没有私利，那就变得虚伪了。大家注意，凡是讲得天花乱坠，好像毫无私心的人，这种人往往是不可靠的，这就是社会现实。所以老子说了一个"天之道"与"人之道"。

说到这里，我想给大家推出来一个什么概念呢？老子的理想类型。我整个讲座就是想给大家讲这个东西。老子说天之道、人之道，天道与人道决然两分，人间社会是永远不可能做到天道的，只能无限地接近于那个天道，这才是可能的。因为人是有缺陷有毛病的，人是有野心的，人是自私的，人是褊狭的，但是我们可以"心向往之"。我们中国人讲"高山仰止"，我虽然爬不上去，但是我"心向往之"，向往跟不向往就大不一样了。我心向往之，我的意识、我的行为就有一个向度，一个方向，我应该向那个高山去努力，尽管我可能爬不上山顶，但是我一生在努力。我有个方向，我的德行就会越积累越深，境界就会越来越高，活得越来越有意义。但天之道、人之道之分，就是提出一个理想类型，人道和天道决然两分，人道可以学天道，所以某一些时候，国家治理得好的时候，那也是学了天之道。再有，经过人的努力，把自己的理性张扬出来，如果理性表现出来，又有信仰，这两者结合起来，可能使人向着一个和平、和睦的社会去发展，所以说理想类型。西方有个观念，这个观念是柏拉图提出来的，就是"理想国"。《理想国》给人类社会提出了一个理想的国度，人间社会不是那个理想国，而是一个洞穴当中看到的那个影子，我们处在一个影子社会里面，是不真实的。所谓不真实，是说人不应该是过这种生活，我们应该过的是理想国的那种生活。我们的这种生活，是利益世界中的利益生活，柏拉图提出这不是真实的国度。真实的国度是什么？是理想国。正义、真理、宽容、忍耐、智慧，这是理想国的德性。这个"理想国"提出来之后，西方的两千多年过去了，人们觉得，我们还是没做到，没有哪个国家实现了理想国，但是理想国就挂在那里，挂你头顶上，人始终要向它学习，在向它学习的过程中，我们永远在进步，人类总在往好的方面去发展。理想国的要求很高，也就是理想类型，这个理想类型人间不具备，但是要向往它，追求它，这就是我们说的"头上三尺有神明"。老子所说的"天之道"与"人之道"

就表明，人之道是一个利益世界，天之道不是利益世界，天之道就是人间要向往的社会，始终要去奋斗的，这就是理想类型的意义。

天之道之所以是道，是因为"天之道"中有一个"道"，"道"作为一个纯粹抽象的哲学概念是老子提出来的。在六十二章里老子说：

> 道者万物之奥，善人之宝，不善人之所保，美言可以市尊，美行可以加人，人之不善，何弃之有？故立天子，置三公，虽有拱璧以先驷马，不如坐进此道，古之所以贵此道者何？不曰求以得，有罪以免邪？故为天下贵。

我刚才说的理想类型就是道，道尊德贵，因为它就是很高贵的，所以要追求它。那么道跟万物是什么关系呢？说"道者万物之奥"，这个"奥"，过去很多人解释为"万物之藏"，就是道能够包藏万物，什么事都能够装得进去；还有一个说法，"奥"是指讲荫庇，庇护万物，保护万物。它是善人之宝，善人指有德性之人，有德性之人的宝贝、珍宝，但又是不善人所依赖的保护，意思是这个"道"是善人可以得的道，不善人得不到道，但是你只要向往道，道也还是要保护你的，不好的人，也要给予他保护，这才是"道"的广大无边。下面讲"美言可以市尊，美行可以加人"，美言就是溢言，也就是好听的话、赞美的话，好听的话、赞美的话可以用来交换别人对你的尊敬，这里"市"就是交易的意思，就是你说好听的话，颂扬别人，别人对你也尊敬。"美行可以加人"，好的行为可以影响别人。"人之不善，何弃之有？"是说这个道没有偏私，对于不好的人，道也不抛弃他，天不遗人，道不遗。所以说"立天子，置三公，虽有拱璧以先驷马，不如坐进此道"，天子有天子的威仪，下面还有三公，还有人给你进献璧玉，进献驷马，拥有这些荣华富贵，不如坐进此道，也就是不如拥有这个"道"。古人之所以珍惜、敬重这个道，原因是什么呢？难道不是想求道的人可以得到，而有罪的人因为道也可以得到豁免吗？有道的胸怀是非常广大的，所以它为天下之贵。之所以有个天道，是因为有道的存在，而这个道它是尊贵的，即老子所说的"道之尊，德之贵"。

第七十九章讲天道无亲，又是讲天道：

> 和大怨，必有余怨，安可以为善？是以圣人执左契，而不责于人，有德司契，无德司彻，天道无亲，常与善人。

意思是，调和人们之间的大的怨恨，一定还会留下来怨恨，这哪里可以叫作为善？所以圣人怎么样？"执左契"，这个"契"是契约的意思。中国人过去有个债权、债务的约定，一个契约分成两半，比如你借了我五斗米，就签一个契约，债权人、债务人各执一半，圣人执左契，就是掌握着契约的左半部，属于债权人，但是不要求于人。大家注意老子说话的分寸。他说有德的人就掌握契约、掌握债权，无德的人去执掌"彻"。这个"彻"有两个理解，过去的人说是执掌税收，还有一个执掌司法，就是查人的过失的，我倾向于后面一种。这里的"有德""无德"是指君主。君主要是有德就去执掌、把握那个契约，要是没德的就去收税，这个说法不太恰当，因为什么呢？因为"有德"和"无德"的人都是要收税的，没有说哪朝君主不收税，是不是？但是理解为无德的人去查人的过失的话，就说得通了。中国历史上最严重的比如说明朝的东厂、西厂，东厂设了个特务机构去查人的过失，一个不够，两个机构既互相牵制，又共同钳制人民。就是说一个君主如果总是设立机构去查人过失的话，那就是无德。"天道无亲，常与善人"，天道没有偏好，没有特别的亲与私，对任何人都是一样的，天道看来是很淡然的，因为它没有偏私，所以对所有人，包括对坏人，它也可以给予保护。那好人呢？给予善人更多的保护。为什么圣人要执左契，而不责于人呢？这是德性。前面讲调和大怨，本来有怨恨，如果你始终只做调和工作，不能从根本上解决问题。比如有人借了5万块钱，你偏要说我们一笔勾销了。你要试图去调和这个没有意义，欠钱还是欠钱，你不应该剥夺债权人的权利，老子的意思是，债权是存在的，所以执左契，要把握那个契约，但是又不拿这个要挟人，这就是"不责于人"。也就是说，我们之间，比如你欠我的钱，我要表明你确实欠了我的钱，你有了，最好就还，要是还不起呢？那就先用着吧，有了再还，这就是老子的意思。债务不能一笔勾销，不要穷人跟富人欠的债务就不还了，那就是流氓无产者。债是要还的，只是不苛责于人，我不逼债，不像"黄世仁"那样去逼债，这逼债就不仁德了，所以你拿着那个契约，但不要求于人家，这就是"德"。天道无亲，这是讲天道没有偏私，要是有了偏私，行的就不是天道，那是人道。所以说，我们看到一个社会不公平、不正义，为了利益搞来搞去的，那是正常的，人间社会就是这个样子，但是，你可以说这社会行的不是天道。

　　下面我们要说一段大家可能有不同理解的，就是这第五章：

　　　　天地不仁，以万物为刍狗，圣人不仁，以百姓为刍狗，天地之间，其犹橐龠乎？虚而不屈，动而愈出，多言数穷，不如守中。

天地是不需要表现为仁恩的，它把万物看作刍狗。刍狗是什么？草扎的狗，比如用稻草扎的狗就是刍狗。过去要举行大的祭祀活动，就要用一些草扎的动物进献给上天、神灵或祖先。这就如同清明节到了，要去给先人去进香，烧点纸钱，你不可能把100块人民币拿去烧了吧，所以你只能做成冥币。过去的祭祀也一样，不能把猪、狗全拿去宰了，都宰给天地或祖先了，所以用草扎的狗替代活的狗，刍狗祭祀完了之后就扔掉，不要像个宝贝又捡回去了，用完就扔。所以天地是不表现为对万物的仁恩的，对待万物像对待刍狗一样；圣人也不表现为仁恩，他把百姓看作是刍狗。这句话很多人以为老子不把人当人看，如果这么理解就俗了。老子的意思是，圣人对待百姓，像刍狗一样，他不表现为君民之间好像有恩。百姓总是感恩君主，说皇恩浩荡，这是老子最不认可的，最不喜欢的。感什么恩呢？你说哪里遭了灾，减一点税，这本来就是朝廷应该为老百姓做的事情，没有仁恩。前面讲，"天道无亲"，这么说是不是说道家就不讲仁呢？不讲善了呢？道家是讲善的，讲仁的，但是这不是一个小写的仁，不是小写的善，是大写的善、大写的仁，要是表现为我与你有仁，表现我关心你，对你有仁恩，你感谢我，那是小恩小惠，那不是真正的仁，不是大仁大义。大仁大义是我做了好的事情，让你都不记得我，不要感恩。这才是老子的态度。下面说"天地之间，其犹橐籥乎？虚而不屈，动而愈出"，说整个天地之间就像一个大风箱，风箱大家都知道，推啊拉啊，就鼓动它给炉子供氧气，鼓冶着火炉，所以"虚"，空虚但不穷竭，你看似是空虚的，但是力量永远不会穷竭，而一旦动起来之后，就源源不断地奉献出力量来，所谓"动而愈出"。也就是说，天地之间看起来是无为的，其实是有一个善的意志在里面的，就像一年春夏秋冬和顺，以及社会关系和谐，人和动物都有生物链接，这一切东西都体现出天地应有的那种和谐性，这种和谐性就是像有个大风箱在鼓冶着。谁在鼓冶呢？就是圣人，执天道的圣人。圣人的力量从哪里来呢？当然是从道那里来的。说到这里的时候，老子话题突然一转，这个针对性就很强了："多言数穷，不如守中"。这里的"数"，古人都理解为"速"的意思，话说得太多，很快就会陷入穷困、穷竭，说那么多还不如公正地掌握、守持在中间正当的位置。"守中"，这个"中"字过去人理解是车轱辘、中枢，庄子把它理解为"道枢"。庄子的《齐物论》里说道："彼是莫得其偶，谓之道枢，枢始得其环中，以应无穷。"说我们争来争去也没有意思，还不如得到那个枢要，把住那个关键，车的力量是靠那个车轱辘，所以它在中间守持住那个位置，以应无穷的变化。但是老子在这里的意思，不是说一般的守持这个位置，而是说治理国家的问题，治理国家就应该守持住中正。所以"多言数穷"，君王最好是少说，说得太多了，很快就要陷入穷困了，说得太多就给自己挖了坑。我想这个道理大家会明白，所以不如守中，守持在中间那个位置上，让车轱辘去转动吧，让人民推动历史前进吧，我主持正义就好了。你看这招，是给人间社会的，人间社会学了这个道，有了道的规范，有了道的向往与追求，守持中间，守持端正，守持公平正义，行正义之事，行公平之事，这就好了。

# 道家哲学的性质问题

道家哲学是什么样的一种哲学，这个问题在 20 世纪五六十年代的中国曾经有过长期的讨论，那个时候的讨论集中在道家是唯物或唯心主义问题上，不能说那个讨论没有学术价值，但是那个争论终究不属于纯粹的学术讨论。倒是近年来有学者将道家哲学的性质问题重新提了出来，道家依然是那个道家，但问题却是全新的。问题的提出同样具有时代的特性，在普遍提倡传统价值与人文精神的今天，道家是自然主义的还是人文主义的？或者说，道家哲学具不具备人文精神？这表面上看起来也是要为道家争一席之地，其实不然，这里面深藏着如何理解自然主义与人文主义，以及如何解读传统哲学的问题。

## 一　自然主义、人文主义之义

在 2004 年第 12 期的《哲学研究》上，刘笑敢先生发表了一篇题为《老子之人文自然论纲》的文章，提出"人文自然是一个新概念"，并说明了目的是为了防止人们将老子的自然概念误解为大自然，或把它误解为与人类文明隔绝的、没有人为努力的状态，理解为人类历史的原初状态，或误解为霍布斯的自然状态（State of Nature）。在 2006 年 5 月台湾文化大学主办的"道文化国际学术研讨会"上，王博先生发表了题为《道家与人文精神》的文章，从政治秩序和生命意义两个方面来理解道家的人文理想，发掘道家"反人文"之中所包含的人文关怀。刘先生的文章从自然概念出发，落脚在人文概念，讨论限定在老子本身；而王先生的文章则从各个方面做了延伸，出发点是政治秩序和生命意义，落脚在人文精神，讨论以道家为范围。撇开刘、王各自的差异，两位有一个共同的意愿，那就是试图证明老子及其道家学说中的人文关怀，或者说人文精神。此外，在 2007 年的《道家文化研究》上，陈鼓应先生也发表了《道家的人文精神》一文，提出了类似刘先生的说法，称"道家人文的自然"，将道家在文化层面的人文思想提升为哲学理论的人文精神。但是，他们的观点一经提出，立刻就产生了这样的疑问：道家学说的本色是自然主义的还是人文主义的？或者两者都不是？刘先生的文章着重解析"自然"概念，意思是老子的自然是"对人类以及人与自然宇宙关系的终极状态的关切"，是人文的自然。自然既作为一个概念，那么可以说老子的自然概念是一个人文的概念。刘、陈二先生并没有直接说老子的学说是人文的学说，或者人文主义的学说，但是，他们的表述并不能拒绝这样的推论。而王先生的说法更加清楚，以古代中国对"人文"一词的用法，道家可以说具有明显的反人文的倾向，"但是，以现代意义上的人文精神为尺度，道家思想则体现出了强烈的人文关怀，这是一种不同于儒家的人文精神，即教化之外的人文"。换句话说，道家思想是一种人文精神（有关这一点，陈先生的文章也提到人文精神与人文主义的互用）。

于此，已经涉猎到自然、人文，自然主义与人文主义，乃至人文精神等概念的使用。我们在谈论一个古代哲学的问题，但这些问题是在当今条件下谈论的，所以，不能不顾及这些概念的古今与中外的特殊意义。

在西方，自然（Nature）这一概念的使用，表示大自然的意思，当它以"自然的"（Natural）的形式出现时，即当它在语句中作为限定语使用的时候，它通常不是指自然界本身，而是作为自然精神或自然主义在使用。而大自然与自然精神、自然主义之间又存在着须臾不可分离的关系，因为自然精神、自然主义都是以大自然的存在状况作为依据的，离开了自然，就谈不上自然主义。比如说大自然是以自然而然的方式实现万物的平衡与自我更新的，那么自然精神与自然主义也就体现了这种平衡和更新。自然既是现象世界，也是产生现象并实现自我控制的过程，前者是大自然，后者是自然而然。而自然主义（Naturalism）的基本意思，就是不承认任何超自然的东西，一切的现象都能够依照自然的原因和规则而得到解释。在这个意义上，自然主义近乎哲学上的唯物主义。有关这一点，美国学者凯·尼尔森（Kai Nielsen）在他新近出版的《没有基础的自然主义》（*Naturalism Without Foundation*）一书中说道：自然主义否认任何超自然的或精神的实体。自然主义宣称，没有纯粹的精神实体，没有在自然之上的超自然的实体，我们没有理由相信存在这种实体，或者说或许有这种实体。[1] 但这仅仅是一种相似而已，哲学的自然主义并不能归结为唯物主义、自然主义只是一种基本的态度，它有很强的兼容性，在这种基本态

---

[1] Kai Nielson, *Naturalism Without Foundations*, New York: Prometheus Books, 1996, p25.

度之上，可以构筑各种观点，甚至是彼此矛盾的观点，比如说自然主义与理性主义、自然主义与道德主义，自然主义与人文主义，等等。这里仅以自然法与道德理性主义为例来说明这个问题。

自然法的观念很久远，希腊的斯多戈学派就主张正义依自然而存在，而不是依任何的定义和原则而存在，就像法和正确理性一样。西罗马时期的思想家西塞罗进一步认为，最高的立法者乃是自然本身，自然秩序所体现的不只是自然本身，也体现了社会关系的合理秩序。他在《法律篇》中说："正义出自大自然"，"正义为大自然所固有"，又说："然而，无疑正确的是，与自然保持一致的生活是最高的善"。①

自然法之所以是正义的，在于它体现的是正确的理性，而正确的理性是先天存在的东西。自然法在这里所起到的作用在于它是超于人之上，在人具有理性之前它已经存在了。而人的理性却有正确与错误的区分，自然法是与人们的正确的理性相符合的东西，正确与超越是自然法的两大特性。所以，自然法体现了人们不应当改变、也无须改变的正义。理性与自然本来不相容，理性体现的是人性，而自然体现的是自然性，但在既超越、又正确的前提下相容了。既然人的理性并不在任何情况下都是正确的，那么只有一种超越于人之上的理性才是从来是正确的，那就是神性。我们看到，西塞罗正是这样来看待的，他在《法律篇》中还说：

> 法律并非人的思想的产物，也不是各民族的任何立法，而是一些永恒的东西，以其在指令和禁令中的智慧

---

① 见西塞罗（Cicero）《国家篇　法律篇》，商务印书馆2004年版，第166页。

统治整个宇宙。因此，这些智慧者一直习惯说，法律是神的首要的和最终的心灵，其理性以强迫或制约而指导万物。①

所以说，西塞罗所谈论的自然法之中包含了神的、理性的理解。不独如此，在西方思想史上，谈论自然法的多数都包含了类似的理解，而且这成了自然法理论中一个很关键的思想。洛克的自然法理论的一个基本观点是要证明人的自由是天赋的权利，"人的自然自由，就是不受人间任何上级权力的约束，不处在人们的意志或立法权之下，只以自然法作为他的准绳"。而自然法在洛克那里就是上帝的意志的另一个说法，"自然法就是上帝的意志的一种宣告"。②当然，洛克的自然法理论建立在一个"自然状态"说之上，因为如果没有了那个自然状态，便没有了上帝为人所立的自然法。但是，他的"自然状态"，和霍布斯的"自然状态"说一样，并不是建立在考古与历史学基础之上的事实，只是"一个必要的构想"。③虽然"自然状态"只是一个构想，但依靠这个构想把自然主义的原则贯彻到了政治哲学及其法学理论中。其意义在于，把自由、平等、正义、法律的基础放置到了天然、超越的位置，并相信它们本身的正确性是不用质疑的，而把人为的东西排斥在外了。

关于自然主义与道德理性主义之间的关系，存在着两种相反的观点，一种是道德自然主义，一种是道德理性主义。休谟在《人性论》中秉持的就是一种自然主义的道德观点。他认为

---

①　见西塞罗（Cicero）《国家篇　法律篇》，商务印书馆2004年版，第166页。

②　见洛克（John Locke）《政府论》下册，商务印书馆2003年版，第16页。

③　见列奥·施特劳斯（Strauss L.）《霍布斯的政治哲学》，译林出版社2001年版，第124页。

道德的区别不是来自理性，而是来自我们的道德感觉。如同我们见到善就快乐，见到恶就痛苦，善恶的性质必然永远是由感觉而发生的。所以，道德规则不是理性推论的结论，因为理性本身不是主动的，而我们对善恶的情感完全是主动的，一个主动性的原则永远不可能建立在不主动的原则之上。在自然的善恶感觉之外，也存在着某些并非是自然的感觉。例如，与自然相对立的"神迹"所推动的事情，但在这之外的都还是自然的；又如正义这种德性就不是自然的，而是由于应付人类的环境和需要所采用的人为措施或设计。因为"人性中如果没有独立于道德感的某种产生善良行为的动机，任何行为都不能是善良的或在道德上是善的"。[①]虽然道德情感是自然的，而正义的德性不是来自道德情感，可这仍然不能排除正义的德性是自然的。自然的意思在于它与人为相对立，如此，"人类心灵中任何原则既然没有比道德感更为自然的，所以也没有一种德比正义更为自然的"。休谟的人性论是建立在经验主义的基础上的，而在伦理学中，通常经验主义显得更像自然主义。而道德理性主义者认为，"伦理学包含某种绝对真理，道德价值不但在人性中，而且在宇宙的本性或上帝的本性中有其基础，否则道德价值就不会如此。一些（不是所有）神学家和被称为理性主义的哲学家持这种观点"。[②]像康德就是这种观点的代表之一。

再看人文及人文主义。人文主义（Humannism）在西方有三重意思：一是指涉及人的存在价值、能力及其成就的观

---

① 见休谟《人性论》下册，商务印书馆 1994 年版，第 477 页。

② 见 D. D. 拉斐尔《道德哲学》23 页，辽宁教育出版社、牛津大学出版社1998年版。

点；二是指源于文学、艺术及古代文明的文艺复兴时期的一种文化、知识的运动，强调以人为本，具有强烈的非宗教的、世俗的倾向；三是指关于人性的研究。[1] 现今我们所说的人文主义（Humannism）一词是特指意大利的文艺复兴运动，是从人文学科（Studea Humana）一词发展来的。十九世纪的历史学家为了概括那个时期的人文思想家的世界观，才创造了这个词。在上述的三种意思中，先有了第二种意思，即这场文化复兴运动，才有了第一种和第三种意思，而且第一种和第三种意思的运用，都是从第二种意思中独立出来的。在文艺复兴运动中，人的发现乃是最重要的成就，人性论恰恰是人文主义的核心；而人文学科（Studiea Humana），如修辞学、哲学、天算学等才出现，这些学科又都是世俗的、非宗教的；至于说"人文精神"，本来的意思就是文艺复兴的精神。[2]

我们知道，在中国的思想史上，第一次使用"人文"一词的是《周易·象传》："分刚上而文柔，故小利有攸往，天文也。文明以止，人文也。观乎天文，以察时变；观乎人文，以化成天下。""文"的意思原本指彩色交错的纹路。《易传·系词》："物相杂，故曰文。"所以，文具有文饰的意思，后来引申为礼乐道德等文明，以这种文明来教化天下人，就是人文了。这也就是王夫之所说的："礼者文也，著理之常，人治之大者也"。[3] 中国人对人文及人文主义、人文精神的理解，有

---

① 见韦伯斯特词典：Humanism 条目。

② 参见〔瑞士〕雅各布·布克哈特（Jacob Burckhardt）《意大利文艺复兴时期的文化》，商务印书馆 1996 年版。

③ 《周易外传》。

着自己的历史根据，有其特殊的内涵，但是，人文这个词当今如此流行，却不能不说是来自对西方人文主义的反应。如果单是《周易·象传》中所谈到的人文，在当今也不可能产生如此巨大的影响。换句话来说，中国人对人文的理解是有着古代文化根据的现代理解。人文精神问题在 20 世纪九十年代曾有过长期的讨论，中国人所理解的人文精神既不是文艺复兴的精神，又不是专指古代的"化成人文"的精神。长期从事这方面研究的许苏民先生对人文精神做了如下三个方面的规定：一是"人之异于禽兽"，为人所特有的文化教养；二是建立在个体精神原则基础上的人的尊严、人的感性生活，以及自由理性；三是在教养基础上的对人的情感和意志自由的珍视。[①] 我们看到，这里面只有第一条是古已有之的。在这个意义上，我们所说的人文精神其实也是在现代理解的基础上来谈论的。

自然主义（Naturalism）在中国语境中的理解，像在西方思想史上所发生的情景一样，是一个古已有之的东西，远不像人文主义（Humanism）那样复杂，它没有像人文主义那样具有强烈的时代性质，因而也相比少了歧见，在中国，也没有过像讨论人文主义那样讨论过什么是自然主义。存在的问题只是，我们究竟能够把哪些思想归类为自然主义，因为当我们把某个思想家归类在自然主义之列的时候，马上就会有人说这个思想家其实从来都不是一个纯粹的自然主义者，他的思想中深藏着人文主义的东西，或者说其貌似自然主义，其实质是人文主义的。这一方面是由于中国思想界从来都不具有类似西方思想界那样的纯粹性，另一方面则由于在自然主义这种基本态度

---

① 见许苏明《人文精神论》，湖北人民出版社 2000 年版。

上其具体运用的复杂性，这在我们上述的西方思想家那里已经可以看得到，如自然主义与理性主义的交叉情况。下面我们就需要对自然与人文在先秦的老子那里的具体运用做个分析。

## 二 老子是如何运用自然与人文的

在中国思想史上，"自然"一词成为大自然的意思，应当是到了魏晋的时候。郭象《庄子·大宗师注》："天者，自然之谓也。"又《庄子·天道注》："天者，自然也。自然既明，则物得其道也。"这是明确地把"自然"解释为天地、自然。老子所说的"自然"毫无疑问是"自然而然"的意思，即自己成为这个样子的，无须任何外力的推动，自己就是自己的原因。这个词在老子那里，是一个自然主义的态度。问题是老子在多大程度上运用了这个态度，或者说，自然这个概念在老子那里具有多大的使用性，这涉及对老子哲学性质的认定。我们还是回到老子那里，看看他是在什么背景下使用自然观念的。十七章说：

> 太上，下知有之。其次亲而誉之，其次畏之，其次侮之，信不足焉，有不信焉。悠兮，其贵言，功成事遂，百姓皆谓我自然。

这里指的是治理国家过程中的自然。最好的状态（"太上"）是百姓仅仅知道有他的存在，如"下知有之"；"亲而誉之""畏之"乃是其次、再其次的状态，在这两种状态之下，人们对统治者心存信任。但是信任不足以普遍周全，所以信任存在的同时，就有不信任的事情了。至于说"侮之"，则是百姓对统治者不信任而侮慢他了。而那最好的状态是什么样的呢？就是淡定悠闲，很少说话，国家就得到治理了（"功成事遂"），百姓称之为"自然"。在五十七章里，老子谈到的治国之道，也都是主张以自然而然的精神来实现的，如"我无为而民自化，我好静而民自正，我无事而民自富，我无欲而民自朴"。"自化""自正""自富"以及"自朴"，都是自我实现，因为符合人的根本利益，以及和谐共存的理想。如果自然而然不合上述的目的，那么它们就不可能持久。二十三章：

> 希言自然。故飘风不终朝，骤雨不终日。孰为此者？天地。

这里所说的"自然"则指的是天地之自然而然了。能够使飘风不会持续一个上午的，能够使骤雨不会下一整天的，乃是天地。而天地所以做得到，在于它依凭着自然。自然使天地间这些事情发生，但自然却几乎没有说出什么，也无须说出什么。"希言自然"，是说自然的品性就是"希"。"听之不闻名曰希"，好像是说了什么，但你却听不见，所以，王弼说这是"自然之至言"。[①] 希、夷、微乃是"道"的三种品性，这里以"希"来说"自然"，似乎把道与自然等同起来，字面上讲已经有实体化的意味了。二十五章：

> 人法地，地法天，天法道，道法自然。

这几句话引来的争议最多。前面的人、地、天、道，都是实体，依次类推，自然也应当是实体了。这大概是许多人把自然看作大自然的一个重要根据，而佛教曾经攻斥道教说，既然老子把自然等同于道了，为何道又要法自然？这在逻辑上不能自洽。然而，只要把这段话前面的那段话连起来看，就可以把自然实

---

① 王弼：《老子道德经注》"希言自然"注。

体化看待的意见消解了："故道大，天大，地大，人亦大。域中有四大，而人居其一焉。""域中"，这是老子的论域，也是他能够知道的宇宙，在这个论域中只有四大，而不是四大之外还有"自然"之大。自然在他看来不是实体，所以不称大。自然既然不是一个在道之上的更高的实体，那么道法自然，也就没有逻辑上的问题了，道所遵从的就只是一个自然而然的法则了，或者说道遵从的是一个特殊的行事方式。五十一章：

> 是以万物莫不尊道而贵德。道之尊，德之贵，夫莫之命而常自然。

在这段话里，"自然"的意思便没有任何的含糊之处了，万物的生成、发展和完成都根据那尊贵的道和德，而道、德之所以尊贵，就在于排除了人为的（"莫之命"）因素，完全按照自然而然的法则发生、发展和完成了。

在《庄子》中，所说的"自然"概念也都是指自然而然，而不是大自然。如《德充符》：

> 吾所谓无情者，言人之不以好恶内伤其身，常因自然而不益生也。

《应帝王》：

> 无名人曰：汝游心于淡，合气于漠，顺物自然，而无私容焉。

《天运》：

> 夫至乐者，先应之以人事，顺之以天理，行之以五德，应之以自然。……吾又奏之以无怠之声，调之以自然之命，故若混逐丛生，林乐而无形，布挥而不曳，幽昏而无声。

把"自然"这个概念从实体、大自然中排除了，我们再来考虑刘先生所说的意见。刘先生说老子的自然不是"没有人类文明的自然状态"，而"恰恰是人类社会中的自然，是人类行为中的自然而然的状态"。这应该是刘先生把老子的"自然"理解为"人文自然"的理据。既然老子所说的自然其实就是人类行为中的自然而然的状态，那么老子的自然就只应当被看成人文的自然了，它绝不是与人类的活动、与人文的关怀无干系的纯自然过程了。以此来看，刘先生所理解的自然是不包括物质世界的自然的。可是，当我们把自然理解为一种事物自己实现、自我完成的过程的时候，我们实际上要面临两种自然，一种是作为大自然自己实现、自我完成的过程，另一种是人类社会的自然历史过程。是不是老子只要面对后者而无须面对前者呢？这里存在一个需要与事实的问题。不仅从刘先生，而且从老子当时所面对的那个社会环境，都需要认真面对人的生存状况，面对社会历史，并力图从这个充满着人的主观意识的社会及其历史中发现不以人的意志为转移的"自然而然"，这样，即便人的主观的活动能改变某些东西，却不能根本改变它的进程。但同时，另一个事实是，老子所依据的东西却不是从社会及其历史中推出来的，而是从人的活动之外的自然界的自然而然的过程。远的不说，仅从上面引述的老子的言论中就可以看得出来。老子所说的"希言自然""莫之命而常自然"，讲的就纯粹是一个与人的社会活动无关的"自然"；至于说人法地、地法天、天法道、道法自然，则是一个逆推的公式，从人活动的自然过程来看要以地为法则，地以天为法则，天以道为法则，那作为一切的活动——包括自然界的和人的活动——都普遍地要遵循自然而然的法则。从老子在另外的、非直接谈论"自然"这个词的言论中，也可看出来他的致思的路径。

老子很推崇"观"这个概念，所谓"静观""玄览"。观什么呢？十六章：

> 致虚极，守静笃，万物并作，吾以观复。夫物芸芸，各复归其根。

这里"观"的内容就是物质世界的自然过程，从物质世界的循环往复的自然过程，再推及人类社会活动。当然，史官出身的老子，对人间冷暖、世态炎凉、尔虞我诈、相互侵夺，乃至时代兴衰，看到的、知道的都不少，但他立论的根据还是扎在物质自然的观察过程的，所谓"能知古始，是谓道纪"（十四章）。后来的道教以老子为宗祖，除了别的原因之外，其中思维方式的认同也是一个很重要的方面，这一点在道教的《阴符经》中说得十分明了：

> 观天之道，执天之行，尽矣。

我们说老子是自然主义者，是因为他从自然现象中间窥察出了一个道理，并把这个道理运用到社会生活及其历史兴衰当中，相信那在自然界中亘古不变的道理，也是人类社会应当且不得不遵循的道理。然而，老子也发现，他所发现的这个道理虽然是根本性的，这个道理所表现的自然而然的过程虽然是一个基本的事实，却又只是一个理想的事实，或者说是在理想状态下的事实。现代科学实验讲究标准状态，就是在理想条件下事物的发生、发展是如何的。老子的"自然"也是一种理想条件下的事实，在社会历史领域里尤其如此。他发现，自然而然在自然界是不争的事实，而在社会生活领域里，会出现与自然界领域不同的情形，所谓"天之道"与"人之道"的不同，"天之道，损有余以奉不足，人之道则不然，损不足以奉有余"（七十七章）。有人把老子的这种比较理解为天下有道与天下无道的区别，意思是"天之道"指的是人类社会中道德盛行的情景，其实不然。"天"在老子那里就是自然界，至少这里的"天之道"指的正是自然界的自然之道。如此，"损有余以奉不足"，恰好指的是天地自然而然地实现了平衡。老子清楚地看到了社会文明提升、不公平也同时提升的事实，这才发出"天下有道，却走马以粪；天下无道，戎马生于郊"（四十六章）的感慨。的确，老子所说的"天道"并非都指的是自然界的自然之道，如"天道无亲，常与善人"中的"天道"就是存在于人类社会中的，但这个"天道"也还是自然界存在的那个道的延伸，那支配自然界的天道，理当也支配人类社会。人们寻常说老子对人类文明的进步持悲观态度，试图回复到过往的那种原始质朴状态，是反文明，可换个角度来说，其实老子是试图恢复到自然而然的理想状态。如果他不是一个自然主义者，他便不需要始终抱定这样一个态度了。他完全可以说自己说的自然而然只是原始质朴时代的事情，现在的情景不同了，自然而然不具有普遍的适用性。而我们看到的是，老子始终没有放弃这个理想，也始终不怀疑自然而然在社会历史领域的绝对有效，他相信有某些圣人可以做到"为而不争"，通过有为来促成无为的效果，无为在这里意味着让事情归于自然而然，所谓"天之道，利而不害；圣人之道，为而不争"（八十一章）。

老子既然知道社会生活是如此地不同于天地自然，却为何如此推崇自然而然呢？这是因为，他认为自然所发挥的作用看起来是无为而自然，但它合乎目的性。它没有任何的偏颇，没有任何的偏私，它的作为都是公平的，完全符合人的根本利益，而且，它发挥了积极的作用，却不需要人们知道它的存在。所以，它是人的社会生活所需要的。

自然既是人类社会所需要的，那么它也就是一种价值。需要产生价值，价值的大小取决于需要的程度，以及获取这种价值所要花费的代价。如果我们都知道自然是我们所需要的，但是它在社会生活中发生作用无须通过人的努力就可以实现，那么它也不会有那么大的价值。如同新鲜的空气和自然条件是我们需要的，但如果它们来得方便，用之不竭，或者无论人对它们做了什么样的坏事，也无损于它们的话，那么它们至多只有很小的价值。在老子的时代，社会就早已经是不公平的了，使自然而然在社会生活中发挥平衡作用的条件早已经是不够理想的了，因而，他才把它作为一种价值极力推崇。理想的东西也就是极其美好的东西，而理想和美好的东西不唯独存在于未来，它很可能存在于过去的远古时代。至少在老子看来，它是存在于过去的时代的。这也是老子被人们说成反文明、复古的缘由。这里我不想去争论过去的美好，还是未来的美好的问题。或许没有人说洛克、霍布斯以及卢梭等人所描绘的"自然状态"下人们过得比现代社会好，但是也没有人能够否定他们的"自然状态"中所包含的诸如自由、平等等"天赋人权"，即便那只是个构想而未必真实。同样，在老子心里那个"民至老死不相往来"的自然而然的状态下，人们的生活也未必就很好，但它其中的价值则是我们所需要的。在这个意义上，我想再强调一遍刘先生的观点，老子的自然在当今是一种价值，而且，它是一种崇高的现代价值。道理很简单，越是可贵，越是崇高。当今我们恢复生态是为了使自然环境能够达到理想状态，使自然界能够发生自然而然的平衡与调节作用；改变、调整生产关系和社会关系，也是要试图使其变得和谐、稳定一些，从而使人们之间关系变得简单，能够发生良性的互动，自然地平抑过分与过度，减少相处与交往的代价，使得我们生活其中的社会组织及其活动方式变得更加美好。

最后，我们来看看人文主义、人文精神的提法。我们既然已经明了中国古代的人文的含义，如果我们还停留在古代的意义基础上来谈论老子的道家是否具有人文精神，就会显得无意义，因为那个意义上的人文几乎不能说明什么问题。至多能够说老子有看贬礼乐教化人文的倾向，并不能说明老子哲学的深刻性质，尤其是他表面平淡的背后深藏的人文关怀。而且，如果以礼乐教化来看待人文精神，那么凡是不反对人文教化的人，或者愿意读书的人都有人文精神了，定义过宽，便失却意义。所以，我们说到人文精神这个词的时候，就是一个当代的概念，是在参照西方人文主义基础上做出的理解，而且也只能在这个意义上来理解。在这个前提下，我们再来看老子哲学的时候，就很清楚，他的学说充满了人文的关怀。王先生的文章列举了道家哲学中政治秩序与生命主题两个方面体现的人文关怀，毫无疑问，老子及其道家的人文关怀的远不止这两个方面，即便老子所说的那些否定性的话，也都是人文关怀，如"民不畏死，奈何以死惧之"；"民之饥，以其上食税之多，是以饥；民之难治，以其上之有为，是以难治"，如此等等，不一而足。否定性的话语其实是想告诉人们一个肯定性的道理，这些道理都是在实现他的人文关怀。

当然，两千多年前的老子不会说出完全符合十五、十六世纪意大利的人文主义所要求的话，也不会说出当今的人文精神所要求的话，只是他的思想中具有符合人文精神的内容，即便如此，他的自然主义哲学的性质也没有任何的变化。同样，我们说孔子讲求礼乐教化，讲人性，他也不能完全符合当今人文主义的要求，平等、自由、博爱、权利等人文精神，就不是孔子学说中找得出来的，在这个意义上说，孔子就是孔子，他也不能被称为人文主义者。

# 谈谈老子"观"的艺术

## 一　以家观家

在第五十四章中，老子说道：

> 故以身观身，以家观家，以乡观乡，以国观国，以天下观天下。吾何以知天下之然哉？以此。

这段话中，老子提出了两个问题：一是"观"的问题，二是以什么来观的问题。

"观"，自然是看的意思，只是该怎么看，以及看什么。人来到世间，从睁开眼睛那一刻起，就在看周边的世界，但是，同一个世界，不同的人看出的却是不同的。小孩睁眼看世界，有的充满惊奇，有的充满喜悦，有的充满恐惧，这是天性所然；成人看世界，有的忧伤，有的喜悦，有的躲避，有的充满战斗精神，这是经历使然。单就成人来说，比小孩复杂得多，其人生经历改变着他们的天性，崇拜权力的人们看待世界以奴性或狠毒，崇拜金钱的人们以贫贱，追求善的人们以仁慈，追求等差的人看待世界都是贵贱，追求平等的人看待世界都是不平等，如此等等。

人有什么样的经历与背景，就会以什么样的态度来看待世界。换句话，决定看待世界的东西在于人自身，即人的态度与德性。而德性，按照希腊人亚里士多德的说法，又是由习性、教育和制度形成的。唐朝明君李世民把自己的国号确定为"贞观"，就是要表达一个意思，正确地观天下。这是一个好的态度，至于如何才能正确地观天下，则不那么简单了。

老子考虑国家治理比较多，故而，他多是以治理国家的角度思考如何观看天下的问题。这里提出"以什么什么观"，就是要开示出一个正确的、基本的观的方法。有人说老子是以道来观身、观家、观乡、观天下[①]，这么说似乎正确，因为以道来观，那么就超越了自身，不会受自身的局限。问题是得道并非易事，如果说以修道之心来观，尚且做得到，但得道是终极目的，得了道，等于说顿时贯通，一了百了，所以不能要求人得了道才开始治理国家。如果从细处做起，从自己的身体做起，以一个正确的态度和方法，是可以做得到的。

如此，我们应当这样来理解老子的话。

"以身观身"，就是以整个身体来观身体，我们的眼睛能够看得见前面的，却看不见后面的，如何能够看到后面呢？尼采说转动自己的眼珠看自己，不过，这终究属于极富艺术想象力的假设。正是因为看不到自己，所以，认识自己很难，甚至难于自己对别人的认识。如此说来，认识自己始终都是一个人不曾完成的任务。正因为如此，意识到这项任务的艰难，才构成这样的任务，或者说这是针对人自身的弱点提出来的。在老

---

① 《河上公章句》："以修道之身观不修道之身，孰亡孰存也；以修道之家观不修道之家也；以修道之乡观不修道之乡也；以修道之国观不修道之国也；以修道之主观不修道之主也。"张松如《老子校读》："用修身之道来观察一身，用齐家之道来观察一家，用和乡之道来观察一乡，用治国之道来观察一国，用平天下之道来观察全天下。"

子看来，我们的眼睛是看不到自己到全身的，我们看到的只是局部，那么我们要看自己的全部，就要用全面的眼光来看，如同现今所说的"全息术"，至少要知道自己的后面看不见，这样才会有意识、想办法去看清楚自己被遮蔽了的那些部位。无论看清自己的面目多么困难，但总是可能的。

"以家观家"，这是针对一家之长说的。在一个农耕社会里面，个人没有独立的身份，人都是作为家族成员存在的。作为一家之长，担当了全家庭和家族的名誉与责任，要成为一个负责任的家长或族长，就要心里装得下全家庭和家族的人，不能够厚此薄彼，不能够偏心偏爱，如果家长不公平，就会在某些家庭成员心里留下阴影，这些久久不散的阴影会改变人的成长环境，进而扭曲人的性情。一个人的健康心智，需要家族内部有一个融洽和谐的生存环境，这也是家庭里面的"自然"。

"以乡观乡，以国观国"，是针对地方和国家行政长官说的。你是一乡之长，你的心里是否装下了全乡的地方、全乡的人，会不会留下死角，有没有你没关注到的人或事；你是一国之长，你是否以整个国家的眼光在看待这个国家，你的心里是否装得下整个国家的人，能否公平地对待每一个国民。如果你心存个人、家族或集团的利益，你的心里就装不下整个地方或国家的人，即便你总体上满足了多数人的利益，也称不上老子所说的"以乡观乡，以国观国"，老子提出的是全方位的要求。应当说，老子的这个要求必定会落实在对少数弱势群体的保证上，如果阳光总能照耀到的地方，不用过多关注，要关注的是阳光不易照耀到的地方，如果弱势和少数也能得到平等的对待，那么这个地方、这个国家就是阳光普照了，就符合全方位的观照了。

"以天下观天下"，是对于天子或者领导世界的人来说的。天下是一个不确定的观念，它的界限不清楚，在传统的中国人看来，中国是天下的中央，又称中央帝国，这才有"普天之下，莫非王土；率土之滨，莫非王臣"的说法，有些"自以为大"的感觉。无论如何，这种天下的观念是远大于国的观念的。要统领"天下"，也是要有天下的心胸，以天下的眼光去观照天下，公正地对待天下事，公平地看待天下人，这才能够服人。

以身对身，以乡对乡，以国对国，以天下对天下，这种对应关系，要求的是物量和眼量的对等，这样就不会被遮蔽；以小观大，就会把对象观小了，所谓"一叶障目"。[①]春秋时期齐国政治家管仲提出过类似的主张：

> 以家为乡，乡不可为也。以乡为国，国不可为也。以国为天下，天下不可为也。以家为家，以乡为乡，以国为国，以天下为天下。毋曰不同生，远者不听；毋曰不同乡，远者不行；毋曰不同国，遂者不从。如地如天，何私何亲；如月如日，唯君之节，御民之辔，在上之所贵。[②]

管子也是主张以家的观念来管理家，以乡的观念来管理乡，以国的观念来管理国，以天下的观念来管理天下，如以家来管理乡，以乡来管理国，以国来管理天下，皆"不可为"，因为心底偏狭了。只有超越偏私与狭隘，才能公平行政。心胸

---

① 王弼《老子注》："以天下百姓心，观天下之道也。天下之道，逆顺吉凶，亦皆如人之道也。"陈鼓应《老子注译及评介》："所以要从我个人观照其他的人，从我的家观照其他人的家，从我的乡观照其他人的乡，从我的国观照其他人的国，从我的天下观照其他人的天下。"

② 《管子·牧民》。

有多大，能做多大的事情。尤其是对于管理国家与天下的人来说，应该像天地日月那样光明公正，没有任何的私心和亲疏，才配得上君主与天子的称呼。只是未知老子和管子谁先意识到这个问题。

## 二　静观玄览

第十章：

> 载营魄抱一①，能无离乎？专气致柔，能如婴儿乎？② 涤除玄览，能无疵乎？③ 爱民治国，能无知乎？④ 天门开阖，能为雌乎？明白四达，能无为乎？⑤

这段话的字面意思是：

魂魄相抱，合一不二，能不分离吗？集聚精气，致其柔和，能像婴儿吗？洗净尘垢，使心灵明亮，能无瑕疵吗？爱护

---

①　陈鼓应《老子注释及评价》引陆希声《道德真经传》："载，犹夫也。发语之端也。"又引张默生语："如《诗经》中'载笑载言'的'载'字，和'夫'字差不多。"（中华书局 2009 年版，第 93 页）

②　朱谦之《老子校释》引俞樾注："河上公本无'乎'字，唐景龙碑亦无乎字，然淮南道德引老子曰：'载营魄抱一，能无离乎？专气致柔，能如婴儿乎？'则古本固有'乎'字。"（中华书局 1984 年版，第 37 页）然而，帛书《老子》又有"乎"字，从帛书本。"专气"，即抟气，聚集精气之义，《管子内业》："抟气如神，万物备存。"

③　"涤除玄览"，河上、王弼和付奕本皆写为"涤除玄览"，帛书本写为"涤除玄鉴，能毋有疵乎"，览、鉴通用。

④　河上本写为"能无为"，王弼本写为"能无知乎"，付奕本写为"能无以知乎"，帛书本写为"能毋以知乎"，李道纯《道德会元》、朱谦之皆用"能无为"。两者皆可通，无为治国是老子的基本观念；而第六十五章则说道："民治难治，以其智多。以智治国，国之贼；不以智治国，国之福。"

⑤　河上本写为"能无知"，强思齐《道德真经玄德纂疏》及其他《道藏》本皆从河上本。王弼本为"能无为乎"，帛书本为"能毋以为乎"，付奕本为"能无以为乎"。

臣民，治理国家，能自然无为吗？天门（鼻口）的开与闭，能安静柔弱吗？德如日月，无所不照，能无为吗？

这段话从身与形的修养，说到国家的治理。首先，魂魄相抱，要求精神与形体的合一，养自己的精气，达到像个婴儿那样柔和顺畅，以致鼻息口呼，皆能绵绵若存，悄无声息。这可以说是身体上的功夫。其次，"涤除玄览"是心上的功夫，要使自己的心灵明亮而无瑕疵，无尘染，方能不受遮蔽、公正无私地观览世上的事情。其三，把身心修养的功夫用到治国理政上，当以爱护臣民为出发点，采取自然无为的方略，不应当采取智谋的方法对待臣民；自己的德性修养可与日月齐辉，却决不表露出来，以致天下达于治，皆是臣民自己的所为，用如今的话，就是人民自己创造历史。

"涤除玄览"是这段话的关键。要客观公正、不带偏见地看待事物，就需要涤除尘染，使心明亮。而客观公正、不带偏见地看待天下事，又成为治理国家的前提。如怀揣私利，包藏私心，就不能正确地观览天下的事，从而不能正确地处理天下的事。

> 故常无，欲以观其妙；常有，欲以观其徼。此两者同出而异名，同谓之玄，玄之又玄，众妙之门。[①]（第一章）

> 致虚极，守静笃。万物并作，吾以观复。（第

---

① 这一段落有两种不同的断句，一个是"常无""常有"。王安石《老子注》："道之本出于无，故常无，所以自观其妙。道之用常归于有，故常有，得以观其徼。"另一个是"常无欲""常有欲"。河上、王弼本皆"常无欲""常有欲"，帛书本写为"恒无欲""恒有欲"。陈鼓应《老子注释及评介》："《庄子天下篇》说：'老聃闻其风而悦之，建之以常无有。'庄子所说的'常无有'，就是本章的'常无''常有'。"（中华书局 2009 年版，第 56 页）

十六章）

这里的"观其妙""观其徼"，都非寻常的看，而是通过"常无"与"常有"的立场，看到不同的现象。"妙"是现象的机巧、要妙，为深层的本质与实质，"徼"是现象的边际、界限，是直观的表象与显像。从"常无"的角度，能够观见到前者；从"常有"的角度，能够看到后者。无论是前者，或者是后者，都是真实的现象，而不是假象，自然，这里的"观"也就是真实地看、如实地观察，都含有不受蒙蔽、不受欺骗的意思，这才是老子所说的"观"的思想意义。

"万物并作，吾以观复"，也同于上述的观。只不过，这里的"观"，是指历史地看，并不是从现象与本质，或者浅层与深层的结构，而是从事物变化与发展的规律，是就某个或某些现象的全过程来看待。无论这个或这些事物如何变化，甚或变幻莫测，它或它们都还是要回复到原来的形态，俗话"打回原形""使现原形"，就是使它变回原来的模样，只要你有足够的耐心，只要你不受它变幻的诱惑，它总要回去的，回到根源处，就是它的本来面目。只不过，老子提出个"致虚极，守静笃"，是对"观复"者的要求，要求你使内心虚到极致，一物不留，专心致志地守持住静的状态，才可能观见到它的本来面目。如若你自己心神不定，如若你心有匿藏，如若你随波逐流，那么你看到的总是变幻莫测的现象。如果说本质是抽象的，那么本来面目则不一定是抽象的，如同孙猴子七十二变，当他变回了猴子的时候，这才是他的本来面目。老子重视的恰恰就是这种全过程的"观"，方能见"复"。

《阴符经》说道："观天之道，执天之行，尽矣。"又说："天有五贼，见之者昌，施行于天，宇宙在乎手，万物生乎心。"① "立天之道以定人也。"道家的观念，全然依循自然主义，去主观化，认为天地自然中蕴含合理性、善性与机巧，故而人的作为主要是客观地观览、体察自然之意。《阴符经》之"阴符"，也是取暗合之义，以一个"观"、一个"执"，表达人的意念与行为应当暗合天地精神。

《易·象传》释"观"卦说："大观在上，顺而巽中正以观天下。观盥而不荐，有孚颙若，下观而化也。观天之神道，而四时不忒，圣人神道设教而天下服矣。"这是说，上观天道，下观民情，"神道设教"意谓人间的德教来自上天的意志，这是上观；"下观而化"意谓观民情而使风化。《易·象传》又解释为："风行地上观，先王以省方观民设教。"既承天道之教，使之风化于民，又要观察舆情民意，这确乎是儒家的道理。

静观也广泛地用在善于观察人、知人善任的问题上，《吕氏春秋》有《知接》这一篇，谈到了这样一番话②：

人是用眼睛来看（"照"）而见到东西的，要是闭上眼睛就看不见了，这也就是睁眼看与闭眼不看的区别了。闭眼睛的人未曾睁眼看，也就没有什么东西看得见了。闭眼睛的人没办法接受外物而已，没有接受而说看得见，那就叫作"谎"。这

---

① 李筌《黄帝阴符经疏》："天生五行，谓之五贼。使人用心观执，奉天而行，则宇宙在乎掌，万物生乎身上矣。疏曰：无贼者，无行之兆也，则金木水火土焉。"

② 《吕氏春秋·知接》："人之目以照见之也，以瞑则与不见同，其所以为照、所以为瞑异。瞑士未尝照故未尝见，瞑者目无由接也，无由接而言见，谎。智亦然，其所以接智、所以接不智同，其所能接、所不能接异。智者其所能接远也，愚者其所能接近也。所能接近而告之以远化，悉由相得？无由相得，说者虽工，不能喻矣。戎人见暴布者而问之曰：'何以为之莽莽也？'指麻而示之，怒曰：'孰之壤壤也？可以为之莽莽也？'故亡国非无智士也，非无贤者也，其主无由接故也。无由接之患，自以为智，智必不接。今不接而自以为智，悖。若此则国无以存矣，主无以安矣。智无由接，而自知弗智，则不闻亡国，不闻危君。"

个道理用在智慧上说也是如此，就看你能不能以智接智。智慧与昏愚的区别在于，智者能够接受深远的，愚者只能接受浅近的。如果某人的智识能接浅近的，你告知他以深远的，他如何能得到什么？他不具备接受深远的条件，尽管告知他的人竭尽其力，也不能使他明白。戎人（对西方人的泛称）见到了瀑布，就感叹道："它怎么这般莽莽啊？"有人指着麻絮以喻之，他则发怒："它怎么这般壤壤啊？"① 所以啊，灭亡的国家并非没有智士、没有贤良，而是这国的国主接受不到智士、贤良。接受不到智者、贤良的问题，就会以为自己就是智者。这个自以为的"智者"，他的"智"是一定接受不到智者之言的。如今，接受不到智者之言的人，以为自己就是智者，这就叫作"惑"。如此，这国家不会长久，君主也不会自安了。如果知道自己并不智慧，反倒没有听说会因此亡国，也没有听说他是危殆之君的。

大多亡国者，都是听不进智者、贤良之言的，正因为如此，他才会自我陶醉，以为这世上只有自己是最聪颖智慧的，自己说出的话都是金口玉言，把自己与外界隔绝起来，从而也就谈不上观天下了。

《吕氏春秋》中《贵当》篇还有一段话是描述"善观者"的事情。楚国有个人善观人面相，所说的话没有失误过。楚庄王见了他问其缘由，他回答说："臣其实不是能给人看相，而是能观察人的朋友而已。观察平民，如果他的朋友都是孝悌、淳厚、谨慎而遵纪守法的人，那么他的家庭一定发达，他本人也会荣贵起来，这就是人们所说的'吉人'。观察侍奉君主的

----

① 莽莽、许维遹《吕氏春秋集释》注为"长大貌"，并引毕沅注"壤壤"为"纷错貌"。（所引文采用许维遹《吕氏春秋集释》，中华书局 2009 年版）

人，如果他的朋友都是讲诚信、有德行、好善乐施的人，那么侍奉君主就会越做越好，官职日益进步，这就是所谓'吉臣'。观察人主，其朝廷大臣多是贤良之人，他的左右多是忠臣，君主有过错，都争相净谏，那么君主日益受到尊重，天下日益臣服，这就是所谓'吉王'。所以，臣并非能够给人看面相，而是能观察人的朋友。"楚庄王听完这话，很是欣赏，于是赶紧选取贤士，日夜不停，终于称霸天下。

　　这个看相之人传起来很神秘，说开了也不神秘。因为他看的不是对象本身，而是他身边的人士与朋友。凡事都不是孤立存在的，而是相互关联的，这相互的关联，正是事情的征兆、迹象，在个人荣辱、兴衰、存亡等大事尚未发生的时候，就能从这些相关联事情上看出端倪。从一个人交的朋友，就可以看透这个人，这无疑是一种"善观"的智慧。

　　佛教与道家在许多方面可以互证。佛教也有"观"的学问，也是不同于一般世俗的"看"，而是一种思维的观照活动，如天台宗所主张的"一心三观"，即主张由假、空、中三观，灭三惑，显三谛圆融之理。如马一浮《老子注》即以佛解老子，认为"常无"为空观，"常有"为假观，"此两者同出而异名，同谓之玄"为中道观。[①]

---

　　① 马一浮《老子注》："常无者，会极之深谈；常有者，随流之幻用。色不异空，故常无，真空不碍幻有，故言妙；空不异色，幻有不碍真空，故言徼。徼之为言，尽法边际也。妙即空观，徼即假观。""既悟色空不二，斯有无俱离，即是中道第一义谛不思议境，名之为玄。玄之又玄，转益超越。诸圣皆由此圆观证入法界，具足一切种智，故曰众妙之门。上妙谓法，此妙为人也。"（崇文书局 2016 年版，第 3 页）

# 从道家和儒家看各自理想中的"圣人"

## ——在深圳图书馆人文讲坛上的演讲

朋友们晚上好,我们又见面了,今天是父亲节,那我先祝在座的做父亲的朋友们节日快乐。我也注意到还有很多我们的女士,做妈妈的,今天不是她们的节日,不过很快了,父亲节都来了,母亲节还远吗?刚才晋先生给我们做了一个开场白,我们要讲先秦时候的事,不过我想说,我的话题都是从古到今的,不局限于春秋战国时期,是中华民族的话题。我的问题也是中华民族的问题,过去是问题,现在还是我们的问题。或许过去的问题不突出,反倒在今天某些问题突出了,也就是在春秋时期我们的一些先哲们所提出的一些问题,把人所面临的生存处境、人类将要面临的困境提出来了,但是那个时候,有些问题没有充分地展开,需要在人类的历史长河中不断地浮现出来,所以我们的话题,不仅仅是个古时候的话题,又是现今的话题。在谈这个话题之前,我想说,今天我给大家讲的,又是我研究的一些成果,所研究的成果是过去和现在,以至于将来可能我们都要不断去思考的问题。我们就一起来分享吧。

我们说从道家和儒家看各自理想中的"圣人"。一说"圣人",我们心里都有一个指南针似的,一个风向标、一座高山似的，理想的人格。理想的道德人格是"圣人"，这个"圣人"有一些什么样的含义，有一些什么样的分歧，有一些什么样的问题？当然我讲这个话题的时候，落脚点是在这个称呼当中的"问题"，我讲这些含义和这些分歧是为了说明这个称呼当中的"问题"，可能我们日用不知，就是我们整天向往着"圣人"，但是我们可能没有好好地想过这个问题当中存在哪些东西。

我们还是分层次来说。第一个问题，我们谈一谈中国文化传统中的"圣人"文化，这个民族有五千多年历史了，在五四运动过后中国有一个疑古思潮，把古时候很多东西普遍地怀疑了一遍，连中华民族的历史五千年都怀疑了。像顾颉刚等一批人，是当时最有学问的一批古文献学家，就是他们把整个中华民族的历史截断了一千多年，说一切都是可以怀疑的，中华民族的历史可能顶多就三千来年。到了现在，因为考古学不断发现，弄清楚了中华民族的历史不是只三千多年，大约有五千多年。即便是在那个传说中的神话时代，像《山海经》就完全讲的是神话故事，那个神话时代的很多东西，既然能成为传说中的神话和历史，那就是说有历史、有故事，所以我们现在还是从五千年来讲。我们先一起来看一看《史记》，司马迁的《史记》在《封禅书》中所谈到的一段话，他说：

> 自古受命帝王，曷尝不封禅？盖有无其应而用事者矣，夫未睹符瑞见而不臻乎泰山者也。……《尚书》曰，舜在璇玑玉衡，以齐七政，遂类于上帝，禋于六宗，望山川，遍群神，辑五瑞，择吉月日，见四岳诸牧，还瑞。……周公既相成王，郊祀后稷以配天，宗祀文王于明堂以配上帝。自禹兴而修社祀，后稷稼穑，故有稷祠。

郊社所从来尚矣。

这段话讲封禅的事，大家知道封禅是怎么回事吗？我们中国有五岳：南岳衡山，北岳恒山，西岳华山，东岳泰山，中岳嵩山。中国有个传统，凡是当了帝王，都想去封禅，这封禅干的是什么事呢？其实就是在向上天报告，向上帝报告，报告人间所发生的那些大事情，而且是好的事情。任何一个天子登基之后都想去封禅，但是封禅够不够资格呢？还是个问题。所说的上帝，可能在座的朋友不知道这个历程，我们一说上帝，就以为是西方的那个 GOD，就是《圣经》书里所说的上帝。其实上帝是中国古已有之的称呼，我们在《诗经》《尚书》这样一些古时候的书籍里面都可以找到上帝的影子，所说的"帝""神""上天""上帝"都是一个，是唯一的，在这个意义上它和《圣经》的"上帝"一模一样。所有的天子登基之后都想封禅，封禅表示着什么呢？向上天报告，得到上天的允许、承认，封了禅了，也就说明自己的权力是合法的。封禅要做了很好的、很大的事情，才值得去封禅，如果就是做了一点鸡毛蒜皮的事，或者说得多、做得少了，都没有资格封禅。但是，任何一个帝王上台以后都想去封禅。司马迁就从这儿开始，说："自古受命于帝王，曷尝不封禅？"下面说："盖有无其应而用事者矣，而未睹符瑞见而不臻乎泰山者也。"在这五岳当中，最隆重的是泰山的封禅。本来封禅是要人间出现了很多吉祥的事情，比如凤凰来仪，神羊出现在山上，就像广东的五羊从天上下来了，这都是吉祥的事情，这个时候表明上天对人间事物的认可，可以封禅了。但是大多数帝王"无其应而用事者矣"，就是天没有降祥瑞，没有见到各种吉祥、符瑞的事情，但是他们还是要去干这个事情，目的很简单，一要得到上帝的承认，二要忽悠老百姓，古来的天子都是如此。

天子里面最喜欢封禅的有两个人。哪两个人呢？第一是秦始皇，第二是汉武帝，这两个人德行很像，都是拿鞭子抽天下的人，驱赶天下的人，满足自己的私欲，满足自己好大喜功的虚荣心。当然汉武帝跟秦始皇有一点点区别，汉武帝已经进入到君主制时代，秦始皇是结束了封建制，开辟了君主制时代。这两个人的德行一样，所以翻开《秦皇本纪》或《汉武本纪》可以看到，这两个人一生其实就干两件事情，一是求仙，想长生，希望不死；第二个，到处封禅。各个名山大川，他们都喜欢去封禅。我们往下看："舜在璇玑玉衡，以齐七政"，这是尧舜时期，舜因为掌握着北斗，所以以齐七政，"七政"就表达北斗七星。"遂类于上帝"，这句话是关键的，人间的权力需要取得神的外衣，所以"类于上帝"，他们就不是凡人了。"类于上帝"就是配祀于上帝，可以与上帝配祀。所谓"配祀"，中国是有这么一个传统，比如庙里边，比如玉皇大帝是主神的话，那下边就配了很多他的群神，在孔庙里孔子是主神的话，那就有配祀的他的弟子，比如颜回、曾子，等等，这么往下排。所以"类于上帝"就是把自己给上帝来一起配祀。下面说"周公既相成王"，周朝的时候周公当成王的摄政王辅佐他。"郊祀后稷"，"后稷"是祭祀古神"以配天"，"宗祀文王明堂以配上帝"，做的事情是一样的，把自己的祖宗列在给上帝配祀的地方，可以值得大家去敬奉的，也就是把一个人变成神了，这就是司马迁讲这段话的目的。

古往今来的天子，说到天子这个话又长了，什么时候开始有天子？这个称呼什么时候出现的，我没有确凿的文献。先秦时候很多文献都说到"天子"，最开始的天子就是尧舜，往下来，夏朝的帝王、殷商的帝王、周朝的帝王都称为"天子"。
"天子"是什么意思呢？是"天之所子"，"天"所生养的，而
且是天的长子，称为"天子"，长子掌管天下。我们说"天
子"与我们今天所说的话题有没有关系呢？我们今天的话题是
"圣人"，不是"天子"，也就是说，"天子"算不算"圣人"？

这个话题要追溯到春秋战国时期的文献当中去。"圣人"
这个话在孔子的书里讲到，孟子也讲到，至于说曾子再往下，
那就说得很多了。在道家里面，老子说了很多次圣人，庄子也
说了很多次圣人。我们现在就要把这个"圣人"的概念给大家
做一个分析。首先这个"圣人"，具有超越的意思。我们现在
看电视、看西方的美国人，能看到"超人"。"超人"在这个
意义上跟"圣人"有相同之处，是超越的，他是能力超群的，
超越于常人，人不能飞，但是超人可以飞。一个女孩子从大瀑
布不慎跌落下去了，大家看没救了，这个时候超人发现了，他
可以在瞬间把这个人从空中捞起来。大家看，如果超人与她处
在同样的时间的话，他不可能在那么短时间内反应过来，然后
把这个人捞起来，所以他的时间、空间都与常人是不同的，他
有超越的意思。超越常人的能力是一个方面，更重要的是德性
超人、品行超人，你翻一翻中国汉语大词典，翻一翻中国哲学
大词典，或者中国宗教大词典，这个"圣人"首先就是品德超
人，只有具备最高境界的品德和人格，才能成为"圣人"，至
少是超越于凡人的。但是后来我们所说的"圣人"，与先秦、
春秋战国时期所说的那个"圣人"意思有很大的不同了。

我们可以举一些例子。比如在《吕氏春秋》里记载了这么
回事，有一天齐桓公与管子在论述一些事情，在宫廷里面，当
着群臣的面，两个人说悄悄话，然后手还指了一指，这个事没

有公开，但是过了两天，满城都在传播一个消息，说齐国将要攻打一个叫作"莒国"的小国。管子觉得很奇怪，齐桓公也觉得奇怪，说这个事情只有你知、我知、天知、地知，怎么外面的人都知道了呢？管仲说："城里一定有圣人。"只有圣人能猜到这个事情，于是满城去找，后来在城的东面找到一个人，说消息是从他那儿传播开来的，这个人叫作"东郭"，住在那个城东面的角落里。管仲把他找来，当着齐桓公的面问他：你怎么知道我们谈论要攻打莒国的事情？这人说：我看了你们的神态，谈得眉飞色舞，那个神态表示将要有个大的动作，否则你们不会这么悄悄说话，但是又谈得那么兴奋，这是第一。第二，我还发现，你们两个说着说着手往东面这个方向指，你们指的这个国，就在东北方向的一个地方，应该是莒国。第三，放眼望去，齐国"九合诸侯"（九次召开诸侯大会），唯独这个莒国不称臣，不与会，所以我认定了你们将要攻打的是莒国，别的国都向你们俯首称臣了，唯独这个小国不称臣，所以你们一定是要打它。三条理由说完之后，齐桓公和管仲服气了，就认定这是个"圣人"。你看，这个"圣人"是个什么呢？没有体现道德水平，没有体现他有什么权力，也没有体现他的超人的能力，他就是对事情的洞察力很强，他用自己的洞察力猜到了事实，就这样一个东郭先生，也可以称为"圣人"。

我们读《论语》的知道，有人说孔子既会弹琴，又读那么多书，会很多种手艺，于是有个人就说了，孔子"必也圣乎"，意思是：你是不是圣人呢？要不是圣人，"何其多能"，怎么那么多的能力呢？孔子回答很有意思，他没有承认，也没有否定，他说：我小时候贫贱，所以"多能鄙事"，就是经常会干各种各样的低贱的杂事。大家看，孔子在这里也没有否认自己是个圣人，但是这个时候说的圣人既不是帝王，也不是诸侯，也没有说是道德品行极高，或者是一个人类的标杆。我们再说老子，老子从来没有称自己为圣人，但是在有一个场合说道："吾言甚易知，甚易行。"我说的话容易了解，也容易实行，但是"世人莫能知，莫能行"，所以"知我者希，则我者贵"，说世人真正了解我的是很少的，按照我所说的去做，那就更少了。"是以圣人被褐怀玉"，圣人是怎么样的呢？穿着很粗糙的麻布之类的衣服，怀里揣的是什么？是玉，是宝玉，圣人是这样的。这里老子也没有否认自己是圣人，也没有承认，但是老子把自己定位为一个"道的述说的人"，我向大家描述这个"道"，但是从来没有说"我就是道"，在这个问题上他也很谨慎，但是圣人在老子那里也没有确定一定是帝王。

　　我们把"圣人"这些含义给大家做了基本的一个分享，大家有没有明白，这个"天子"，跟"圣人"有没有关系？不一定有关系，天子是天子，圣人是圣人，天子不一定是指圣人，圣人不一定是指天子。天子的本意是什么？就是庄子所说的，"天之所子"，天所生养的。于此来说，在座的各位，你们哪一个不是天所生养的，依照庄子的观点，你们每个人都是天之所子。庄子的意思是说，既然我们都是天之所子，天子是天生的，我们也是天生的，我们跟天子是平等的，天子没有别的，就是掌握了权力而已，仅此而已。在先秦时候人们也是这么认为的，天子不等于圣人。我们在史书里面可以看到，比如《史记》，很少把一个帝王称为圣上，他只用了一个字，"上"。什么是上？上下的"上"，高高在上的就是那个"上"，最高的就是帝王。比如汉武帝，司马迁称他为"上"，没有说"圣"的意思，也就是在司马迁的眼里，帝王的品行不见得高，跟圣人没有关系，但是就是从汉武帝那个时候，圣人跟天子逐渐地画了等号。谁干的？董仲舒帮他干的。他把圣人和帝王画了等号。圣上作为圣人出现，体现了人们对于世俗社会生活的一种不满意，一种无奈，也表达了古时候的中国人对于政治与道德的向往与追求。所以圣人这个话本身是好话，没有问题的，表达着人们对世间的无奈，希望出现这么一个圣人来解救大家。

说到这儿，我们要说一说董仲舒所做的事情，董仲舒把君王、帝王，与圣人画上了等号，尽管如此，历史上的帝王敢称自己为圣王的，少之又少。不过有一回，李世民当年东征高句丽的时候，他打到了离平壤不远的一个山上，在那座山上，双方进行了一场决战，唐朝灭掉了高句丽的十几万军队，而自己死伤的人很少，这是一场大获全胜的战役，这个时候李世民一时来兴，把这座命名为"驻跸山"。当时一个大臣私下说了一句话，说圣人的话不是随便说的，他说这里叫"驻跸山"，意味着我们的军队就到此为止了。很有意思，这场仗还没有打完，本来是要去把平壤打下来的，但是冬季来临了，意味着战事的延长，唐朝不得不撤军，所以就在驻跸山那个地方撤军了。有人称李世民为圣人，我看了唐朝的所有书，李世民从来没有敢称自己是圣王，他向往做圣王，想做尧舜，但是他没敢说自己像尧舜，没有一个人敢这么叫。

第二个问题，我们来谈儒家的圣人观，要说儒家，我们主要当然谈孔子、孟子，我们先说孔子。孔子讲过：

君子有三畏，畏天命，畏大人，畏圣人之言，小人不知天命，而不知畏，狎大人，侮圣人之言。

人凡是君子的，都应该有所畏惧，畏天命，畏大人，畏圣人之言，其中天命是孔子讲得最多的。大家注意，孔子是很少讲上帝的，这是一个有意思的转换。孔子之前，讲上帝多，到了孔子时期，那个上帝虚化掉了，天命出现了，所以孔子讲天命讲得最多。畏大人，畏圣人之言，这里的圣人也没有说帝王是圣人。我们再看，子贡跟孔子对话，他说："如有博施于民，而能济众，何如？可谓仁乎。"子贡说，有这么一个君主，广泛地关怀他的民众，有财有钱都给大家分掉了，国家也没有那么多的储蓄；"而能济众"，"济"本来是渡河的意思，也是接济，谁有困难就帮谁，凡是他的国度里面的人都是他关怀的对象，这样的人可不可以称为"仁"？孔子回答说："何事于仁，必也圣乎。"意思是：这样的君主，哪里是仁可以表达的，那已经是圣人了！他接着说"尧舜犹病诸"，意思是尧舜都怕自己做不到这个地步，那么尧舜也是努力要做到这样，博施于民，而能济众。可见，这里孔子对圣人的界定。这里的圣人是有君位的，有位置的，不是一般的能力。再看《述而》篇里孔子说："圣人吾不得见之矣，得见君子者斯可矣。"意思是：圣人啊，我向往，但是我从来没有见到过圣人。孔子说自己没有见到过圣人，仅仅是见到个君子就不错了。大家看，在《论语》里所描述的圣人，不一定是有权势的君王，可能是一个道德品行很高的人，但是很可能有这么个人，有了权势，又做了具备圣人品德的事情。

再看《孟子》。到《孟子》这里关系很明确了，大家看孟子所说的圣人，他说："闻君行圣人之政，是亦圣人也。愿为圣人氓。"这里"氓"是民的意思，愿做圣人的臣民、子民，这里的圣人是指某一个国家的君主，圣人当了政。再看下一段：

　　昔者子贡问于孔子曰："夫子圣矣乎？"孔子曰："圣

则吾不能，我学不厌而教不倦也。"……宰我曰："以予观于夫子，贤于尧舜远矣。"

在《孟子》里面记载了这一段孔子与子贡的对话，子贡问夫子是不是圣人呢？孔子说圣人我不敢说，但是学而不厌、诲人不倦这样的事我会做，宰我就说：以我的眼光看夫子，他已经比尧舜还要贤明了。所以在宰我的眼光里面，夫子就是圣人。再看下一段，陈贾见了孟子，问他："周公何人也？"问周公，就是周成王的叔父。孟子回答："曰古圣人也。"周公是圣人。周公要管叔去管理殷朝的遗民，周朝夺了殷朝的天下，把殷朝原来那些人迁到一个地方，这个地方大约在我们现在的河北一带，也有人说在朝鲜。而管叔不仅没有管好这些人，还带着这些殷人造反。陈贾问：有这样的事情吗？孟子说，有这样的事情。那就出现了两难的问题了。陈贾接着问，周公知道管叔将要反叛朝廷吗？知道他将要反叛还把他派到那儿去吗？孟子说他不知道。既然不知道，你还说他是圣人，圣人也有过错吗？孟子的回答很巧妙，他说周公是管叔的弟弟，管叔是兄，那么弟弟当了权，做了宰相、监国，哪怕哥哥有毛病，也用他了。这种过错也是可以理解的，圣人也会做错事情，但是这种错事跟寻常的不同，他不能说我当权了，我偏偏不用你，这样的话，别人会说我不仁不义，六亲不认。他用了他哥哥，但是他哥哥反叛了。这个事情就是说圣人也会犯错。大家看，这里的圣人不是君王，但是一人之下，万人之上，这样的人也可以称为圣人。那么再看下一段："滕文公为世子，将之宋而见孟子，孟子道性善，言必称尧舜。"这是说到孟子本人了。孟子都是讲性善的问题，但是只要一开口，总要说到尧舜，就是说尧舜是孟子心目中的圣人。大家看，他有定位的，不是一般的人称为圣人。这个传统从那时候开始到现在如此,儒家一谈到尧舜,那绝对是圣人。其实我们回头想一想,尧舜的故事传到我们今天的、传给这个民族的东西,其实我们知道的很少,我们知道尧舜最多的事情就是尧舜实行了禅让,让贤,不恋栈,没有把自己天子之位传给自己的子孙,而是传给了外姓,传给了贤人,这就成为儒家"言必称尧舜"的一个传统,最理想的圣王是这样。

我们再看孟子自己怎么说的:"圣人,人伦之至也",他对圣人的界定叫作人伦之至,也就是道德的标杆,道德境界最高的人可以称为圣人。孟子这里的界定很有意思:"欲为君,尽君道,欲为臣,尽臣道,二者皆法尧舜而已矣。"也就是说,不仅仅是君王可以为圣人,臣子也可以为圣人,孟子没有把这个圣人定格在君主身上,当然他很希望君王像尧舜一样,但是没有说不是君王就不可以做圣人。下面这段话,孟子进一步描述了四种圣人:

> 伯夷,圣之清者也;伊尹,圣之任者也;柳下惠,圣之和者也;孔子,圣之时者也,孔子之谓集大成。

你看,他说了四种圣人,一种圣人是伯夷、叔齐,伯夷、叔齐是殷朝王室家族的成员。周朝人把殷朝灭掉了,对待殷商的遗民,还是给予礼遇,很好地安顿他们,让伯夷、叔齐在朝廷做官,伯夷和叔齐以吃周朝的粮食为羞,两个人跑到首阳山上饿死也不吃周朝的粮食,所以他是很清高的,"圣之清者也"。伊尹,这是商汤王的宰相,据说是奴隶出身。伊尹辅佐商汤王,成就了大业,所以是"圣之任者也",他也仅仅是宰相而已。柳下惠,据说是庄子《盗跖篇》里面所说的强盗"盗跖"的哥哥,兄弟两个,一个做了圣人,一个做了强盗。这个柳下惠据说是能上能下，你给一个大官，他也干，你给他一个小官，他也能做，没有任何怨言，所以说"圣之和者也"，什么样的事在他那儿都是和顺的。唯独孔子是"圣之时者也"，这里孟子没有解释这个"时"是什么意思，或许就是我们现在所说，时代需要出现一个圣人，也确实就出现了圣人，大概是这个意思，就是说，孔子出现的这个时候，恰恰需要这么一个人，他出现了，所以称为圣之时者也，又称他为圣人的"集大成者"。我们说孔子被称为圣人，应该从孟子这里开始，但这是非官方的，是民间给他封的，没有说官方封孔子为圣人。

我们来看董仲舒，他有天人三策，跟汉武帝几次对话，谈天人的问题。在《春秋繁露》里董仲舒说了一段话："然则王者，亦天之子也。天以天下予尧舜，尧舜受命于天而王天下。""王天下"是称王天下，他又说道：

> 儒者以汤武为至贤大圣也，以为全道究义尽美者，故列之尧舜谓之圣王，如法则之。……天之生民，非为王也，而立王以为民也，故其德足以安乐民者，天予之；其德足以贼害民者，天夺之。

这里边他恪守儒家的一个民本思想，用孟子的表达就是"民为贵，社稷次之，君为轻"。也就是说，天子跟天下的关系是这样的，不是说天下是为了天子而存在的，而是天子是为天下而存在的，为人民服务，服务好了人民就可以做天子，如果背离了这个原则，天将夺取他的位置。由此传下来，就是董仲舒那个话："天不变，道亦不变。"天要是没有夺取这个君王的位置，任何人不要想去造反。他那个"道"，即王道，君王之道，天没有抛弃他，他永远都是天子。从这里，君王与圣人逐渐画上了等号，所以我们后来一谈君王的时候，我们谈的都是圣人。你看过去春秋时候谈的一般是孤家、寡人、不穀，这都是些最低贱的称呼，君王者称谓自己时这样称呼。从秦始皇开始设了一个字，叫"朕"，这个"朕"是唯一的，天下别人不能用的，"朕"本来不是一个专有名词，从秦始皇这里，把"朕"用在自己身上，只有他可以称为"朕"，也就是把自己"定于一尊"。至于说《武帝本纪》里面所记载的"春三月，还至泰山，增封，甲子，祠高帝于明堂，以配上帝"，这里就不仅仅是说帝王要配祀于上帝，就是帝王已经远远超越于人类，他不仅仅是天之子，他也是道德上的典范。我们中国有个传统，百姓以吏为师，全体的官员以谁为师呢？以帝王为师。所以帝王他不仅仅是权力的象征，也是道德的象征，这个过程大约就是从君主制确立之后，天子披上了神圣的外衣，逐渐地成为圣王，其实是帝王把自己定位为圣王。

下面我们说道家的圣人观，我们说他跟儒家有分别，我们今天讲的就是这种分别。我们先看《道德经》里说了多少次圣人，首先一个观点是圣人有位，这个圣人不是一般的人，他是道德标准，同时，他还有权力，位高权重，所以把圣人比作天地。在第二章里老子说道："是以圣人处无为之事，行不言之教。"这里的圣人显然不是指寻常的人，一个大臣、一个艺术家，你不可以称王，这里的圣人是治理天下的人，处无为之事，行不言之教，是掌管天下的人，是指有权势的道德品行极高的人，但是，他没有指天子就是圣人，他说这样的圣人做了天子。

我们再往下看：

> 圣人之治，虚其心，实其腹，弱其志，强其骨。常使民无知无欲，使夫智者不敢为也。为无为，则无不治。

大家看，这里是治理天下的事情，圣人治理天下是怎么治理的呢？圣人首先自己要虚其心，自己不要那么多的欲望，修好自己的心性；实其腹，是养气；弱其志，不要说一上来就号令天下，天子意志要显得柔弱一点，不要那么强悍；强其骨，身体是强壮的，但是意志是柔弱的，这样的圣人治理天下，是要使民无知无欲。上一周从美国来的朋友跟我讨论，他们就是对一点不理解，老子为什么他要采取愚民政策？我说，要说老子有愚民的意图，这是没有错的，但是这个愚，可不要把它理解为"愚蠢"，它是愚钝的意思，另外一个解释，它也是淳朴的意思，不要那么狡猾。老子说要愚钝一点，就是不希望老百姓个个都那么智巧，投机取巧，所以这里的圣人也是"为无为"，则无不治。下面第五章说："圣人不仁，以百姓为刍狗。"这是说，圣人对待任何人都是一个态度，简单得很，他没有说喜欢一拨人，厌恶一拨人，重一拨人，轻一拨人，圣人是这个态度。

我们再看下面第十章：

> 载营魄抱一，能无离乎？专气致柔，能如婴儿乎？
> 涤除玄览，能无疵乎？爱国治民，能无为乎？

这都是讲做帝王的个人修养，有权力，但是要有"玄德"，这个玄德是不显的。如果你的德行暴露在外，外面的人天天称颂你，那就不叫玄德，那叫明德，或者至少可以称明德吧。你有什么修养大家都知道，你做过什么事，从小时候就聪明过人，很小的时候就明了真理，等等。真正的圣人就不是这样，而是很淳朴、很简单的，"是以圣人去甚、去奢、去泰"，这都是表达圣人对个人行为的检点。下面说"圣人常无心，以百姓心为心"，是说圣人没有自己固定的意志，或者必定如此的意志，圣人是以百姓的意志为意志，百姓想什么，他就想什么，百姓高兴什么，他就做什么，百姓不高兴什么，他就不做什么，而不是把自己的意志强加给百姓。大家看，这里的圣人至少是指诸侯，或者是指天子，也就是有帝王之位的。这就是后面说的："圣人在天下，歙歙焉，为天下浑其心。百姓皆注其耳目，圣人皆孩之。"圣人是很简单的，对待百姓，不管你是好人或者坏人，"善者吾善之，不善者吾亦善之"，"信者吾信之，不信者吾亦信之"，不管你是个善人或者不善的人，我都把你看作好人，无论百姓讲不讲诚信，君王对百姓都是讲诚信的，我相信你们守诚信，尽管百姓做出了不讲诚信的事情，但是圣王还是把他当作诚信的人。也就是说，老子所说的希望百姓愚钝一点，不仅仅是说让百姓愚钝，而帝王也要愚钝，他是说我们一起愚钝吧，老百姓不要那么刁滑，帝王也不刁滑，不管百姓怎么样，帝王都是把大家当作小孩一样看待。下面说帝王是"其政闷闷，其民淳淳；其政察察，其民缺缺"，做君王的，淳厚一点，不要有那么多分别，那么百姓也会变得淳厚起来；为政要过于苛察，什么事情都不容忍的话，那么百姓的品德也就残缺。"圣人方而不割，廉而不刿，直而不肆，光而不耀"，说圣人德行是这样的，有方圆，有原则，但是，不会宰制、割制，不会锐利，圣人清廉但是不尖锐，直率而不放肆，能照亮别人，但是不灼眼，圣人出现能够使天下人看得见，但不要说眼睛都睁不开，是这样的。

　　说到这儿，我们看一看，老子希望的那种百姓愚钝一点，也要求君王一起愚钝，如老子所说："以智治国，国之贼，不以智治国，国之福。"如果统治者好像很聪明，很厉害，大家都在他的监督之下，都在他的控制之下，那是对国家的贼害，如果圣王愚钝一点，明明看得见，表达的是看不见，不去管老百姓那么多事情，愚钝一点，这是国家的福祉，所以他说的愚钝是整个社会民风的淳朴。下面讲"自知不自见，自爱不自贵"，这说的圣人的个人德行。

我们再看庄子，庄子《逍遥游》里谈道："至人无己，神人无功，圣人无名"。这三种人，至人、神人和圣人，有人说这是同一个级别的人物，也就是境界最高的、道德水平最高的人，只不过我想要说，这三种人在庄子的笔下，仔细分析是有差别的。"至人""神人"这两种人主要是跟"圣人"有区别。在庄子笔下，没有说哪一个至人、神人是做了君王的，他不屑于做君王，他不愿意做君王。就像尧的老师许由，尧见到许由之后，要把天子的位让给他，许由拒绝了，说你把天下都治理好了，我还要去做天子，我去干什么？我是为了名还是为了什么？许由拒绝了尧的请求。当然这是一种传说中的尧跟许由的对话，许由这样的境界极高的人也是传说中的，而且庄子也没有把许由比作为至人。他说藐姑射之山上，有一拨人，不食五谷，吸风饮露，皱一皱眉头，使世上的好的事情都发生了，风调雨顺，五谷丰登，人们安居乐业，他们有这种超人的能力，但是没有登过任何的帝位。只有说到圣人的时候，在庄子笔下，有一些场合是做了君王的，这是区别。庄子也没有把有帝王之位的人和圣人画等号，在庄子笔下，圣人大多数是讲个人境界，认知境界、道德境界。如《齐物论》里说道，人们都在争论是是非非，圣人是不屑于讨论什么是是非非的，说圣人"和之以是非，而休乎天钧，是谓两行"。

论到天下的事情，庄子说：

> 六合之外，圣人存而不论；六合之内，圣人论而不议；春秋经世先王之志，圣人议而不辩。……众人役役，

圣人愚芚，参万岁而一成纯。

庄子这个态度和老子是一致的，你要使老百姓愚钝，自己首先要愚钝起来，参万岁而一成纯。所以我们说老庄是愚民政策的这个理解其实是有问题的，尽管很多人这么理解。把老庄的"愚民"理解为老百姓愚蠢，至少是不准确的，老庄的意思是说君民一起愚钝，都淳朴一点，把人还原为一个淳朴的人。所谓"六合"是上下四方，也就是我们现在所说的宇宙，宇宙之外的事情，圣人从来不论，知道这个事情，不去讨论它；而天地之内的事情、宇宙之内的事情，论而不议，就是对这个事要发表看法了，不是一般的议论议论；过去发生的而不是当朝的事情议论它，但不要论它的是非。这是庄子笔下的圣人。

那么作为个人修养中的圣人，庄子列举了几种情况。庄子笔下的圣人大多数都是身体有残缺的，被跺了脚，或者脸上被刻了字、被烙了印、犯了错误，反正是身体有残缺的，或者打渔的人，都是这样一些人物，这就是要体现老子的"圣人被褐怀玉"。《德充符》里面论道，楚国有一个被跺了脚的人，叫王骀，跟他学习的人跟孔子差不多，弟子孔子有三千，他大概也有三千，这个王骀与孔子二分天下，所有的学生要么是到他那儿去，要么到孔子那儿去了。但是这个人没有讲什么，"立不教，坐不议"，没有教过学生什么，但是学生到他那儿去学习的时候，空空如也，回来的时候满腹经纶了，到他那儿学到东西了，那么这究竟是一个什么样的人呢？说这样的"圣"就是圣人，这样的圣人是庄子笔下所描述的个人修养的圣人。

我们再看《大宗师》里面有一段，有一个人问卜梁倚，说我想做个圣人，圣人之道可不可以学呢？卜梁倚有圣人之才，而无圣人之道，我有圣人之道，而无圣人之才，所以这个人我愿意教他，教他使他能够有圣人之道。有圣人之才是有这个潜质，不等于可以做圣人。这里提出的问题是圣人可不可以学，在庄子的笔下，没有说寻常的人不可以学做圣人，那至于说你能不能成为一个圣人，能不能得道，那是另外一个问题了。

在《人间世》里面，说孔子到了楚国去了，楚国当地的一个隐士狂接舆游其门，在孔子门前唱道："凤兮凤兮，何如德之衰也，来世不可待，往世不可追也，天下有道，圣人成焉，天下无道，圣人生焉，方今之时，仅免刑焉。"他把孔子比作为凤凰，说要是天下有道，圣人可以实现他的愿望，干成大事情；天下要是无道，圣人生焉，仅仅是存在而已；当今之时，圣人只是能够免除刑戮，不被人杀戮就不错了。就是说，当今这个时候，即便你是圣人，你也只够苟活而已，意思是说，这里的圣人跟帝王没有关系。

再看《应帝王》这一篇："夫圣人之治也，治外夫？正而后行，确乎能其事者而已矣。"圣人是怎么治天下的呢？他说圣人治天下，不是治外，是治自己，这是庄子一贯的思想。《在宥》篇里，庄子说到了"闻在宥天下，不闻治天下"，意思是，我只知道在宥天下，我没有听说过什么治天下。在宥天下是什么意思呢？"在"，使天下人自在；第二个"宥"是宽宥，宽宥天下人，天下人要做错了什么事情，不要给他上纲上线，不要动不动就扣罪，不要动不动就抓人，所以治天下就这么两个事情。在庄子看来就是这样，让天下人自由自在，对天下的人实行宽宥、宽容，这就好了，所以治天下在庄子看来是很简单的。这话有道理。庄子不爱谈治天下的事情，但是在人们再三的追问下，庄子借阳子居与老聃的对话表达出来了："有人于此，向疾强梁，物彻疏明，学道不倦，如是者，可比明王乎？"大家知道，这个"明王"确确实实指的就是圣人，这也是儒家最喜欢的一种人格，儒家经常称颂的"内圣外王"也是庄子讲的。儒家最向往的"明王"是庄子说出来的，但是这个"明王"跟儒家所说的那种明王差别很大，儒家所说的圣王、明王，对老百姓无处不关怀，体现了民本思想，但是以道家的观念，治理天下，明王是另外一种类型。庄子有个表述："功盖天下而似不自己，化贷万物而民弗恃，有莫举名，使物自喜，立乎不测，而游于无有者也。"这才是明王。简单说，有天大的功劳，但是在明王看来好像不是自己做的，你要问他是不是他做的，他会说"跟我没关系"；"化贷万物而民弗恃"，化育、施恩于万物，但是老百姓不知道仰仗他，不知道去感恩谁，老百姓要感谢自己，自己付出努力了，然后成功了；"有莫举名，使物自喜"，做了很多事情，但是没有名目，他没有留下任何的名称，没有得到任何名誉，老百姓欢欣喜悦于自己的努力和成功，这就是"使物自喜"。那圣人干什么去了？"立乎不测"，站在一个人们看不到的地方，悄然转身，跑到一个地方自己去乐去了，这就是圣人。这是老子笔下、庄子笔下的圣人，他有帝王之位，有极高的道德品行，这是道家笔下的圣人，这是有位的圣人。

　　老子所说的圣人、庄子笔下的圣人，有圣王之位，有君王之位，极其高明，道德水平极高，境界也极高，能力也超群，但是人间社会没有一个人可以被称为这样的圣人，这是他们的深意。他们真正的深意在这个地方，他们从来没有说过尧舜是圣人，庄子笔下，尧是学生，他连许由都没有说是圣人，在庄子笔下，尧舜还有很多缺陷、很多毛病呢！也就是说，没有一个帝王能够达到做圣人的那个标准。大家会问，既然老子、庄子所说的圣人，人间社会不存在，为什么老庄还要这么讲呢？
这正是它的意义。儒家所说的圣人，尧舜是有所指的，尧舜、
成康，可以称为圣人，甚至周公也可以称为圣人，至于孔子，
他没有帝王之位，所以后来人给他搞了个素王，穿了个素衣的
圣人。其实在庄子笔下，往往圣人就是那种没有乌纱帽的人，
但是人间社会找不到，这也就是我们今天晚上要做的反思。

　　刚才讲到圣人的复杂性，其实庄子对于圣人有很多批评。
大家脍炙人口的，诸如"窃钩者诛，窃国者为诸侯"，真正的
大盗做了诸侯、做了君王，有关这个问题，庄子是把这个看透
了，他就不信那一套温情脉脉的说法，什么帝王都是上天给予
的，在庄子眼里，凡是那些做了帝王的，都是抢来的，所以他
有很多批评。只不过庄子对圣王批评最厉害的篇章不是庄子
的内篇，多是在外、杂篇，所以《骈拇》《马蹄》《胠箧》《让
王》《盗跖》等篇，很多人认为不是庄子作的，因为只有把这
些章节排除掉了，才能把儒家和道家两个合在一起了，凡是庄
子批评孔子的，后人都说这不是庄子的作风。苏东坡就是这样
的，近代的钱穆等学者也都这么认为，现当代儒家也基本上这
么认识，都认为儒道两家吵架是其实假吵，不是真吵，庄子对
儒家的这种批评大多数不是庄子所作。我承认外、杂篇这里有
一些篇章不一定是庄子亲自作的，有一些庄子所叙述的，有
一些研究者说那不是庄子作品。我认为这么说也有问题，那
《论语》是孔子写的吗？《孟子》是孟子写的吗？《论语》不
是孔子写的，《孟子》也不是孟子写的。我们知道，孔子述而
不作，他不写书的，在庄子之前的人大多有一个习惯，他只表
达，但不写书，大概在庄子前后的人开始写书了。庄子很多篇
章是对弟子叙述，弟子记下来，我们不能排除是庄子的，所以

外、杂篇里很多篇章是我认定的，像《庚桑楚》《田子方》这些篇章，好多篇章是庄子作的，但有一些像《马蹄》《骈拇》《胠箧》等，有一些篇章的寓言故事是庄子的，但语气不像庄子的，庄子很风趣，这些篇章的有些话说得很直白，太直白的不像庄子的风格，但是意思是他的。庄子对圣人的批评中最严厉的就是"圣人不死，大盗不止"，也讲到"绝圣弃智"，那这个圣人跟《道德经》一样，大家以为是圣人教坏了这些人，使人产生了分别心，产生了偏私，有了利害关系。

第三个大问题，关于圣人文化的反思，我们讲了这半天，就是要做这个反思。

第一个反思，经验世界的圣人与理性世界的圣人。我们刚才讲了儒家和道家，这是两种类型，大概可以说儒家所说的圣人是经验世界中的圣人，道家所说的圣人是理性世界当中的圣人。关于经验世界和理性世界，这两种表达是一个纯哲学的，但是大家可以听得懂的。有关这个问题，德国的思想家康德讲过一个意思，就是讲经验论和理性论的区别，经验论是一种可以感知到的必然性，或者叫一种真相，或者一种真理，而理性呢，是一种洞见到的必然性，也就是凭理智洞见到的那种真理或者真相。很显然，儒家所说的圣人，如尧舜是圣人，伯夷叔齐是圣人，伊尹、柳下惠、孔子是圣人，这些人都是中国历史中实实在在存在的，这些人和事都是真的，所以这样一种圣人是经验世界的。所谓经验世界就是我们人类所经历、发生的事情，也就是认为人间社会通过必要的修养可以由凡入圣，可以从一个凡俗的人成为一个圣人。换句话，对于圣人可不可以学的问题，经验世界认为你要有这个根性，你可以学到，有圣人之才，别人再给你以指导，你就可以得到圣人之道。另外一种，道家是理性论的，就是洞见到的必然性，凭着理性洞见到的圣人，在人间社会从来就找不出来。它的意义在哪里？意义就在于给我们提出了一个理想的类型，而这个理想的类型人间社会不存在，因为不存在，所以我们头顶上总有那个"神明"。道家所说的"圣人"，是高山仰止，我们永远也难以做到，但是我们在学他的过程当中，我们永远在变好。人间社会没有哪一个人是满足了做圣人的条件的，但是这种理想类型，他给人类提出了一个标杆，就挂在我们头顶上了，我们可以学他，可以向往他，但是你不必要说可以成为他，世俗社会的人总是有缺陷的。

第二个问题，当我们把圣人比作君王的时候，问题多多，但恰恰这个成为中国文化的一个传统。古来的帝王都认为自己是天下人的表率，这个表率恰恰出了很多问题。有关这个问题，亚里士多德讲政治学的时候，他说我们宁愿把国家的权力交给法律，而不能交给个人，交给个人等于"引进一头野兽"。所以千年来的传统，我们把国家的希望寄托在一个圣王身上的时候，发现这个圣人问题很多，只要揭开历史往上数，从清朝一个一个往上数，最没有毛病的，可以说是千古一帝的就是李世民。我们数过，秦始皇不用说了，秦始皇就是一个彻头彻尾的暴君。汉高祖刘邦这个人是没有德行的，大家知道汉高祖，项羽说把他爹捉住了，说你要再不投降，我就把你爹熬了汤喝。刘邦却说：我的爹就是你的爹，你要熬汤喝，别忘了给我分一杯。这个人德行上说不上好。刘邦打仗的时候，跑不及的时候把自己老婆和孩子推到车下去了，自己先跑了。所以帝王，从秦始皇往下数，可以说毛病最少的、能称之为千古一帝的就是李世民。但他也是有毛病的，他一生纠结在一个事情上，就是杀了哥哥和弟弟，这是抹不掉的，无论什么理由，怎么正当，他也不能抹掉这个事情，就是洗不掉的污点。李世民当时向往的人是尧舜，他希望做成尧舜，而他的谋臣魏徵就是想把他打造成尧舜，说什么你要向尧舜学习，不要觉得尧舜离得很远，你只要想做，你就可以做得到，他几乎是快做到像尧舜了，他还是有一个污点洗不掉。往下数，我们可以说宋太祖、金世宗，这些都还算好人，宋太祖得了天下之后，自己惴惴不安的，睡不着觉，然后就来了一个商谈政治。所谓商谈政治，他开了一个先河，跟大臣们商量，说：我睡不着觉，寝食不安，不知道你们什么时候把皇袍从我这儿夺走交拿给另外一个人。他说我们这样行不行？你们把权力交回来，交给我，我保证你们子子孙孙享不尽的荣华富贵。这样就达成了一种默契。所以宋太祖对过去的官员是比较友善的，对文人也比较友善，誓言不杀士大夫，大家知道，他这种让步是不得已的，不是说宋太祖有那么高的境界，是不得已！再往下数，金世宗，就是女真族的金世宗，被称为小尧舜，也算是好的。明太祖朱元璋，这个人最无德了，除了设立东厂、西厂，还把老臣杀了个干净，最后那帮跟他打天下的老臣，没剩下两个。他儿子看不过去了，觉得杀太多人了，朱元璋就拿了一个带刺的棍子，说：你去给我拿！儿子不敢拿，说有刺。朱元璋说：对了，老子就是把这个刺给你剔光，你好拿，我把带刺的人全给你灭了。朱元璋是这样的。所以说，千古的帝王最好的就是唐太宗，唐太宗也有污点，不要相信他是圣人。

第三个反省，半人半神的人。李世民我给他一个封号，称他为"半人半神的人"，这是最高评价。在西方也有类似这种评价，在西方历史上只将哪些人称为"半人半神"呢？华盛顿、富兰克林、杰弗逊那一批美国立国者。华盛顿当时作为北美总司令，北美战争独立之后，他完全可以称王，他可以学英国那样称王，但他没有称王，打完仗第一时间把总司令的权柄交给了北美十三州的代表。华盛顿考虑的问题跟常人不一样，他要第一时间交权，必须是第一时间，如果你再稍有留恋，很多人就会拥戴他为王。他交了权，然后一起讨论美国的宪法。华盛顿、富兰克林、杰弗逊这些人一起在费城讨论，华盛顿主持宪法起草过程，他们讨论的最激烈的问题都是围绕着限制总统权力，而作为主持人华盛顿很少发言。他参与讨论，这个时候只要他竞选总统，他是毫无疑问当选总统的，因为声望已经达到极致了，但是他跟大家一起讨论的问题都是如何限制总统的权力。最后，他以全票当选总统，当选了总统之后只干了两届，所以他是一个被称为"半人半神"的人。他和富兰克林、杰弗逊这些人都有宗教信仰，但是他们的信仰又不是那么虔诚，如果过分虔诚，他们可能就把美国搞成一个政教合一的国家。政教合一有很多问题，美国的成功其中一个重要的经验就是做到了政教分离，这个政教分离的前提就是这些人有信仰，但他们不是十分虔诚，他们在起草宪法的时候是按世俗人的角度写的，所以他们有这么超越的境界，但又是个世俗的立场。

最后我想说的是，没有"圣人"，只有凡人，没有一个人符合圣人的条件。大家不要相信有圣人，但可以相信庄子那句话：我们跟天子都是"天之所子"，我们天生就是平等的。

# 自然主义与道德主义

## ——罗隐《两同书》和小品文及其传统学术的现代性

　　罗隐，字诏谏，自号江东生，浙江新登县人（一说余杭）。生活在唐文宗至五代梁开平年间（833—909）。他出生在一个地方小官吏的家庭，"家门寒贱"①，"少而羁窘"②，却自幼受到良好教育，"少英敏，善属文，诗笔尤俊"③。然而，在成年以后的仕途奔竞中屡试不中，怀才不遇，对社会制度的不满溢于言表，在他的诗文和赋中，就充满了激愤之情。他的赋和小品文在文学史上享有地位，鲁迅先生的杂文就受他的小品文影响不小。在人生的价值趋向上，他本是个儒生，有强烈的功名进取意识，痛苦的人生经历却使他逐渐地从讥讽时弊发生了一个转向，即以道家的立场来看待所有事物，其批判社会之犀利与同时代的《无能子》《化书》几乎无异。④ 与罗隐同时代的

---

　　① 《投秘监韦尚书启》，见《两同书》。

　　② 《答贺阑友书》，见《两同书》。

　　③ 《唐才子传》。

　　④ 关于罗隐的著述，见《罗诏谏集》《两同书》《全唐文》《全唐诗》等；他的生平散见于晁公武《郡斋读书志》、马端临《文献通考》，及《全唐诗》《全唐文》《唐才子传》《全唐文纪事》《唐语林》《诗逸》《咸淳临安》等。

黄滔曾评论道："三征不起时贤议，九转丹成道者言。"[①] 同时，他又始终依恋于儒家的道德意识与经教政治，他的《两同书》就贯彻了这样一种意图：努力将儒家和道家思想会通起来。

## 一 同出而异名

《崇文总目》说："采孔老二书为内外篇，以老子修身之说为内，孔子后世之道为外，会其旨而同元。"《郡斋读书志》说："老子养生，孔子训世，因本之著内外篇各五，其曰：两同书。取两者同出而异名之言也。"罗隐的《两同书》以老子和孔子学说为内外篇，即前五篇借老子之言述贵贱、强弱、损益、敬慢、厚薄之理；后五篇借孔子之言论理乱、得失、真伪、同异、爱憎之理。其实内外只是个道儒的分别，并无轻重之分。他试图将道家的自然哲学与儒家的经教政治有效地结合起来，儒家的学说为治外，亦即传统的治国平天下；道家的自然而然为内。他说：

> 贵贱之理著于自然。……是故时之所贤者，则贵之以为君长，才不应代者则贱之以为黎庶。然处君长之位非不贵矣，虽位力有余而无德可称，则其贵不足为贵也；居黎庶之内非不贱矣，虽贫弱不足而有道可采，则其贱未为贱也。……是以贵贱之途为可以穷达论也，故夫人主所以称尊者，以其有德也，苟无其德，则何以异于万物乎？盖不患无位而患德之不修也，不忧其贱而忧道之不笃也。《易》曰圣人之大宝曰位。何以守位？曰仁。苟无

---

① 《十国春秋》，引自《五代史话》。

其仁，亦何能守位乎！是以古之人君，朝乾而夕惕，岂徒为名而已哉，实恐圣人之大宝，辱先王之余庆也。故贵者荣也，非有道而不能居；贱者辱也，虽有力而不能避也。苟以修德不求其贵，而贵自求之；苟以不仁欲离其贱，而贱不离。……贵者愈贱，贱者愈贵，求之者不得，得之者不求，岂皇天之有私，惟德佑之而已矣。故老氏曰道尊德贵，其是之谓乎？①

　　道家与儒家的一个基本区别在于：道家试图把自然、社会与人生的所有解释建立在一个自然论的基础上，在老、庄、文、列诸子那里，社会的原则服从于自然的原则；儒家则力图将这一切的解释建立在道德人伦的基础上，在孔、孟、子思及道统承传的诸子那里，自然的原则服从于道德人伦的原则。罗隐所做的会通实际基于这样的考虑：在自然界和社会的次序中贯彻了某种合理性，这个合理性通过自然而然的、非人为的过程来实现，在某种意义上来说，就是自然过程本身的因果的逻辑性，即必然性；而这因果必然性与在这个过程中所发挥作用的人的德性修养是一致的，即人能修道尊德，就能守持住从必然过程中所享有的合理性，如果还没有享有这种合理性，只要有德终究可以得到它。前者是道家的立场，乃是老子"反者道之动""天之道不争而善胜"以及庄子"始卒若环"的一种解释；后者是儒家的立场，乃是《尚书》"皇天无亲，惟德是辅"、子思"诚者天之道"以及孟子"仁者天之尊爵"的解释。在道家看来，人们应当尽力减少人为因素，只需顺应事情本身的发展，就能够从自然性中得到物尽其自用、人尽其天能的结

_____

① 《贵贱》。

果。这样的结果或许不是人们理想的结果，但却是合乎道、应乎德的，即合乎其本性的，因而也可称得上"善"的结果。老子说"上善若水"，最高的善乃是柔顺的品德，而柔顺即是顺应物性与自性。所以，道家并不认为人性与物性有真正意义的区别。反之，儒家强调人为。人与动物的区别仅仅在于人有善性，"人之所以异于禽兽者几希，庶民去之，君子存之"。[①] 尽管人本性是善的，但需要努力地"养原"、护持并使之张显，人为努力的作用如同使原本明亮的珠子光彩夺目地显现。自孟子主张人人有"善端"以后，至理学家完成了道—理—心—性的本体论证，从而将善的观念与天地万物的本性联系了起来，自然因果的必然性就是善。

很清楚，道家是从自然性中去寻找物性与人性及其现象的理性关系，儒家是从理性关系中去寻找自然性，尽管两者所理解的合理与理性不尽相同，尤其是道家与儒家各自所理解的"善"有异义，却并不妨碍这之中存在的共同性。罗隐所做的正是力图在两者当中找到这种共同性，所谓"同出而异名"即其意。他的做法是在道家的自然主义中注入仁义礼智的社会道德及其社会秩序，又认定儒家的道德伦理学说及其社会次序关系合乎自然主义。孔子说："富与贵，是人之所欲也，不以其道得之，不处也。贫与贱，是人之所恶也，不以其道得之，不去也。"[②] 孔子所说的"道"乃是伦理的道，从而以合乎伦理理性的方式处贫或贱，都会心安理得，因为这个过程是人为的。罗隐也认为贵贱关系与有德或无德的人为有关，但他强调了贵贱背后的自然性，处贵未必一定贵，处贱也未必贱，"贵贱之

① 《孟子·离娄下》。
② 《论语·里仁》。

途不可以穷达论也"。

　　当然，罗隐所提出的"以道得之"乃是历史的，本于儒家的贵贱、长幼、尊卑、君民关系，这些关系的合理性根于自然必然性。为了会通道家与儒家，有时对典籍的误读似乎是必要的。老子所说的"道""德"，原本指物性与自性，不含有仁义礼智等内容，罗隐则将其解释为以仁义礼智为内核的德性，从而"道尊德贵"就成了"惟德佑之"，如此，遵从自然之性，就是全和仁义之理，所谓"顺大道而行者，救天下者也；尽规矩而进者，全礼义者也"①。同样，他所理解的"圣人"不是克己以复礼，而是顺道体物，"彼圣人者，岂违道而逆物乎？"②儒家主张刚健进取之仁，道家主张战胜刚强的柔弱之性，罗隐将两者结合起来，提出个"妇人之仁"。

　　　　张良若女子，而陈平美好，是皆妇人之仁也。外柔
　　而内狡，气阴而志忍，非狡与忍则无以成大名。无他，
　　柔弱之理然也。③

妇人之仁就是以道家主张的柔弱品性内含儒家刚健进取之仁。他还编制了这样一则故事：庄周的学术在楚国与鲁国广泛流行，闻其风而跟随的人很多，其中鲁国有一个人想要率领全族的人跟随庄周学习，而庄周告诫他说："视物如伤者谓之仁，极时而行者谓之义，尊上爱下者谓之礼，识机知变者谓之智，风雨不渝者谓之信。苟去是五者，则吾之堂可跻，室可窥矣。"④结果这人跟着庄周学习，一年二年仁义丧，三年四年礼智薄，

---

　　① 《辨害》。
　　② 《道不在人》。
　　③ 《妇人之仁》。
　　④ 《庄周氏弟子》。

五年六年五常尽，七年其骨肉连土木都不如。当此人以庄子之学教化其族人时，却遇到了全族人的抵制。族人聚而论之，认为鲁国人以儒为宗，现在庄周却要我们丢掉五常伦理以成就他的名声，割弃骨肉以推崇他的学术，倘若我们遵从了他，恐怕要断绝"人伦之法"了。罗隐从中总结说："故周之著书，摈斥儒学，而儒者亦不愿为其弟子焉。"这是说，儒道本来相互补益，不应当互斥，"违道逆物"与摈弃仁义礼智都是不可取的。

三教合流在南北宋时实现，那是就内容与"里子"来说，就形式与"面子"来说，其实在唐代的中晚期已经实现了，特别是佛道两家早已率先实现了合流。对这样的文化合流趋向，儒家也并非熟视无睹。六朝到初唐，先是佛道之争势同水火，以傅奕的《废省佛僧表》为表征，这中间既存在着异质文化的冲突，也存在着宗教利益关系；接着是儒佛之争，以韩愈的"废佛论"所引起的朝野争辩达到沸点；至于儒道之间则没有那么激烈，韩愈在谈到道家和儒家都讲求的"道德"概念时，强调儒家所谓道德，是"合仁与义"，而道家则是"去仁与义"。①中唐以降，三教之间逐渐温和，唐王朝也主导了这样的文化交流，白居易就多次在"对御三教论谈"中担当书记职责，各派都在试图寻找彼此可以接受的融合途径。佛教方面，密宗圭峰大师说道："孔、老、释迦皆是至圣，随事应物，设教殊途，内外相资，共利群庶。"②道家方面，陆希声说："仲尼之术兴于文，文以治情；老氏之术本于质，质以复性。性情之极，圣人所不能异。文质之变，万世所不能一也。"③儒家方

① 《原道》，见《全唐文》。
② 《华严原人论叙》，见《全唐文》。
③ 《道德真经传序》，见《全唐文》。

面，王通较早提出"三教可一"的观点①，柳宗元、刘禹锡等人则没有韩愈那样的道统意识，主张"不根师说"，认为佛学"不与孔子异道"，老子"亦孔氏之异流"。②总之，不同文化传统的对话在唐代成为主流，对话中就暗含了各自的生机，而各派在坚守自己的传统时，也在突破界限，求得开新和发展③。罗隐正是在这样的文化背景下构筑儒与道的"两同"的，其凸现的意义在于他试图找到一种具体的路径。

## 二　化于内外

《庄子·知北游》说："古之人，外化而内不化；今之人，内化而外不化。"这里的外化与内化还是个人的修养，"内不化"就是在顺应外化时保持一种自我内心的平静，不因外化而失却自我。这是庄子后学从庄子治外与治内推演出来的。庄子《应帝王》讲"治外"，《逍遥游》《大宗师》讲治内、适性，治外要"无心而任乎自化"，即顺应"物化"；治内要"德充于内""物任其性"。罗隐所说的化内与化外则欲以之表明不同的治化方式体现了不同的社会发展阶段，他说：

> 尧之时，民朴不可语，故尧舍其子而教之，泽未周而尧落。舜嗣尧理，迹尧以化之，泽既周而南狩，丹与均果位于民间，是化存于外者也。夏后氏得帝位，而百姓已偷，遂教其子，是由内而及外者也。然化于外者，以土阶之卑、茅茨之浅，而声响相接焉。化于内者，有

①　见《文中子中说·问易》。
②　柳宗元：《送僧浩初序》，见《全唐文》。
③　参见拙文《民族文化的复兴及其守道与开新》，《光明日报》1995年2月23日。

> 宫室内焉，沟洫焉，而威则日严矣。是以土阶之际万民
> 亲，宫室之后万民畏。[1]

尽管罗隐向往那种古朴时代，但他处的时代不同了，因而也不能不采取现实主义的态度，主张内外皆化的社会治世论。他主张的化外与庄子的立场相类，但他主张的化内则不只是内心的那种平静状态，而是儒家的德化教育及其社会秩序的直接体认。他的小品文从各个侧面展现了这种思想。

**道不在人**

他说：

> 道所以达天下，亦所以穷天下。虽昆虫草木，皆被
> 之矣。[2]

这是说，"道"贯彻在宇宙间的一切物事及其过程中，既贯穿在自然物事，也泽被社会人事，无所逃于其外，并不因人之好恶而兴废，故曰"道不在人"。这里所说的"道"乃是一个自然之道，与老子所说的"道"无甚区别。然而，他又说：

> 善而福，不善而灾，天之道也；用则行，不用则否，
> 人之道也。天道之反，有水旱残贼之事；人道之反，有
> 诡谲权诈之事。[3]

初看起来，这种说法与老子无异，细玩文义，则分殊已明。《老子》七十七章："天之道，损有余而补不足。人之道则不然，损不足以奉有余。"在老子看来，自然之道与人治之道似是两条并行而相反的路线，不可以既采取人治又采取自然之治，行人治之道就必然逆天之道。因为天之道推行的是"高者抑之，

---

[1] 《三帝所长》。
[2] 《道不在人》。
[3] 《天机》。

下者举之，有余者损之，不足者补之"的均等路线，一切的拥有都只有暂时的性质。在这个过程中，人的任何所为都不会改变什么，在这背后起支配作用的是自然必然性，所谓"天之道，不争而善胜"（七十三章）。人治之道恰恰要保住其所拥有的，使之合理合法化。罗隐则将这两者结合起来，天之道和人之道在畅达时，天无"水旱残贼"之灾，人无"诡谲权诈"之祸，只有在发生紊乱时（"反"），才会有天灾人祸。因此，"天之道"与"人之道"在本来意义上是一致的。正是在这个意义上，他说：

> 古之明君，道济天下，知众心不可以力制，大名不可以暴成，故盛德以自修，柔仁以御下，用能不言而信洽，垂拱以化行，将见八极归诚，四方重译，岂徒一邦从服百姓与能而已哉！①

道家的"柔仁"与儒家的"盛德"皆在"道"的基础上统一起来了。显然，罗隐所言的"道"既非道家纯粹自然的道，又非儒家的人伦之道，而是以自然性为基本规定性的、含儒家社会人伦内容的道。

隋唐时期的道教理论家在将宗教世俗化的过程中，其基本做法就是将仁义礼智等内容置于自然主义的道之下，相信仁义礼智是自然主义的"道德"所包含的内容，如同成玄英、李荣、吴筠等人所做的那样。吴筠在论述这一关系时说："道德为礼之本，礼智为道之末。执本者易而固，持末者难而危，故人主以道为心，以德为体，以仁义为车服，以礼智为冠冕，则垂拱而天下化矣。若尚礼智而忘道德者，所为有容饰而无心

---

① 《强弱》。

灵，则虽乾乾夕惕而天下敝矣。"①罗隐明显地受到了道教思想的影响，尽管他反对任何形式的宗教（包括道教和佛教）②，但是，对道佛教所推动的三教合流的学术风气，他不是采取拒斥态度的。

### 道与时、机

道既是万事万物普遍的法则，人们遵道行事就应该"善而福，不善而灾"，但实际上未见得如此，罗隐从这中间的疑惑中得出个"时"与"机"的观念。

> 苟天无机也，则当善而福，不善而灾，又安得饥夷齐而饱盗跖。苟人无机也，则当用则行，不用则否，又何必拜阳货而劫卫使。是圣人只变合于其天者，不得已而有也。故曰：机。③

在罗隐看来，道虽然达济天下，但道乃是个高度抽象的原则，未见得对具体的事事物物都直接有效。庄子说："为善无近名，为恶无近刑。"④道的规范作用需要一个自然过程才能发生，而且还需要有个时机。罗隐说：

> 故天知道不能自作，然后授之以时。时也者，机也。在天为四气，在地为五行，在人为宠辱忧惧通厄之数。故穷不可以去道，文王拘也，王于周。道不可以无时，仲尼毁也，垂其教。彼圣人者，岂违道而庚物乎！在乎时与不与耳。是以道为人困，而时夺天功。⑤

道不能"自作"，须借助"时""机"，通过四气五行、宠辱

---

① 《玄纲论·明本末》。
② 参见《请追癸巳日诏疏》《惟岳降神解》，俱见《罗诏谏集》。
③ 《天机》。
④ 《庄子·养生主》。
⑤ 《道不在人》。

忧惧及其通厄之数来贯彻其作用。这实际上是依缘于道家的宇宙生成图式立论，即道分演为四气五行，而四气五行皆体现道的原则。此"时""机"虽然只是"天道、人道一变耳，非所以悠久"，但要无此"时""机"，则道也不能起到规范万事万物的作用。罗隐认为，道既是普遍的法则，人们不能不遵循，这种遵循的决心不可因时机的变化而动摇，所谓"穷不可以去道"，文王拘于羑而不肯弃其道，终能"王于周"。同样，人民欲行其道，又不可忽视时机，"道不可以无时"，抓住时机，适时行道，可以大有作为。反之，时机不好，勉而行之，终不见功，孔丘行道至于"知其不可而为之"的地步，屈原秉忠履直，"楚存与存，楚亡与亡"，爱国之心非不切，然而孔子"毁"，屈子"死"，皆在于时机不好，所以说"道为人困，时夺天功"。在对道的理解中，罗隐贯彻了这样一个思路：一是应当顺应道，这乃根据道家的思想；二是在时机好的情形下，人能弘道，这乃有取于儒家的思想。正是在道家与儒家的对立互补中得到了理性的提升。

人有了弘道的愿望，又有了好的时机还不够，还需有能弘道的权位，所以他提出"道"与"位"的问题。他说：

> 禄于道，任于位，权也。食于智，爵于用，职也。禄不在道，任不在位，虽圣人不能阐至明。智不得食，用不及爵，虽忠烈不能蹈汤火，先王所以张轩冕之位者，行其道耳，不以为贵。[①]

权、位只是行道的方便，不是用来昭显富贵的。没有这些方便，即便是圣明之人也会同一般人一样无所作为，大舜不得其位，

----

① 《君子之位》，参见《请追癸巳日诏疏》《惟岳降神解》，俱见《罗诏谏集》。

只不过是历山的一个耕夫，谈不上能"翦灭四凶而进八元"；吕望不得其位，亦只不过是棘津一个垂钓的穷叟，谈不上"能取独夫而王周业"。所以说，"勇可持虎，虎不至则不如怯；力能扛鼎，鼎不见则不如羸"。①再以周公与孔子两人来说，都称为圣人，但周公生之时能使天下大治，而孔子生之时却天下大乱，既然都是圣人，"岂圣人出，天下有济与不济者乎？"其实只是时机的好坏、有其位与无其位的区别。"周公席文武之教，居叔父之尊，而天下又以圣人之道属之，是位胜其道，天下不得不理也。"②孔子所处时代，"源流梗绝，周室衰替，而天以圣人之道属旅人，是位不胜其道，天下不得不乱也"。③有鉴于历史的兴衰和圣人的个人命运，罗隐感叹道："噫！栖栖而死者何人？养浩然之气者谁氏？"④应当说，这既是感古，又是对个人人生经历的咏叹，这种咏叹又如他在诗中写到的："地寒谩忆移喧手，时急方须济世才，宣室夜阑如有问，可能全忘未然灰。"⑤罗隐多次写到孔子、屈子、夷齐的生平遭遇，就是因为他自己有着与其类似的抱负及同样的人生经历。

王充《论衡》曾提出个"禀气厚薄"论，范缜《神灭论》提出个命运"如坠茵席"论，他们两人都是无神论者，都试图用自然偶然论的观点解释个人机遇的差别。然而自然偶然论不可能完全摆脱命定论，如同王充最终也只好承认"命则不可勉，时则不可力"，范缜也不能用偶然论说明为何有圣人与凡人的区别，只好说圣人有"圣人之体"，凡人有"凡人之体"。

---

①《君子之位》，参见《请追癸巳日诏疏》《惟岳降神解》，俱见《罗诏谏集》。
②《圣人理乱》。
③《同上》。
④《君子之位》。
⑤《孙员外赴阙后重到三衢》。

因而，纯粹的自然偶然论的观点必定会引向命定论的观点。唐代流行的一部道教经典《阴符经》却在这个问题上有其独到的见解。《阴符经》也坚信道不可逆，人人不可能改变道的运行，因为尽管道普遍存在于事事物物，但道本身还是外在自足的，它自为本体。但道却可以向人透露些消息（虽说天机不可妄泄），人则可"盗"天之"机"，借以达到自身的目的，所以说"观天之道，执天之行，尽矣"。罗隐大概受到了这种影响，他相信行道的时机很重要，且人自己不能选择自己会碰到什么样的时机，但他还是不主张消极对待。

**强与弱**

《老子》说："天下莫柔弱于水，而攻坚强者莫之能胜，其无以易之。弱之胜强，柔之胜刚，天下莫不知，莫能行。"[1] 罗隐承续了老子柔弱胜刚强的思想。他说：

> 夫金者天下之至刚也，水者天下之至柔也，金虽刚矣，折之而不可以续，水虽柔矣，斩之而不可以断，则水柔能成其刚，金刚不辍其弱也。[2]

晏婴、甘罗弱如童子、侏儒，却可以做齐秦之宰相，而侨如、长万皆猛汉壮士，却终不免椿其喉、醢其肉的结局，这就是"乾以刚健终有其悔，谦以卑下能成光大之尊"的明证。[3] 罗隐发挥了老子"反者道之动，弱者道之用"的转化思想，进一步阐明了强弱的依赖与转化关系。他说：

> 夫强不自强，因弱以奉强，弱不自弱，因强以御弱，故弱为强者所伏，强为弱者所宗，上下相制，自然之理

---

[1] 《道德经》第七十八章，以王弼本。

[2] 《强弱》。

[3] 同上。

也。①

强、弱互为起根，皆可以从对立中找到自己存在的根据。那么，什么是强？什么是弱？他说：

> 所谓强者，岂壮勇之谓耶？所谓弱者，岂怯弱之谓耶？盖在乎德，不在乎多力也。②

显然，罗隐避开了正面回答，只是说壮勇不是真正的强，怯弱不是真正的弱，并由此引出"德""力"的概念。"所谓德者何？唯慈、唯仁矣。所谓力者何？且暴、且武耳。"③以仁慈为内涵的德乃是"兆庶之所赖"，以暴武为内涵的力乃是"一夫所恃"，然而"矜一夫之用，故不可得其强，乘兆庶之恩，故不可得其弱"。因此，他主张德以自修，柔仁以御下，反对舍德任力，忘己责人，他说：

> 壮可行舟，不能自制其嗜欲；材堪举鼎，不足自全其性灵，至令社稷为墟，宗庙无主，永为后代所笑，岂独当时之弱乎！④

到这里看得出来，罗隐对老子柔弱胜刚强的思想已经做了修正，老子主张处慈守弱，不敢为天下先，而罗隐却不是要永远处柔弱地位，而是要促成柔弱到刚强的转变，他要的是真正的强，而不是永远的弱。以德化下，可由暂时的、表面的弱达到长久的、实质性的强；以力御下，只能由表面的强转变为"永为后代所笑"的弱。很清楚，他的这种强弱关系的论证乃是道家和儒家精神的参合。

---

① 《强弱》。
② 同上。
③ 同上。
④ 同上。

## 三 自然的偶然性、必然性与道德的自主性、自由性

如果要对道家和儒家的学术路向及其方法做个简明的区别的话，那么应当说，道家是自然主义的，儒家是道德主义的。在先秦，两者同为显学，在后来漫长的岁月里，除了汉代的道家独显以及唐代在宽松的学术环境下有过共荣的局面外，基本上是儒学独尊，道家被视为异端。可以说，这种局面并不是学术本身导致的情形，世俗的力量，特别是封建政治的彻底渗透，使得学术活动自身变得不重要，而服务的对象所要求的变得尤为重要，因而，在历史上有过道家、道教对政治活动的直接参与，又有着"政治化的儒家"[①]。不管儒道两家历史上发生过什么事情，却有一点是肯定的，即都没有失去自己存在的合理性，在当今仍然不失为显学。从而，我们在探讨学术问题时，不得不把他们各自所涉及的社会责任及其社会反应等因素考虑进去，同时，我们又应坚决地把问题回归到学术本身来，以便问题相对纯粹和集中。接着罗隐所提出的问题，我们可以考虑儒道之间是否存在着宽阔的共存空间，两者是否从来就存在着趋同的愿望，并且实际上就一直在做这样的努力，这可以说是个历史的问题，又不全是，因为如果我们将这些问题继续追究下去，就会顿显其现代意义。

说道家是自然主义的，这是因为：道家力图用自然本身的原因去解释一切现象，认为自然的原则也能够解释一切，并且

---

[①] 杜维明先生语，参见《一阳来复·政治化的负面》，上海文艺出版社1997年版。

相信这样的解释是最合理的，任何在这之外寻求解释的途径都无济于事，或者说于事无干，甚至是拙劣的。在老子那里，"道"是自本自根，自古以固存，不可能在道之上再找出个另一个决定道的东西，即道是自我决定的，按照"道生一，一生二，二生三，三生万物"的序次，道是第一因。"德"是"得"，道的性质、规定落实到具体的事物中，或者说具体的事物得到道的性质、规定，就有了"德"。而道本身是什么，老子没有给出答案，只是说"吾不知其名"，因为一旦给出名来，就不是它了。但老子给出了"道法自然"的原则，即道以"自然而然"的原则发生作用。而自然而然讲的就是自己是自身的原因，在这个意义上说，自然主义的确是不相信超自然的存在的，理所当然地也不会相信超自然的精神实体的存在。既然一切过程自然发生，自然条理，无须人的作用，那么人的所有行为都只会令事情离本真越来越远，从价值上来说，人为的结果远不比自然的好，所以最大的善不是符合人的某种道德标准，而是符合天然的本性。道家之所以认为自然主义能够解释一切现象，在于自然本身能够解决所有的问题，依照其自有的性质和规律，能够实现似乎合目的性的运动，达到某种平衡。平衡就是合理，就是一种最佳状态。

　　自然主义能够自圆其说，但它包含的矛盾性也不能回避，这种矛盾如同康德的二律背反所揭示的那样。按照道家所给出的现象与过程产生的因果关系，任何一件事都有其背后的原因，并都遵从"反者道之动""各复归其根"的规律。既然任何事都有根源，那么根源的原因又是什么？庄子就曾沿着有与无的因果关系做了这样的追问，追问无止境，因果也无止境。因为自然主义排除了超越的自由的最后决定者，即精神实体的存在，那么从最初的发生来说，乃是偶然的结果。从而，一切的现象和过程都显示出因果发生的必然性，可是最初的发生却是偶然的。黑格尔曾经指出康德"没有抓住'不是事物本身矛盾而是自我意识矛盾'这一论点，予以进一步挖掘"。[①] 在《老子》书中，同样不难发现类似的思想矛盾，如既说"天下万物生于有，有生于无"，又说"有无相生"。但是，道家没有陷于康德的那种背反，因为事物本身存在那样的矛盾，而思想上的自我矛盾能够继续生存下去，"并不能使自我解体，自我能够忍受矛盾"[②]。而且，道家还强调包容矛盾，在老子那里，给予我们的正是这些。

从道家到道教，产生了一个变化，即对现象界最根本原因的发生，不再解释为自然偶然性，而是看作一个必然的过程。与此相应，改变道家自然主义的传统态度，即将超自然的精神本体排除在外，转而相信这种精神本体的存在，在《老子想尔注》中出现的"道意"的观念，就是那种精神本体的人格化，至于老子演化为教宗及这种精神本体的现身，则表明了宗教哲学的完成。这是宗教发展的需要。但是道家思想自身的矛盾性却也预留了空间，使得上述转变成为可能。有趣的是，道教却从不放弃自然主义主张。除了在最初原因方面做出了修正，其他方面则悉数接受。可是，有一个问题是作为宗教的道教不能不考虑的：如何实现它对现世生活的关怀？仅仅讲求生命长生，实际上不能满足社会的要求，道德生活的要求是不容回避的。正是这个原因，道教才讲求道德的修养，劝善书的出现与此有直接的关系。这也是道教寻求同儒家相融合的一个基本原

---

① 《哲学史讲演录》第四卷，商务印书馆 1983 年版，第 282 页。

② 同上。

因。所以，如果说道家能够将自然主义的观点贯彻到底的话，那么道教是做不到的。

说儒家是道德主义的，这是因为：儒家认定一切现象都应置于道德的关怀之下，并能够得到合理性的解释。对于儒家来说，世界之所以作为世界，乃在于人的存在，没有人的存在，世界本身是无意义的。而人之所以为人，在于有仁义礼智的道德生活。在这个意义上说，善不仅是社会生活的根本标准，也是自然秩序的根本标准。在孟子那里，善性乃是天人同质通约的唯一根据。董仲舒将喜怒哀乐等人性特质加于天地自然，似乎走得远了点，但他确实是根据儒家的基本观点推开来的。理学家认性为理，也就是把人的善性直认为天地之理；心学家认心为理，目的是确定心为天地之良知。两者在实质上皆不违宗本，都是力图证实善的心、性乃是天地的本体和精神。[①] 儒学家不仅确信人性本善，而且要确信天地万物、自然过程都是善的，善是出发点，也是归宿。天地的运行是自我圆成，人的活动是自我实现，其目的性在一开始就既定了的。因而，儒家的确是主张道德决定论的，其决定的根据和形式都在先天，不在后天人为。[②]

儒家所强调的人为，是尽后天努力，去实现先天潜在。康德在《实践理性批判》中强调理性的道德目的，而道德的可能性在于自由意志，自由意志决定了道德的律令，而自由意志本

---

① 牟宗三《现象与物自体》："道体，性体，心体并不对立也。惟先说道体性体者，是重在先说存在界，而道体性体非空悬者，故须有一步回环，由心体之道德意义与绝对意义（存有论的意义）以著成之也。"（台湾学生书局，另见牟先生《心体与性体》）

② 荀子的"性恶论"被儒家归为教育思想，而不被接受为人性与道德学说，这是儒家主流思想所决定了的。

身不受经验世界的影响，只按实践理性本身行事，进而道德的信条、概念源自先天形式，美德不考虑意欲的结果，只依赖于自身是其结果的原则，所以追求道德的完善和完美与经验和功利无涉。康德与儒家一致的地方，就在于都主张道德的先天性质。但是，儒家不是像康德那样"通过一因果范畴来思考'自由之理念'"，而是"由道德意识直接来显露道德实体"，[①]这个实体就是心体、性体，及其本体，也就是从形而上来界定道德的意义。既然这个理、这个性、这个心，只是同一个道德的实体，广大而精微，外在而内在，它的本体存在和为善的意念都是自由的，我欲仁而仁至。应当说，儒家不是一概否定自由的，从来都讲究意志的自由。至于在儒家道德学说中，其道德律令及其义务观在历史上所产生的强制性，牟宗三先生有个说法，他认为作为"决定义务"的意志来说，总是自由的、自律的，只有对感性与现实的意念来说，才是强制的，因为意念"善恶两在"，须是命令、强制。[②]这可以说是儒家思想的一种现代解释。从主张德性至尚，到强调德性的自然性，这是儒家伦理学说发展的基本脉络。就追求自然性方面来说，儒家与道家有着一致性，但是思路是不同的，儒家是从人性推开来说的，为了证实人性，而要证实天性，同样，"要显现、促进人群社会的理则、秩序，必须从显现自然万物的理则、秩序开始"。[③]所以，出于人性之自然的，必定出于理之自然，理之自然则出于天之自然。

---

① 《现象与物自体》第62页，牟先生在这里所说的"自由之理念"，其实就是道德的理念。

② 同上书，第70—77页。

③ 见吴重庆《儒道互补》，广东人民出版社1993年版。

再回到罗隐所留下的问题。他给我们留下了三个问题：第一个问题是社会政治生活的道德性。这个问题容易使人联想到由来已久的良心政治论，这种政治论的观点曾经有效地维系了社会的稳定和发展，其有效性在于它要求的是面对天地、面对社会而无私。每当一个社会形态崩溃时，首先是从政治道德的崩溃开始的，天怒人怨终究还是由于执政者的道德出了问题。罗隐正好生活在末世时代，他的观点有其深切体验的基础，乃是有感而发。进入现代文明，这种政治道德学说被党派政治及其集团利益冲得七零八落，人们不再把公共政治道德放在一个基本位置，公共职守的观念淡薄了。值得注意的是，罗尔斯的《正义论》在试图建立社会公正时，把道德作为其学说的基础，甚而说他的正义论只是道德学说的一部分。在这个意义上说，道德仍然是重建社会公正的必要前提。当然，罗尔斯所讲求的"权利优先于善"的观念不是传统的中国政治道德观念所具有的。<sup>①</sup> 第二个问题是社会秩序的自然性。罗隐欲将自然主义与道德主义完全合同起来，这是不可能真正做到的，他无法缝制得天衣无缝，自然与人为永远存在巨大差异。但这并不是说两者无交叉共存的情形。道德主义是一种主张，自然主义也是一种主张，这里面不存在科学性的问题。美国学者凯·尼尔森在他的《没有基础的自然主义》一书中<sup>②</sup>，强调自然主义是一种态度，或一种方法，它不需要科学基础，就像艺术一样，因而没有对与错之分，只有价值选择之分。这个观点同样也适

---

① John Rawls, *A Theory of Justice*, Cambridge: Harvard University Press, 1999, p. 347.

② Kai Nielson, *Naturalism Without Foundation*, p. 25, Prometheus Books, 59 John Glenn Drive, Amherst, New York, 1996。

用于道德主义。人们愿意选取什么，自有选取的道理。同样地，人们在坚持自然主义或道德主义时，又试图从对方那里吸收些东西，这也是一种态度或方法，而且并不一定就放弃了原初的立场。如道德主义追求自然性，目的是试图说明社会活动与秩序中贯彻的道德理性乃是本来如此的，自然发生的，因而富有历史的必然性。我们是否同意这种观点是一回事，但我们须承认这是一种自我圆熟的方法与态度。第三个问题是儒道会通。儒道从来就不同，可是"不同"之间的争论从来就是学术繁荣的前提，各自坚守其道，却互以对方为发展的思想资源。

# 阳明后学的异端品格与道家风骨

## ——从李贽的"童心说"说起

黄宗羲在《明儒学案》中说道:"阳明先生之学,有泰州、龙溪而风行天下,亦因泰州、龙溪而渐失其传。"所谓"渐失其传",不是说后继无人,而是说由正统走向了异端,走向了对王学自身的否定,这种否定性的异端倾向,虽为儒学正统所不容,却与时代进步潮流合拍,与象征"自我批判"的启蒙思潮相联系。

过去,人们重视阳明后学与佛教的联系,而忽视了道家的思想因素,实质上,作为异端化的思潮,道家的思想影响是直接的。有关这一点,只要深入地解析一下阳明后学者李贽的思想过程,就能明了。

一

"童心说""是非无定论"是李贽两个最重要的学说。

(一)"童心说"是建立在对"假心""假人"的否定性基础之上的。人之所以有假,在于"以闻见道理为心矣,则所言者皆闻见道理之言"(《焚书·童心说》),"其人既假,则无所不假"（同上）。这里的"闻见道理"，特指儒学经典，尤其是宋明道学的说教，其云："六经、语、孟，乃道学之口实，假人之渊薮也。"（同上）在"满场是假"的氛围里，人们为假心、假言、假事、假文所萦绕熏染，以致渐成习惯，消融在"假"的世界中，因而现实的人的存在只是假我、非我，而不是真我、本我的存在。李贽认为，这种非我、假我的存在状态并非从来如此，是由于后天的教化逐渐失真所致，因此，他呼唤回到真心、真人，这种真心真人就是童心童子。

> 夫童心者，真心也。……夫童心者，绝假纯真，最初一念之本心也。若失却童心，便失却真心；失却真心，便失却真人。（《焚书·童心说》）

真心（童心）是就内在的自我意识状态而言的，真人（童子）是就外在的人格表现而言的。要做真人，先要具有真心，而要回复真心，首先要意识到现实生活中的自我之心有真假两面，意识到自我真心被假心所蒙蔽，一句话，意识到自我意识本身。在这种真假之心的辨别下，反映的实际要求是：从"人人同心，万物同体"的蒙昧主义教条中解放出来，实现自我意识的自觉；从以道学名目出现的名教群体伦理的桎梏下挣脱出来，实现对个体原则的肯定。在李贽看来，回复真心、本我是可以做到的，不仅因为人的原初有过真心、童心的状态，而且善于护持，也可以拒斥"闻见道理"的浸透。

> 古之圣人，曷尝不读书哉！然纵不读书，童心固自在也，纵多读书，亦以护此童心而使之勿失焉耳，非若学反以多读书识义理而反障之也。（同上）

这就意味着，沿着"护持"本心的路径逆向追索，就能找回那曾经失却了的真心、童心。

在这里，无论是本心的发现或本心的追回，佛教禅宗对李贽有着重要影响。他的"真心""假心"类似佛教的"本心""妄心"，他追求"一念真实"的护持工夫类似佛教"识心见性"的工夫，此类类似的实质在于都是关于"自我意识"的学说。但他不肯接受"佛性"的观点，在禅宗教派那里，心、性有着直接的同一性，本心也即本性，"识心"就是"见性"。而李贽却认为"性者，心所生也，亦非止一种已也"（《焚书·论政》）。心、性是一个派生关系，心能生性，性则不能同一于心。"性"在程朱那里，与"理"等同，"性即理也"。李贽拒斥"佛性"，其实质是拒斥道学的"理"。

重要的是，李贽把这真心、本心誉为初心、童心则超乎佛学了。他说：

> 童子者，人之初也；童心者，心之初也。夫心之初曷可失也！（《焚书·童心说》）

在佛教那里，本心、真心乃是一切现象背后的本体，这个最高的本体分别地存在于"众生"心中，只是它被人的各种"情识"所遮蔽。这种情形伴随人生终始，并无先后的区别，也并非接受"闻见道理"之后本心、真心才隐没，像唯识宗就曾把"情识"之类的根性归结为先在的"有漏种子"。很显然，李贽把本心、真心及其真人称为初心、童心及其童子，其根源在于道家。《老子》说："专气致柔，能如婴儿乎？涤除玄览，能无疵乎？"（十章）"为天下溪，恒德不离，复归于婴儿。"（二十八章）按照老子的观念，婴儿标志的是无疵无瑕、绝假纯真的原初意识状态，复归于婴儿，也就返璞归真了。后来的道教内丹学也认为，人从婴儿到成年，精气神逐渐耗损，命体遮蔽了本性，修炼的目的即是欲返还先天本然状态，使本性再现元明，从而感通道体。道教追求的"返老还童"就不单指生理状态，也指精神状态。李贽正是顺着这个思路提出"童心说"的。但作为一种完整的学说，"童心说"又是将道家的原初意识学说与佛家的自我意识学说，加上反道学的思想内容加以整合而建构起来的。

然而，除了个体意识外，是否还存在某种普遍意识？如果存在的话，它与个体意识是怎样一种关系？或者说，为什么人人皆具有这样的童心？在将"童心说"上升到这样的理论高度时，李贽就陷入了困惑。一方面，他拒斥了道学的"伦本体"学说，坚决反对把"理""太极"作为普遍精神强加于人人、事事、物物（像朱熹所断定的："人人有一太极，物物有一太极"），反对把这种普遍精神上升为宇宙本体（朱熹说："总天下万物之理，便是太极"）。在他看来，就是这种普遍精神压抑了个体意识，扼杀了"自我"的生机，他的"童心说"正是对道学的普遍精神——"理"的否定。为了有效地否定，他借助了道家唯物主义传统的阴阳二气论，他说：

> 夫厥初生人，惟是阴阳二气、男女二命耳。初无所谓一与理也。而何太极之有？以今观之，所谓一者果何物？所谓理者果何在？所谓太极者果何指也？（《初潭集·夫妇篇总论》）

朱熹强调"未有天地之先，毕竟也只是理"（《朱子语类》卷一），明确地肯定理在气先、理在物先。而在李贽看来，万物之先只是阴阳二气，根本不存在"理"的本体。由于理学把封建伦理意识上升到哲学的最高问题上，因而他的批驳也只有上升到同样的高度，这即是自我意识与普遍意识（精神）的冲突必然上升为本体论问题，必须依赖于本体论问题的解决来解决这种冲突的实际原因。另一方面，在否定了伦理异化的"普遍"之后，他的以"本心""真心"为特征的自我意识论又的确排除不了普遍意识问题，如前面所述的人具有的童心是不是带有普遍性质？如果承认是带有普遍性质的，那么就承认了普遍意识（精神）的存在，因为个别与普遍本身即是一个不即不离的关系。因而为了说明存在着某种非道学伦理内容的普遍意识，李贽又援引了佛教心体论，同样地，一走进佛学"营地"，他就身不由主地走向"营地"的制高点，在本体论的层面上解释个体意识与普遍意识问题。他说：

> 世间有一种不明自己心地者，以为吾之真心如太虚空，无相可得，祗缘色想交杂，昏扰不宁，是以不空耳。必尽空诸所有，然后完吾无相之初，是为空也……是谓心相，非真心也，而以相为心可欤！心相既总是真心中所现物，真心岂果在色身之内耶？……且真心既已包却色身，泊一切山河虚空大地诸有为相矣，则以相为心，以心为在色身之内，其迷惑又可破也。（《焚书·解经文》）

在这里，"真心"不仅作为普遍意识不受个体"色身"局限，"真心"也是山河虚空大地乃至人体诸有相的最高本体。这样，李贽就不仅承认了普遍意识，而且承认了以这种普遍意识为内核的宇宙本体，尽管这种本体排除了道学伦理内容。由此可见，在宇宙本体观上，李贽也始终依违于道家与佛家的两端之间，后来王船山说李贽"用一半佛，一半老"（《读四书大全》），的确有道理。佛老参半虽然对他产生了积极的方法论意义，但他并没能克服两种思想体系带来的内在矛盾性。

（二）"是非无定论"是针对儒学"万万世之同守斯文一

脉"(《焚书·与焦弱侯》)的治学传统，以及"以孔夫子之定本行罚赏"(《藏书·世纪列传总目前论》)的专断态度提出来的。在李贽看来，这种治学传统与专断态度排斥了对道佛等其他思想文化成果的采获，窒息了儒学自身革新发展的生机，"万口一词，不可破也；千年一律，不自知也"(《续焚书·题孔子像于芝佛院》)。尤其在宋明道学垄断学术的格局下，数百年的"述朱"学术路向更加重了思想界的沉闷气氛，"咸以孔子之是非为是非，故未尝有是非耳"(《藏书·世纪列传总目前论》)，人们连判断是非的能力都丧失了。因此，他决心用"颠倒千万世之是非"的理论勇气来革除儒学千年的流弊。为做到这一点，他提出了"是非无定"的相对主义方法论，他说：

> 人之是非初无定质，人之是非人也，亦无定论。无定质，则此是彼非，并育而不相害；无定论，则是此非彼，亦并行而不相悖矣。(《藏书·世纪列传总目前论》)

"无定质"是就认知对象而言的，"无定论"是就主观判断而言的。由于客观对象的流徙变动，对其认识具有不确定性；又由于主观认知能力、水平、角度的差异，也不可能形成整齐统一的确定性认识，更不应以古人之是非为是非。既然主客两方面都具有不确定性，那么对任一事物的肯定判断或否定判断都同时能够成立。这种是非论把一切都纳入相对主义的链条中，否定了是与非的客观界限和客观真理的存在，其片面性是显明的。但是，对社会历史进程产生了重要影响的不是它的片面性，而是在封建主义思想文化独断专制的历史条件下，它所树立起来的主体性原则和普遍怀疑精神所起到的启蒙与思想解放作用。它力排信师是古，反对以圣人之是非为是非，主张相信自己的判断能力，如云：

> 诗何必古选，文何必先秦。(《焚书·童心说》)

又说：

> 使无春秋，左氏自然流行，以左氏又一为经也。使
> 无庄子，向、郭自然流行，以向、郭又一经也。然则执
> 向、郭以解庄子，据左氏以论春秋者，其人为不智耶。
> (《焚书增补·又与从吾孝廉》)

在李贽看来，古圣人是由后人捧起来的，人人都有理由相信自己即是圣人，他说：

> 夫舜之好察迩言者，余以为非至圣则不能察，非不
> 自圣则亦不能察也。……本来无我，故本来无圣，本来无
> 圣，又安得见己之为圣人，而天下之人之非圣人耶？本
> 来无人，则本来无迩，本来无迩，又安见迩言之不可察，
> 而更有圣人之言之可以察也耶？(《焚书·答邓明府》)

这是在相信"人人之皆圣人者与舜同""满街都是圣人"的前提下，肯定自己是当之无愧的圣人（"自圣"），自己的是非判断与古圣人的判断同样地具有权威性。

就思想来源讲，李贽的是非论同样受到佛道两家思想的影响。佛教有着相对主义的方法论，但这种方法主要用来证实现实世界的相对性，否认其真实的存在，但佛教并不否认"一真法界""真如"的可靠实在性，因而佛教也是不排除对绝对真理的认知的。对李贽有直接影响的是禅宗教派。禅宗为了摆脱佛教烦琐的经典论证，实现原本外来宗教的中国化，实行了"革新"。而为了"革新"，就要对经典、圣人来一次普遍的怀疑，甚而达到"呵佛骂祖"的程度。李贽接受的正是这种普遍怀疑精神。然而，庄子"物论可齐"的相对主义真理观及其怀

疑精神，对李贽的影响非但直接，而且也更为深刻。庄子的相对主义认识论也是从主客两方面立论的，他认为，客观对象在空间或时间上都展现了无限的多样性（"无涯"），而主观认识能力相对有限（"有涯"），以主体有限的认知能力不可能达到对客体的全面的、无限的认识。因而人们所能认知的只是无限客体中的相对部分或相对方面，获得的是相对性的不可靠的知识（"成心"），人们相对性的"是"或"非"，都不是真是真非，因而"是其所非"或"非其所是"都值得怀疑。对这些是是非非，庄子采取了"和之于天倪，而休乎天均"的态度。既然任何意义上的是与非的判定都值得怀疑，那么也就不存有什么权威、圣人的地盘了。李贽的相对主义是非论与庄子的相对主义是非论一脉相承，差异只在于李贽的是非论灌注了庄子时代所未有的激愤与抗争；庄子的思想显得明快、轻松、自由，因为庄子未曾体验到异化伦理的沉重压抑，可以超然一些。可是，李贽把庄子相对主义哲学作为怀疑论的哲学基础，就加重了怀疑的程度和理论的分量，因为以相对主义认识论作为理论基础的怀疑是深刻的、有根据的怀疑，缺乏理论基础的怀疑则是粗浅的、盲目的怀疑。

## 二

破除普遍性原则，标立个体性原则，废弃古圣人的权威教条，突出主体性，这些都不过是为了实现新的人格"真人"的塑造，而这种人格又当然地被斥为异端。

树立一种新的人格，首先表现为某种价值判断与价值取向。在李贽看来，道学垄断致使人们童心失却，主体沦丧，因而在人格上必然表现为口是心非，外表道貌岸然，内心虚伪不实。"阳为道学，阴为富贵，被服儒雅，行若狗彘。"(《初潭集·释教》)"有利于己而欲时时嘱托公事，则必称引'万物一体'之说；有损于己而远怨避嫌，又不许称引古语，则道学之术穷矣。"(《初潭集·笃义》)这类行为与乡愿市侩无甚区别。在此意义上的道学者，其实只是徒有虚名，道学成为掩饰其钻营投机、谋取地位和钱财的装潢而已。李贽说："道学其名也，故世之好名者必讲道学，以道学之能起名也。无用者必讲道学，以道学之足以济用也，欺天罔人者必讲道学，以道学之足以售其欺罔之谋也。噫！孔尼父亦一讲道学之人耳，岂知其流弊至此乎！"(《初潭集·道学》)他把这种道学称为"假道学"，称这种道学者为"假人"。然而，道学演变至此地步，培育的人格如此虚伪，其根本原因不在于外，只在于道学自身的垄断性与封闭性，造成了个体性、主体性的沦丧。正是在这个意义上，李贽宣称"道学可厌"(《初潭集·儒教》)，决心"不复以儒书为意也"(《焚书·答焦漪圆》)。

对于道家，李贽的判断就截然不同了。首先，他对道家经典表示了极其赞赏的态度。读了苏辙的《老子解》，他很推崇，说：

> 自此专治老子，而时获子由《老子解》读之。解老子者众矣，而子由称最。(《焚书·子由解老序》)

又说：

> 夫道家老吾为祖，孔夫子所尝问礼者。观其告吾夫子数语，千万世学者可以一时而不佩服于身，一息不铭刻于心耶？若一息不铭刻，则骄气作，态色著，淫志生，祸至无日矣。……老子道德经虽日置案头，行则携持入

手夹，以便讽诵。若关尹子之《文始真经》，与谭子《化书》，皆宜随身，何曾一毫与释迦差异也？（《续焚书·道教钞小引》）

对《庄子》内外篇，李贽曾做过分辨考证，对庄子的学问极其佩服，说"真非圣人不能无此语"（袁中道《柞林纪谭》）。为比，李贽专门作过《老子解》《庄子解》，甚而他也认定自己是一个道家学者："老子则有无为之学问矣，释迦不可及矣。吾遮几者其老子乎！"（同上）李贽如此推崇道家的学问，一方面是因为道家追求自然，为他挣脱"禁约条教"、反对伦理异化提供了方便的武器。他的"童心说"及在这个学说下透露出来的个体性原则，即是在"自然"原理基础上建立起来的，所谓"穿衣吃饭，即是人伦物理"（《焚书·答邓石阳书》）等界说，即是这种"自然"本性的具体化。进而他把与"假道学"相对立的追求自然本性的学说称为"真道学"："自然之性，乃是自然真道学也，岂讲道学者所能学乎！"（《初潭集·笃义》）即是说，讲求道学的是假道学，不讲道学的、以适性为极则的学问才是"真道学"。另一方面，道家追求人格完整，为他塑造新的人格——真人——提供了原始模型，他的主体性原则及在这个原则鼓冶下的普遍怀疑精神，即是道家人格精神的投射。李贽说庄子的学问"有真实受用"（袁中道《柞林纪谭》），正是在如何做人的层面上讲的。

通观李贽思想的全过程，可以清楚，他是把学问之道作为"脚手架"，借以树立新的人格。他的著作中绝大部分都是有关人格的品评，他在人格塑造方面花费的功夫比在"道问学"方面花的功夫要多得多。他崇尚的人格自然是"割弃尘累""视富贵如粪秽，视有天下为枷锁，唯恐其去之不速"的道家隐者以及"视富贵若虎豹之在陷阱，鱼鸟之入纲罗，活人之赴汤火然"的僧徒（《初潭集·释教》）。在出世与入世问题上，李贽是主张出世超越的，他在《藏书》中用了大量的篇幅撰写隐者的事迹，他把隐者分为"时隐""身隐""心隐""吏隐"以及"身心俱隐"，等等。他也曾明确地表述了对隐者的慕往："卓哉庄周、梅福之见——我无是也。待知己之主而后出，必具盖世才，我亦无是也。其陶公乎！夫陶公清风被千古，余何人而敢之庶几焉！然其一念真实，不欲受世间管束，则偶与之同也。"（吴虞《明李卓吾别传》）对于道林中无能子与华阳子的友谊，他称赞"好朋友"（《初潭集·谈学》），而且，他也"自谓伯夷、叔齐"（《焚书·自赞》）。后人称李贽"有仙风道骨"（袁中道《游居柿录》），确乎不算过誉。

就一种新人格的塑造来说，出世而隐是其中最重要的内涵，却不是全部内涵。如果仅仅是道佛两家人格的简单再造的话，那就起不到冲决道学罗网、启迪蒙昧的思想解放作用，同时也就不会招致李贽后来所遇到的种种麻烦了。李贽赞颂何心隐是"一个英雄汉子"（《续焚书·寄焦弱侯》），王心斋是"一侠客"（袁中道《白苏斋类集·杂识类》），又称"波石、小农、心隐负万死不回之气"（同上），即表征新人格所富有的时代内涵。因此可以说，李贽的"真人"乃是以道家风骨为基本内核的儒道释三种人格的整合与重造。这也即是李贽"虽落发为僧，而实儒"（《初潭集序》），以及出家而"不受戒"的一个重要原因，他削发不过表示出世的一种决心，并不说明他变成了一个僧徒。因为新人格中不仅包蕴了退隐的独立自由精神，还融注了激流勇进的勇士精神。退隐以超越，勇进以革故，相反相成，正是在这种对立冲突中实现了人格塑造。

由于李贽思想中高扬的个体与主体精神、锐利的批判锋芒，以及与道家、佛家的特殊因缘关系，他的思想及行为皆被斥为异端。如他所云："今世俗子与一切假道家，共以异端目我"（《焚书·答焦漪园》），"异端者流，圣门之所深辟"（《焚书增补·答李如真》）。但在李贽看来，所谓"异端"，不过是儒学家们以褊狭文化心理看待其他思想文化的一种表现。孔子说"攻乎异端"，不过是"臆度"，"非真知大圣与异端"；后儒闻于先教，沿袭而诵，"不曰'徒诵其言'，而曰'已知其人'，不曰'强不知以为知'，而曰'知之为知之'"。（《续焚书·题孔子像于芝佛院》）这无异于"有目无珠"。与此同时，李贽从老子思想中也明悟一个道理：至大至尚的"道"恰恰类似于"不肖"；众人所恶，表明正好接近于"道"。他在《答周二鲁》的信中写道：

老子曰："挫其锐，解其纷，和其光，同其尘。""处众人之所恶，则几于道矣。"（《焚书增补一》）

老子云："天下谓我道大，似不肖。夫惟大，故似不肖；若肖久矣其细。"盖大之极则何所不肖，其以为不肖也固宜。（同上）

道与俗反，道的境界包纳一切，并不以儒道释的思想差别为意。唯其如此，"众人之所同，而儒者之所恶"（《焚书增补一》）。明彻这一点，他也就不再去理会"异端"之类的攻击了，"遂为异端"（《焚书·答焦漪园》），即干脆宣布就是异端。"恶是历史发展的动力借以表现出来的形式"这个黑格尔的观念（见恩格斯《费尔巴哈和德国古典哲学的终结》），看来在中国的16世纪末至17世纪初，也被李贽以道家式的思维方式意识到了。

## 三

作为阳明心学的后学者，李贽的异端化既是其思想过程的必然结果，同时又出自有故，应当说，异端倾向在王阳明那里就已略见端倪了。

阳明心学虽然与陆九渊心学在本体论、认识论方面有着极为相似的地方，但阳明心学的直接源头却不在陆九渊、杨简一脉，而是朱学后门陈献章、湛若水。陈、湛传给王阳明的不是一套系统的主观心论学说，只是"贵乎自得"的治学方式，如陈献章所说："道也者，自我得之，自我言之可也。"（《陈白沙全集》卷二"复张东白内翰"）王阳明不是从陆、杨那里拾得"我心即是宇宙"的观念，而是以"自得""自言"的治学态度，泛滥程朱、陆杨、佛老而后自悟出了"吾性自足，不假外求"的良知学问。阳明后学虽承续王阳明的心学思想体系，然而又皆本诸阳明治学精神各自发明己意。王畿、王艮以"现成良知"为出发点，在愚夫愚妇、百姓日用中间发动了有声势的"直任良知"的道德理性实践活动；聂豹、罗洪先、黄绾则以学、思"工夫"纠正"直任良知"的过失；至于何心隐、李贽，则以"乘乎欲者性""人心者私"的利己原则走向了传统道德理性的异端，"遂复非名教之所能羁络矣"。（黄宗羲《明儒学案》）贯穿阳明学派终始的"发明己意"的学风，其实质乃是对主体性的阐扬，正是在阐扬主体的过程中，逐步走向了异端。朱学垄断学术几百年终未走向异端，王学流行不过几十年就走向了异端，其关键正在于此。

朱王都以"天理"为本体，都讲求道德理性的自觉，但朱学主张以"格物"为主要途径去认知"天理",强调在事事物物处见"天理",因而"天理"终究是外在于主体的。王学主张以"内省"为唯一途径去体悟"天理",强调本心发明,因而"天理"终究是内在于主体的。"格物"就要受到所格之事事物物(实指封建道德伦理的种种规范)的层层约束,"内省"则只须本心发扬。如此发扬以致膨胀的主体精神不仅可能越出藩篱,甚而能够吞掉"天理"本身,有关这一点,从王学"异端"之论中亦可窥见。王阳明说:"与愚夫愚妇同的,是谓同德,与愚夫愚妇异的,是谓异端。"(《传习录》下)这是以自己的思想路径为尺度界定异端,已迥异于千年一律的"异端"界定。王畿以能否事"普物"与"明宗"作为判别异端的标准(见《龙溪全集·三教堂记》),王艮主张以是否有异于"百姓日用"判别异端(见《遗集》卷一),同样都是以自我观念设立判定异端的尺度,都以不同的方式宣布同于自己观念的为"同德",异于自己观念的为"异端"。岂不知他们自以为"同德"的,以传统的观念来衡量,早已处在"歧路"了。只是对此他们并"不自知",更不能预料到自己的"同德"将会带来怎样的异端后果,恰如王阳明不晓得"破心中贼"的初衷最后会有李贽等人"掀翻天地"的结果一样。

在阳明心学的发展过程中,道佛的思想影响是重要的。在明初朱学流派那里,老庄尚以"不述前圣言""自为新奇之说"严格地被视为异端(见薛瑄《读书续录》卷四),到王阳明则声称:"虽其陷于杨、墨、老、释之偏,吾且以为贤,彼其心犹求以自得也。"(《别湛甘泉水序》)胡直承认儒与佛在心论上无异,王畿则直截了当地提出了"道释之备"的观念。阳明学派皆公开承认自己接受了道佛思想的影响,这方面完全不同于程朱"阳拒阴纳"的做法。

王阳明"致良知"的学问，简略地说，是以道教的泛神论作为哲学基础，以佛教的识心见性说作为动力，又以道家的自然主义作为归宿的儒家天理良知的学说。天理良知是其基本内核，但它寄生在泛神论的基础上。王阳明说："人之良知就是草木瓦石的良知，若草木瓦石无人的良知，不可以为草木瓦石矣。"（《王文成公全书》卷三）他认为"良知""灵明"依"一气流通"，"人只为形体自间隔了"（同上）。作为出发点，这并不异于朱熹"万物之中各有一太极"的说法，而且归根到底都根源于道教的"神气"一体论，道教以"神气"作为本原，强调人、物皆具此而生，失此而死，把本属于精神的属性分别地赋予万殊的气、物。对于人们如何来体认这个天理良知，朱王的分歧显示出来了。在王阳明看来，天理——良知既然毫无例外地存在于每个人的心中，人之心性也就是天地之理体，那么无须外求，只须在心上用功，这种心上的功夫即"致知"功夫。因此，就其实质来说，王阳明的"致良知"无外乎自我意识，那早已存在于我本心——意识之中的天理——良知。天理，这个原本属于客观精神本体的东西在致良知的学问里却采取了纯粹主观的形式（良知），因而对天理——良知的体认不能等同于仅仅对自我意识的认识，它是宇宙的本体、永恒的精神，万事万物皆由它产生。可是为了说明这一点，就必须把那最高的本体与自我的意识直接同一的"本心"做无限的膨胀扩充，以致"天地无人的良知，不可以为天地"（《王文成公全书》卷三），如此，主观的精神便成了宇宙的精神，自我的意识成为最高的本体。而朱熹的认知方法在王阳明看来则是"析心与理为二"。王阳明的思维过程同禅宗心学确乎有着分不开的联系，他自己连同后学者也并不讳认这一点，王阳明说道："夫禅之学，与圣人之学，皆求尽其心也，亦相去毫厘耳。"（《王文成公全书》卷七）但是，他并不满足于禅学，认为禅学"起于自私自利，而未免于内外之分"（同上）。他主张实现的是"无我""无人己""无内外"的思想境界，实际上，也就是以道家自然主义式的境界作为其思想的归宿，以此安身立命。概括地讲，王阳明将这种道家的自然主义原则主要运用在以下几点。

（1）"天理"自然地同一于自我"良知"，如王阳明说："良知只是一个天理自然明觉处。"（《王文成公全书》卷二）

（2）人们体认这个天理良知也循其自然，如王阳明所说："知是心的本体，心自然会知。"（《传习录》上）又如王畿所说："所思所虑，出于自然，未尝有别思别虑。"（《龙溪全集》卷三）

（3）天理——良知化于自然，以自然为极则。王阳明反对"自私用智"，又不主张"独善其身"，而要求"复其天地万物一体之本然"。（《大学问》）王艮更明确地将这一思想表述为："仁者以天地万物为一体。"（《遗集》卷一）如此，自然体认天理良知，言行自然合乎天理良知，人人同化于天理良知之自然。这即是阳明心学所企望的归宿。

然而，王阳明既已依托道佛思想开辟了一条有异于道学先圣的"河流"，他就不能规定这条"河"一定按他确定的路向继续流动。水避高而就下，人趋利而避害，自然主义原则最终没有导引人们自觉自愿地恪守天理良知，而是导向了利己主义的抬头、排斥道学的自我意识觉醒，以及完善人格的向往，而这的的确确是"异端"了。

# 论憨山德清的庄子学

憨山德清为明末四大名僧之一，处于儒释道合流的时代，他对于儒家和道家的态度，自有其学术潮流的影响，但他并不只是表明态度，他有自己独立的理解和分析，而其精微与确当，有一种三家关系"本当如此"之感。

## 一 孔、老、庄与佛

德清解庄之作，主要为《观老庄影响论》①和《庄子内篇注》②。前者作于前，后者作于后。关于《观老庄影响论》，德清在跋语中说道："创意于十年之前，而克成于十年之后，作之于东海之东，而行之于南海之南，岂机缘偶会而然耶？"说明作者为此书之牵系及运思之久。

德清说道：

> 西域诸祖，造论以破外道之执，须善自他宗。此方从古经论诸师，未有不善自他宗者。吾宗末学，安于孤陋，昧于同体，视为异物，不能融通教观，难于利

① 本书所用为北京图书馆藏明万历刻本。（以下省略版本出处）
② 本书所用为华东师范大学出版社2009年版，黄曙辉点校，该本以光绪十四年金陵刻经处为原本。此外，德清还有《道德经解》一书。

俗。……余居海上，枯坐之余，因阅《楞严》《法华》次，有请益老庄之旨者，遂蔓衍及此以自决，非敢求知于真人，以为必当之论也。①

这段话表明了德清对于儒家和道家的基本态度，只不过，他不是从世俗的方面说，而是从佛法本身的起兴与转借来说，皆须"善自他宗"。既然西域诸祖皆如此，佛法传到中土何尝不该如此呢？如是，他请益老庄之旨。从用语之谦，已见他对老庄的敬仰。德清称孔子为"人乘之圣"，"奉天以治人"；老子为"天乘之圣"，"清净无欲离人而入天"；佛则是"超圣凡之圣"，"能圣能凡，在天而天，在人而人，乃至异类分形，无往而不入"。②作为僧人，德清之所以对孔子与老子有如此的赞同，在于他从世间法和出世间法的观点看待三教，并试图把儒家和道家都并入佛教的体系内，孔子是世间的，老子是出世间的，佛则是能世间、能出世间的。孔子教人脱离夷狄禽兽，老子教人大患莫若有身，佛教人出脱生死窠窟，所以他说："不知春秋，不能涉世；不知老庄，不能忘世；不参禅，不能出世。"③在德清看来，人道与佛法从来就是一而不二的，"舍人道无以立佛法，非佛法无以尽一心，是则佛法以人道为镃基，人道以佛法为究竟"。④如此，佛法也是不舍孝道的，为佛弟子当处人间世，而知人伦之事。他的结论是：

孔助于戒以其严于治身，老助于定以其精于忘我，二圣之学，与佛相须为用，岂徒然哉？⑤

① 《观老庄影响论·叙意》。
② 《观老庄影响论·论教乘》。
③ 《观老庄影响论·论学问》。
④ 《观老庄影响论·论行本》。
⑤ 《观老庄影响论·论宗趣》。

"相须"，意谓两者不相同，却也不相离。然而，《观老庄影响论》的重点还是在谈论老庄，尤其是庄子的影响。对此，他有一个判断，认为庄子是老子学说最合理的继承者，说老子之有庄子，犹孔子之有孟子。他甚或以孔子称老子犹龙一事类推，如孟子要是见了庄子，"岂不北面耶！"故而，他对庄子推崇备至，说：

> 间尝私谓，中国去圣人即上下千古，负超世之见者，去老唯庄一人而已。载道之言广大自在，除佛经，即诸子百氏究天人之学者，唯庄一书而已。藉令中国无此人，万事之下不知有真人；中国无此书，万世之下不知有妙论。①

在此，德清把庄学视为除佛经之外最值得景仰的学说，这甚或已经度越孔老了。我则要说，他的这番评议，与其说是他对庄子"道"的景仰，毋宁说是他对庄子的哲学智慧的景仰。因为在宗教的"道"的立场上，他只能把庄子装进佛学的那个体量无限的体系中去；而在学说及智慧的意义上，他可以不受限制地称赞庄子，这就是智慧的魅力。既然如此称赞庄子，那么德清也要为庄子的孟浪之言乃至菲薄之言进行辩护。他认为，庄子只是因为世俗的"固执之深，故言之也切"。至于诋毁先圣，他说：

> 至于诽尧舜，薄汤武，非大言也，绝圣弃智之谓也。……诋訾孔子，非诋孔子，诋学孔子之迹者也。且非实言，乃破执之言也。故曰寓言十九，重言十七，诃教劝离，隳形泯智，意使离人入天，去贪欲之累故耳。②

① 《观老庄影响论·论去取》。
② 《观老庄影响论·论教乘》。

这样的辩护与同样喜爱庄子的儒学者不同，他们多没有从庄子的言语及其表达方式去理解与维护庄子，而是设法从那些诋訾孔子的那些篇章中找出纰漏，然后说这不是庄子作品。德清则恰恰从庄子的表达去理解和辩护，显然，这样的辩护更有力。对此，德清再次肯定说：

> 庄语纯究天人之际，非孟浪之谈也。①

德清对于庄子有如此的理解，有其特殊的缘由。禅学宗流也是以"诃佛骂祖"著称的，既然佛徒可以容许诃骂佛祖，何不容许庄子诋訾尧舜汤武与孔子呢？如此，德清甚至拿出世尊诃斥二乘的事情来，"若闻世尊诃斥二乘以为焦牙败种，悲重菩萨以为佛法阐提，又将何如耶？然而，佛诃二乘，非诃二乘，诃执二乘之迹者，欲其舍小趣大也"。②在《观老庄影响论》一书的最后，德清提出了一个耐人寻味的结论：

> 吾意老庄之大言，非佛法不足以证向之。信乎游戏之谈，虽老师宿学，不能自解免耳。今以唯心识观，皆不出乎影响矣。③

这段话包括三重内涵。第一，德清把老庄看成了预言家，意谓老庄的许多话的微言大义不是人们可以理解的，只有佛教才可以证明、彰显这些话的意义。在书中，德清举出两例，一是老子"西涉流沙"的历史传说，他认为，这个传说并非无谓之谈，"大段此识深隐难测"。我们知道佛道教交往史上《老子化胡经》所引致的麻烦，德清没有采取过去佛教把老子西去流沙作为谎言的做法，而是认为这个传说有其深意，只

---

① 《观老庄影响论·论工夫》。
② 《观老庄影响论·论宗趣》。
③ 同上。

不过，他以为老子或许只是一个"神通者"，谒见佛而"不一言而悟"，也即老子可能因佛得了开悟。二是《齐物论》中有言"万世之后而一遇大圣知其解者，是旦暮遇之也"。庄子所说的这个万世一遇的"大圣"正是佛，所谓"然彼所求之大圣非佛而又其谁耶？"[①]第二，庄子的特殊表述方式，使人有庄子皆"游戏之谈"的感觉，其实这正是不懂庄子。德清也认为，了解庄子也确乎难。在《庄子内篇注》的开篇，德清如此说："以其人宏才博辩，其言洸洋自恣，故观者如捕风捉影耳。直是见彻他立言主意，便不被他瞒矣。"[②]第三，"今以唯心识观，皆不出乎影响矣"，这句话最有深意。它点出了禅宗与老庄的关系。禅学进入中土，有印度禅与中国禅的讲求。就六祖慧能所传曹溪禅来说，经历菏泽、洪州、石头诸宗的分头并弘与相互浸润，又融汇牛头禅"道本虚空"和"无心合道"的修习理念，"将'即心'与'无心'，更明确地统一起来"，[③]成为完全意义上的中国禅。如果说"即心"是禅学的宗风，那么"无心"则是庄学的特操。

---

①《观老庄影响论·论教乘》。在《庄子内篇注·齐物论》中，德清再次强调："言必待万世之后，遇一大觉之圣人，知我此说，即我此说，即我与之为旦暮之遇也。意此老胸中早知有佛，后来必定印证其言。不然，而言大觉者，其谁也耶？"

②《庄子内篇注》，华东师范大学出版社 2009 年版，第 1 页。

③ 见印顺《中国禅宗史》，江西人民出版社 1990 年版，第 347 页。该书还说："代表南方传统的，以江东为中心的牛头禅，从八世纪初以来，对曹溪南宗就发生重大的影响。"（第 345 页）"洪州宗在'即心是佛'的原则上，会通了'无心'说，没有失却自家的立场。"（第 347 页）"在石头与弟子的问答中，表现出道化的特色，如《传灯录》卷一四（大正 51·309 下）说：'问：如何是禅？师曰：碌砖。又问：如何是道？师曰：木头。'"（第 348 页）而这已与《庄子·知北游》东郭子与庄子"道恶乎在"的问答庶几无别了。

## 二 庄佛之深契

《庄子》三十三篇，德清只解注了内七篇，他没说外、杂篇不可靠，只是说"只内七篇，已尽其意，其外篇皆蔓衍之说耳"。[①] 这里就他所解注的内容分为三个方面。

**逍遥与玄冥**

对于庄子的"逍遥"之义，德清理解为"广大自在之意"：

> 逍遥者，广大自在之意，即如佛经无碍解脱。佛以断尽烦恼为解脱，庄子以超脱形骸、泯绝知巧、不以生人一身功名为累为解脱。盖指虚无自然为大道之乡，为逍遥之境，如下云"无何有之乡""广漠之野"等语是也。意谓唯有真人，能游于此广大自在之场者，即下所谓"大宗师"，即其人也。(《逍遥游》篇题大义)[②]

"广大自在"，也就是无限量的自由，这有别于郭象的适性的自由。由于德清并非在一个道家的立场解庄，他可以以佛教境界的无限量来看待庄子的逍遥与自由，佛学与庄学的界限已经被他打破了，如此，佛可以证庄子，庄子也可以证佛。如此，庄子所说的至人、神人与圣人，不仅被看作是同一类型，而且未尝不是指佛。他说：

> 至人、神人、圣人，只是一个圣人，不必作三样看。此说能逍遥之圣人也。以圣人忘形绝待，超然生死，而出于万化之上，广大自在，以道自乐，故独得逍遥，非

---

① 《庄子内篇注》，华东师范大学出版社 2009 年版，第 1 页。
② 同上。

世之小知之人可知也。(卷之一，逍遥游第一)[1]

既然逍遥是"广大自在"，那么什么样的人可以享有这样的逍遥呢？在德清看来，只有圣人才可以享此逍遥。如此，他把《逍遥游》所说的北冥，看作是"玄冥处"，为"玄冥大道"，或谓"大道之乡""逍遥之境""广大自在之场"，或谓"非人之境""无为之境""不测之境"等，也就是道的境域。虽然德清把《逍遥游》里所说的"北海"称为"玄冥之境"，把它看作道的境地，但是，他并不把这个地方看作实有之地，在他看来，庄子不过是借此隐喻玄冥之境，因为天国不能够建立在现世基础上，所谓"以旷远非世人所见之地，以喻玄冥大道"。[2]

鲲鹏则被看作"大圣之胚胎"。在大道的境域里养成圣胎，又何以要海运而南徙呢？他认为，"圣人虽具全体，向沉于渊深静谧之处，难发其用"[3]，故而要奋全体道力，舍静而趋动。当鲲鹏奋力出北冥，行九万高空，象征着"圣人乘大气运以出世间，非等闲也"[4]。如此，静表达了圣人之涵养，动表达了圣人之应运。不过，他在此并不想强调静的涵养，而是要强调动的应运，圣人应运出世，为圣帝明王，南面以莅天下。故而，他理解的"应帝王"，其实就是"徙南冥"。于此可见他与庄子之间的分别，庄子借鲲鹏之喻，表达逍遥与自由；德清则借以表达大圣的出世而救世。从这里已可见佛教入俗应世的一面。

---

[1] 《庄子内篇注》，华东师范大学出版社 2009 年版，第 10 页。

[2] 同上书，第 3 页。

[3] 同上。

[4] 同上。

　　然而，离世的这一面也不可不说。庄子既已说出"相待"（"化声之相待"，见《齐物论》），又说出了"彼且恶乎待哉"（《逍遥游》），"绝待"一词呼之欲出，但终究没有说出来，却被佛教说了出来。在超越相待、趋于绝待上，庄子与佛教是完全相同的，但是，在庄子那里还有形体的逍遥与自由的一面，而在佛教那里，则只有精神的逍遥与自由了。这从德清对庄子逍遥的理解可以看出：

　　　　圣人之大虽大，亦落有形，尚有体段。而虚无大道无形，不可以名状，又何有于此哉？此即以圣人之所以逍遥者以道，不以形也。（"其视下也，亦若是则已矣"注）①

　　　　庄子立言本意，谓古今世人无一人得逍遥者，但被一个血肉之躯，为我所累，故汲汲求功求名，苦了一生，曾无一息之快活，且只执着形骸，此外更无别事，何曾知有大道哉？唯大而化之之圣人，忘我、忘功、忘名，超脱生死，而游大道之乡，故得广大逍遥自在，快乐无穷。此岂世之拘拘小知可能知哉？（"至人无己，神人无功，圣人无名"注）②

　　圣人也有形体，但圣人放得下形体，圣人的逍遥是精神的逍遥，而不是形体的逍遥。世人之所以不得快活逍遥，就是因为放不下形体，形体是"窠窟"，限制了人们的精神自由。形体之所以不得追随精神而自由逍遥，又因为道是无形的，故逍遥自由也只能是无形的精神，而不是有形的形体，所谓"乘大道而游者也"。在庄子那里，世人不得自由，主要因是非、自

────────────

　　① 《庄子内篇注》，华东师范大学出版社 2009 年版，第 5 页。
　　② 同上书，第 10 页。

我，乃至功名利等社会关系的束缚；在德清那里，则纯是因为
形体的"窠窟"。于此亦可见其佛教的立场。在这里，德清对
庄子"至人无己，神人无功，圣人无名"当中的"无"字作
了一个新的解释："忘"。虽然庄子有"忘"的表述，如忘年、
忘义、忘己等，但此前少有人把"至人无己"的"无"解释成
"忘"。而德清所谓的忘，也都是忘形体，忘生死，"以圣人忘
形绝待，超然生死，而出于万化之上"。

**方内方外**

"内圣外王"这句话虽出自《庄子·天下》，然而，庄子
却饱受批评，如言庄子只顾个人自在，而不顾社会责任云云，
《人间世》篇言及社会，却又有人质疑是否为庄子所作。对
此，德清在解注《庄子》时，却从佛教的视角彰显了庄子的社
会关怀。在注《人间世》中，德清说道：

> 此篇盖言圣人处世之道也。然养生主乃不以世务伤
> 生者，而其所以养生之功夫，又从经涉世故以体验之。
> （篇题义）①

> 《庄子》全书，皆以忠孝为要名誉、丧失天真之不可
> 尚者，独《人间世》一篇则极尽其忠孝之实，一字不可
> 易者，谁言其人不达世故，而恣肆其志耶？且借重孔子
> 之言者，曷尝侮圣人哉？盖学有方内、方外之分。在方
> 外，必以放旷为高，特要归大道也；若方内，则于君臣、
> 父子之分，一毫不敢假借者，以世之大经、大法不可犯
> 也。此所谓世出世间之道，无不包罗，无不尽理，岂可
> 以一概目之哉？（"仲尼曰：天下有大戒二"段注）②

---

① 《庄子内篇注》，华东师范大学出版社 2009 年版，第 71 页。
② 同上书，第 82、83 页。

　　圣人处世之道，本来有方内与方外两面，方外要追求超越，追求大道，方内则要尽君臣父子之分，如一以君臣父子之分要求圣人，那不仅偏枯，也不尽理。德清非但不怀疑《人间世》为庄子所作，且认为这正好体现了庄子方内与方外的两面。与其他各篇不同，此篇采取了正面的表达，既无侮圣之嫌，亦无一毫的假借，故"一字不可易者"。即便《养生主》这一篇讲的是"不以世务伤生"，也饱含经涉世故的体验。只不过，德清也认为，庄子把处世也视为"游世"，带着些许游戏的心态来处世，但游世不等于不审慎。在《人间世》的总结语中，他强调，庄子以孔子为善于涉世之圣，却也借楚狂讥孔子虽圣而不知止（"凤兮凤兮，何如德之衰也"句），"乃此老（谓庄子——笔者注）披肝露胆，真情发现，真见处世之难如此"。于此足见他对庄子处世之道的认可。

　　在《德充符》的注里，德清提出"德充于内，必能游于形骸之外"的观点。他说的"德"也非儒家仁义礼智为内容的德，而是"忘形全性"之德，他说：

　　　　此章形容圣人之德，必须忘形全性，体用不二，内外一如，平等湛一，方为全功。故才全德不形，为圣人之极致。盖才全，则内外不二；德不形，则物我一如。此圣人之成功，所以德充之符也。（"鲁哀公问于仲尼曰"段注）①

　　他所理解的"才全"，就是"性德流行"，也就是性之全；他所理解的"德"，就是"性之德用"；他所理解的才全而德不形，就是守宗保始，做到"性静虚明"，就可以"鉴物为

————

① 《庄子内篇注》，华东师范大学出版社 2009 年版，第 104 页。

用"。可见他与庄子所说的"德"的含义大体相同。只是对于"游于形骸之外",他都是从超脱生死的意义方面去理解,而这与庄子的意思不尽相同。

在《大宗师》注解里,他再次强调了方内与方外的一致性,而且,在方内与方外的衡量上,他倾向于庄子的看法。他说:

> 其篇分内外者,以其所学乃内圣外王之道,谓得此大道于心,则内为圣人;迫不得已而应世,则外为帝为王,乃有体有用之学,非空言也。(题篇大义)[1]

"内圣"乃是其追求,"外王"乃是不得已而为之。既然可以为内圣,外王亦不在话下。所以,他认为,真人处世如寄世,以形骸为大患。然后,德清比较了《大宗师》所出现的两种情形:第一,庄子借重孔子之言"彼游方之外者也,而丘,游方之内者也","乃明方内夫子亦未尝不知有方外之学也"[2],"孔子方内之圣人,亦能引进于方外之学"[3]。第二,庄子借孟孙才哭母,"哭泣无涕,中心不戚,居丧不哀",却"以善丧盖鲁国"之事,这表明"方外之学,方内亦有能之者,第在世俗之中,常情所不识,必有真人,乃能知之"[4]。做完上述比较,他的结论是:"故借重颜回与圣人开觉之。此段最是惺悟(醒悟)世人真切处!"[5]他的意思是,不必把方内、方外分得清澈,方内之圣人也懂方外的道理,方外之圣人、真人也理会方内之事。

---

[1]《庄子内篇注》,华东师范大学出版社2009年版,第109页。
[2] 同上书,第132页。
[3] 同上书,第133页。
[4] 同上书,第135页。
[5] 同上。

在《应帝王》的题篇大义中，德清说：

> 庄子之学，以内圣外王为体用。①

这是说，庄子之学，其实就是以外王内圣为表里，内圣是"体"是"里"，外王是"用"是"表"。他同意庄子"道之真以治身，其绪余以为天下国家，其土苴以治天下"的观念，认为治天下者不可以有心，如果有心，就会恃知为好，以自居其功，若任无为，而百姓自化。这也就是像"明王之治"那样，"立乎不测，以无为而化"。最后，他认为，混沌的寓言，不独为《应帝王》，也是内七篇之总结，他说：

> 即古今宇宙两间之人，自尧、舜以来，未有一人而不是凿破混沌之人也。此特寓言，大地皆凡夫愚迷之人，概若此耳。以俗眼观之，似乎不经，其实所言，无一字不是救世愍迷之心也，岂可以文字视之哉？读者当见其心可也。（《应帝王》篇末注）②

这段对于总结的总结，可谓警世恒言了。

### 真知与真人

在真知与真人的问题上，庄子的看法是有真人而后有真知，因为只有真人才能排除自私与偏颇，才能实现客观与公正，从而才能超越小知、成心，实现对于道的领悟，即达于真知。德清虽然很敬重庄子，但他还是提出了有别于庄子的观点。在《大宗师》的注解中，他说道：

> 古人所云："知之一字，众妙之门；知之一字，众祸之门。"盖妙悟后，方是真知；有真知者，乃称真人，即

---

① 《庄子内篇注》，华东师范大学出版社 2009 年版，第 139 页。
② 同上书，第 149 页。

可宗而师之也。（"知天之所为，知人之所为"段注）①

此篇首乃立知天知人，有真知方为真人……（"藏舟于壑"段注）②

此一节，言真人所得，殊非妇人小子之所知，故子犁叱避，以形容其必有真知，然后为真人。（"俄而子来有疾"段注）③

有真知而后有真人，这个观点被德清反复申述，必定有他的理由。从佛教的立场来说，行者需要开悟，开悟了才算获得了真知（"妙悟后，方是真知"），获得了真知，才会发生由凡入真的身份转变，不能设想先有了身份，而后才有了开悟与真知。即便有利根之人，也要经由修习，开悟而成真。如果依循庄子的思路，就会颠覆佛教的基础，这就是德清要反复申述这个观点的缘由。

再来看德清所理解的真人和真知。在《大宗师》注中，他说：

真人游世，不但忘利害，而且忘死生。故虽身寄人世，心超物表。意非真知妙悟，未易至此，欲人知其所养也。（"古之真人，不知悦生，不知恶死"段注）④

此一节，形容真人虚心游世之状貌，如此之妙。言虽超世，而未尝越世；虽同人，而不群于人。此真知之实。（"古之真人，其状义而不朋"段注）⑤

若超然绝俗，则是以天胜人；若逐物亡性，则是以

① 《庄子内篇注》，华东师范大学出版社 2009 年版，第 112 页。
② 同上书，第 120 页。
③ 同上书，第 130 页。
④ 同上书，第 114 页。
⑤ 同上书，第 116 页。

人胜天。今天人合德，两不相伤，故不相胜，必如此方
是真人。（"天与人不相胜，是之谓真人"句注）①

忘利害，忘死生，身寄人世而心超物表，超世而不越世，
同人而不群于人，天人合德而两不相伤，凡此诸种，皆为真人
的品操，然而，之所以有如此之品操，却还来自"真知妙悟"。
于此可得德清的逻辑：真人之为真人，因为他具有诸多的品
操，而如此的品操，则源自真知妙悟。

"真知"又为何种之知？德清在《齐物论》注中说：

> 若悟此真宰，则外离人我，言本无言，又何是非坚
> 执之有哉？此齐物论之下手工夫，直捷示人处，只在
> "自取，怒者其谁"一语，此便是禅门参究之功夫，必
> 如此看破，方得此老之真实学问处，殆不可以文字解之，
> 则全不得其指归矣。（"地籁则众窍是已"段注）②

> 盖未悟本有之真知，而执妄知为是，此等之人，虽
> 圣人亦无奈之何哉。可惜现成真心，昧之而不悟，惜之
> 甚矣。由不悟真心，故执己见为是，则以人为非，此是
> 非之病根也。（"随其成心而师之"段注）③

"真宰""自取""真知""真心"，皆同一个东西，指的正
是真知。真知不是别的东西，就是自我本有的东西。既是本有
的东西，如何觉悟它，则是禅宗着力解决的问题。所谓觉悟
它，也就是"看破"它。看破，也为"照破"，德清在解注庄
子"莫若以明"时，就认为"明"就是"照破"，"此为齐物

之工夫，谓照破即无对待"。<sup>①</sup> 所以，德清所理解的真知，其实就是"自悟"，"欲人自悟，而忘其己是也"（"今且有言于此，不知其与是类乎"注<sup>②</sup>）。在《大宗师》的注中，德清说：

> 言真人妙悟自性，是为真知者，故所养迥与世不同。（"何谓真人"段注）<sup>③</sup>

至此，应该说，德清不仅要求人们"照破"，他也"说破"了。这个要妙，其实在《观老庄影响论》中就说破了，所谓"吾人不悟自心，不知圣人之心，不知圣人之心，而拟圣人之言者"。<sup>④</sup> 也即真知就是自心，自心就是圣心，悟了自心，便通了圣心。这的确是符合禅学的宗趣的，倒与庄子殊异了。至于德清强调"圣人之言"的作用，当与他跟真可禅师的密切交往有关，真可亦通老庄，两人在这个问题上都认同"文字"与"圣人之言"的作用<sup>⑤</sup>，而这又与曹溪"不立文字"的传统有别了。

---

① 《庄子内篇注》，华东师范大学出版社 2009 年版，第 34 页。
② 同上书，第 43 页。
③ 同上书，第 113 页。
④ 《观老庄影响论·论教源》。
⑤ 真可在《法语》里说道："释迦文佛以文设教，故文殊师利以文字三昧辅释迦文。……凡佛弟子，不通文字般若，即不得观照般若；不通观照般若，必不能契会实相般若。……且文字，佛语也；观照，佛心也。"（金陵刻经版《紫柏老人集》卷一）

# 论中国道德生活的可能性选择

中国的道德伦理规范在春秋战国时期已经成型了，在漫长的历史中，这些规范从来没有动摇过。直至近代，由于西学的进入，诸多学人才开始反思。其中一个问题便集中在中国人的道德生活究竟是何种类型的，或者说它有什么样的倾向，如梁启超所说的偏私德、阙公德，蔡元培所说的"详于个人与个人交涉之私德，而国家伦理阙焉"等。[①] 应当说，这样的反思是深刻的，但因为缺乏分析与比较，所以不是彻底的。笔者意欲接着他们的思考，重新分析和反思这个问题。

## 一 道德存在之依据

春秋战国时期有关道德的学说，主要集中在儒、墨、道三家当中。儒、墨为显学自不用说，道家不称显学，但后来墨家中衰，能够与儒家相抗礼且构成文化传统的，就只有道家了。如果说，儒家代表了"周人之道德"，墨家代表了"商人之道德"[②]，那么，道家则代表了"隐士之道德"。然则，这并不意味各家只是各家的道德，而是说各家有关道德的学说有个出

① 蔡元培：《蔡子民先生言行录》，山东人民出版社 1998 年版，第 263 页。
② 蔡元培：《中国伦理学史》，东方出版社 2012 年版，第 13 页。

处，他们所要充当的是这个民族的道德思考与选择。

这里所说的"道德存在之依据"，乃是本文预设的问题，是对三家学派道德问题的追问。中国先贤不像希腊哲人那样讲求对自己谈论的主题进行论证，那似乎是"自明"的，依据就存在于陈述中了。我们通过追问，可以使隐含的根据显明起来。

孔子的道德学说以"仁"为核心价值。不过，孔子不仅不谈"仁"存在的根据，也不直接界定"仁"，他多谈"仁"的实行。颜回问仁，孔子说"克己复礼为仁"。仲弓问仁，孔子说："出门如见大宾，使民如承大祭。己所不欲，勿施于人。在邦无怨，在家无怨。"司马牛问仁，孔子说："仁者，其言也讱。"（《论语·颜渊》）樊迟两次问仁，一次孔子说"爱人"（同上），一次说："居处恭，执事敬，与人忠。虽之夷狄，不可弃也。"（《论语·子路》）子贡问仁，孔子又说："工欲善其事，必先利其器。居是邦也，事其大夫之贤者，友其士之仁者。"（《论语·卫灵公》）子张问仁时，孔子则说："能行五者①于天下为仁矣。"（《论语·阳货》）对于弟子的问，孔子的回答因人而异，却都在表达如何去做才是仁，并不直接回答仁的含义是什么。可能比较接近于界定的是对樊迟的回答，不过，"爱人"这句话也还是教樊迟如何施行仁。"仁"既然作为一个根本的德性，理所当然存在于各个方面。有志于学的人，要把"克己复礼"作为仁德；从政者要把恭谨、爱民、宽谅、忠诚作为仁德；对于多言而躁的人来说，言语迟钝就算是仁德；对待"小人"樊迟，必须把话说得明白些他才能懂，所以

---

① 五者，指恭、宽、信、敏、惠。

才如此直白地说了"爱人"就是仁德。

为何"仁"必定是根本的德性？它存在的依据在哪里？孔子没有直接说。但从孔子连续性的表达中，可以看出一些端倪。《论语·学而》："有子曰：其为人也孝弟，而好犯上者，鲜矣；不好犯上，而好作乱者，未之有也。君子务本，本立而道生。孝弟也者，其为仁之本与！""子曰：弟子，入则孝，出则悌，谨而言，泛爱众，而亲仁。"有子所说的这段话，未必不是孔子的意思，至少可以相信，如果没得到孔子的认可，不会被收录在《论语》中。孔子所说的这段话，则是在孝悌的基础上讲如何做一个仁人。孝悌（弟）之作为仁之本，在于仁的根本、基础存在于孝悌当中，换个说法，仁存在的依据就在孝悌当中。孝悌表示的是血缘基础上的恩情与伦次，孝是为了报答父母的生养恩情，悌则表达了对于长幼有序的伦次的遵守。由此而言，对于父母的孝，不能只是提供"养"，还必须包含"敬"。孔子说："今之孝者，是谓能养。至于犬马，皆能有养，不敬，何以别乎？"（《论语·为政》）"能养"不能与动物区别开来，只有"敬"才能称得上"孝"。可见，"敬"正是人们修仁德最基本的德行。既然孝是仁的根本，而敬是孝的根本，那么仁作为一个道德，就存在于以血缘为纽带、世代相传的习惯当中了。[①] 说孔子代表了"周人的道德"，意谓孔子所推崇的乃是周人的经验与习性积累而成的道德。

虽然如此，在孔子的道德学说中，道德理性的作用不可以经验与习性而覆盖之。孔子说："君子怀德，小人怀土；君

---

① 对此，蔡元培先生也肯定过："人之令德为仁，仁之基本为爱，爱之源泉，在亲子之间，而尤以爱亲之情之发于孩提者为最早。"（蔡元培：《中国伦理学史》，东方出版社 2012 年版，第 16 页）

子怀刑，小人怀惠。"（《论语·里仁》）"为仁由己，而由人乎哉？"（《论语·颜渊》）"志士仁人，无求生以害仁，有杀生以成仁。"（《论语·卫灵公》）"见善如不及，见不善如探汤。"（《论语·季氏》）依孔子的意思，人之为人，应当抱德怀仁。"君子"与"小人"，是有特殊意义的称谓，它们不是某种身份的指认，而是对是否具备道德的指认。君子为有德或者追求德性之人，小人为无德或者无德性追求之人，"君子而不仁者有矣夫，未有小人而仁者也"（《论语·宪问》）。有德或追求德性的君子，可以是诸侯，也可以是贫贱之士；无德或不追求德性的小人，也可以是诸侯，或贫贱之士。"君子"具有道德上的象征意义，意味着人心的向善与向上，也就是说，孔子欲借此树立一个向度。拥有这个向度，也就是拥有了道德理性。借此，人们可以无视自己身份的贵贱贫富，选择做一个君子。为了给予君子绝对的影响力，孔子赋予了君子诸多的道德优越感，如"君子喻于义，小人喻于利"（《论语·里仁》）；"君子谋道不谋食""君子忧道不忧贫"（《论语·卫灵公》）。这里具有的道德理性，就在于它体现了人们对于道德修养的向往，对于一种道德生活的判断与选择。

孔子的德性思想被子思和孟子从仁德与孝悌、仁德存在的依据两个方面发挥了。关于仁德与孝悌的关系，《中庸》说："仁者人也，亲亲为大。"孟子说："亲亲，仁也。敬长，义也。无他，达之天下也。"（《孟子·尽心上》）"仁者无不爱也，急亲贤之为务。……尧舜之仁不遍爱人，急亲贤也。"（同上）在子思看来，仁就是人之为人的根本，而这个根本就体现于对父母的孝敬。在孟子看来，仁的本质是爱人，而爱人包括了爱亲（孝悌）与"泛爱"；在爱亲与泛爱之间，先要爱亲、孝悌

（包括"事亲""从兄"），这是根本，而"泛爱"是次一等的，用孟子的话，就是"急"与"缓"的关系。在仁德与孝悌的关系上，孟子并没有说仁德存在的根据在于孝悌，而是说亲亲就是仁德，仁德只能从孝悌开始做起。对于仁德与孝悌，孟子坚固了它们之间的关系，但是，这并不是一个存在论的观点，而是一个实践论的观点。至于仁德存在的依据，孟子另有一种说法，那就是他的"性善论"："恻隐之心，仁也。羞恶之心，义也。恭敬之心，礼也。是非之心，智也。仁义礼智，非外铄我也，我固有之也，弗思耳矣。"（《孟子·告子上》）依孟子的观念，德性的根据不是后天经验的结果，而在于先天的固有，后天的教养只是有意培植、扩充它们而已。把德性置入先验的本性，这的确是一种理性，只不过，这个理性有两个问题：一是它带有显明的理想主义的因素，以致很快就陷入与性恶论以及性非善非恶论的纷争当中；二是它局限于仁德与孝悌之间的那种关系，即孟子只在这个关系框架内思考道德的存在依据，而没有超越血缘亲亲关系。

　　墨子的立场似乎从一开始便与儒家相对立，他可能是以儒家为批判对象来阐述自己的主张。他没有遵循孔子所崇尚的道德源于尊亲的习惯论，而是试图在一种商业理性基础上来建构道德伦理。墨子立论的根据在于人性自私自爱的前提，他说："子自爱，不爱父，故亏父而自利；弟自爱，不爱兄，故亏兄以自利。……贼爱其身，不爱人，故贼人以利其身。"（《墨子·兼爱上》）由于人人只爱自身，不爱别人，甚至不爱自己的父兄，由此产生诸侯相战、家主相篡、人相贼、君主不惠忠、父子不慈孝、兄弟不和调等乱象，故而，如若停留在人的本性上，就不能够有任何道德可言。道德只能建立在对于彼此利害关系的认知基础上："爱人者，人必从而爱之；利人者，人必从而利之；恶人者，人必从而恶之；害人者，人必从而害之。"（《墨子·兼爱中》）既然人们之间本质上是这样一种关系，那么德性就要从人人趋利避害的愿望中寻求，当人们把这种愿望付诸行动时，道德就产生了，这就是他所说的"兼相爱""交相利"。人们要想得到别人的爱，那么先要爱别人，因为你爱别人，别人也因此而爱你，你就得到了如其所愿的爱；要想从别人那里得到利益，先要做能够给别人带来利益的事情，因为你做了利于别人的事情，别人因此也做同样的事，你也得到了如其所愿的利。墨子说的"兼"，并非由"自爱"推及至爱他人，而是爱他人，而后可得到爱。自爱并不是德性，爱人才成为德性。作为德性，在于自律，人并不能要求别人做什么，只能要求自己做什么，这就是"视人之国若视其国，视人之家若视其家，视人之身若视其身"（同上）。依照墨子的思路，道德存在于交往场合的理性中，且一开始就具有公共的性质，虽然在墨子那里，这种理性并不系统。

　　道家经典《老子》被称为《道德经》，然而，其中的"道""德"与人们所理解的"道德"大异其趣。老子认为仁、义、礼、智虽然是德性，但还不是他所理解的德性，他所理解的德性是把普遍精神的道内化为人的品性，所以有"上德"与"下德"的区别，仁、义、礼、智等只能成为"下德"，它们只是在道与德沦丧之后才出现的："大道废，有仁义。智慧出，有大伪。六亲不和，有慈孝。国家昏乱，有忠臣。"（《老子》第十八章）这些德性虽然有助于解决时弊，却不能解决根本问题，既然人已经不自然纯朴了，仁义礼智只能起到有限的作用，而有限的作用不能够解决无限的问题。《老子》第三十八章又说："上德不德，是以有德。下德不失德，是以无德。上德无为而无以为，下德为之而有以为。……失道而后德，失德而后仁，失仁而后义，失义而后礼。""上德"无以为，不表现出其德性，所以，它是真正的有德；"下德"有以为，表现出了自己的德性，这种德其实是无德。这里已经分出了超越义的德与世俗义的德的区别。在老子看来，道与德，乃至仁与义，是一个从普遍到具体的过程，道是普遍精神，德与仁义都只是道的具体落实。然而，这个过程以丧失道的普遍性为代价。比较来说，普遍性的精神不存在了，德与仁义等即便如何落实与有效，也是不周全的了。

庄子秉承了老子的观念。《知北游》说："道不可致，德不可至。仁可为也，义可亏也，礼相伪也。"尽管在外、杂篇中"道德"概念已经运用起来，但其表达的还是内篇中"德"的意思。有关道与德的关系，在庄子看来，源于道的德，保留了道的某些含义，或者说它们之间存在着同一性，但德并不能等同于道，因为普遍的道在转换为德的时候，它丢失了某些东西；同样，普遍的精神转换为具体的德性、品性的时候，在保留道的内在规定性的时候，却丢掉了普遍性。所以，这才说"立德明道"（《庄子·天地》）。庄子的道德论显然是针对儒家来的，《马蹄》篇说仁义"非道德之正"，《骈拇》说"道德不废，安取仁义"，这些似乎都在表明仁义的不俱足性。《齐物论》说"大仁不仁"，《大宗师》说"有亲，非仁也"。在庄子看来，爱亲虽然属于一种"仁"，但不是"大仁""至仁"，因为爱亲很局限，排除不了偏私性质。有了亲，就有了疏，有了对父母、子女的特殊的爱，就排除了对他人的同等的爱；之所以说"至仁无亲",在于超越了偏狭的爱,才能够实现普及他人的爱;之所以说"大仁不仁",在于超越的大仁,行的是普遍的仁,却不会在意所行之仁,所谓"泽及万物而不为仁"。正是出于这样的考虑,《在宥》如此说道:"亲而不能不广者,仁也。"这里的"仁",不再是偏狭的爱,而是没有差别的爱,是"至仁"。《天运》记述了这段话:"庄子曰:'不然,夫至仁尚矣,孝固不足以言之。此非过孝之言也,不及孝之言也。'"庄子的意思是:"至仁"是一个极高的境界,不是可以用孝来说明的,并强调说,不是说"至仁"超过孝,而是与孝无涉。

在上述基础上,我们再看庄子所崇尚的"德"。既然仁义等不足以称"德",庄子的"德"是怎样的?庄子说:"德者,成和之修也。"(《庄子·德充符》)就是说,德是一种和顺的修养。《庄子》书中提出了"至德""全德""玄德""天德"等概念,不过,只有"全德"涉及普通人的道德,其他"至德""玄德""天德"多属圣人、神人、至人才具有的德性。"全德之人"就应该是自我修养完备、自性俱足、不在意别人如何看待之人,所谓"天下之非誉,无益损焉,是谓全德之人哉!……治其内而不治其外"(《庄子·天地》)。同时,庄子又描绘在"至德之世"下,人们所具有的道德。《天地》:"至德之世,不尚贤,不使能,上如标枝,民如野鹿。端正而不知以为义,相爱而不知以为仁,实而不知以为忠,当而不知以为信,蠢动而相使,不以为赐。是故行而无迹,事而无传。"这是说在一种朴素自然的社会环境下,人们彼此在行为上表现出义、仁、忠、信,以及互助等德性,但是人们并不知道自己拥有这样的德性。在庄子的观念中,德性完备的人行德性之实,却不为名利;与他人之间没有任何的私情,只有公共性。以此来看，庄子所说的德性存在于自我完善的需要，它只服从于自身，排除了社会关系的干扰；它只考虑是否合乎天性，只要合乎天性，也就合乎道了。因为庄子把先天的"道"看作是"德"的来源，故而，他的"德"也就是在普遍精神与理性预设下产生的。

## 二　道德目标的选择与实行

从道德目标的选择，可以看出各家所持道德依据所产生的结果，以及这种选择的倾向性。

有学者说孔子的"仁"为其道德学说中的"总德"，这几乎是没有争议的，因为义、礼、智、信等"德"都是围绕"仁"建立起来的。在孔子之前，"仁"虽然作为德性，表现君主对民的慈爱，却不是一个普遍性的概念；只是在孔子那里，它才成了普遍性概念，因为它作为人之为人的德性表现出来了。孔子说："人而不仁，如礼何？人而不仁，如乐何？"（《论语·八佾》）意思在仁、义、礼、智、信的道德规范中，仁是第一位的，其他几种都居从属地位。仁关涉到人的内心是否善良，是否具慈爱，所以它是根本的。有了仁做基础，义、礼、智、信才具有正当性，否则它们可能只是形式上的东西，甚至单纯地拿其中的某个德来说，它都不一定是正当的。如贪官可能很讲求"礼"，坏人可以很有"智"，强盗也可以讲"信"。不过，仁、义、礼、智、信这些道德范畴都具有个人体验性质，不具有公共理性的性质，正如孟子所谈到的："仁之实，事亲是也。义之实，从兄是也。智之实，知斯二者弗去是也。礼之实，节文斯二者是也。乐之实，乐斯二者，乐则生矣。"(《孟子·离娄上》)就是说，仁义礼智，关键在仁与义，在行为上都体现为"事亲"和"从兄"。其中比较接近于公共理性的是"义"，可是"义"并不能解读为公义或正义，在孔孟那里，"义"可解读为"宜"，也即合乎某种道理。如孔子说："有君子之道四焉：其行己也恭，其事上也敬，其养民也惠，其使民也义。"(《论语·公冶长》)[1] 孟子所谈到的"义"，也多指称这个意思。[2] 如孟子说："王何必曰利，亦有仁义而已矣。"(《孟子·梁惠王上》)朱熹解释为："仁者，心之德，爱之理。义者，心之制，事之宜也。"[3] 或可这么说，孔孟崇尚的仁、义、礼、智、信这些"德"，是能够作为社会的公共道德来使用的，但它们更适宜作为私人的道德来使用，无论它们出自习性，或者出自先天。因为它们是从个人发源的，且把拥有这些理性作为人之为人的根据，而不是从社会共同体当中出于共同利害关系溢出某些道德伦理，或者出于共同需要而评议、遴选出这些道德伦理。如孟子所说的那样："人之所以异于禽兽者几希，庶民去之，君子存之。舜明于庶物，察于人伦。由仁义行，非行仁义也。"(《孟子·离娄下》)

　　道德范式的出现有其社会历史条件。儒家的道德伦理既然是从风俗习惯中产生的，那么它就必然地带有血缘宗亲的烙印，而孔子、孟子对这种自然关系的反复强调，无疑坚固了它。所以说，道德范式的选择其实是历史的选择，它们之所以被选中，是其存在的根据决定了的。然而，德性一旦确立起

---

　　① 朱熹解释为："使民义，如都鄙有章、上下游服、田有封洫、庐井有伍之类。"（朱熹：《四书章句集注》，中华书局1983年版，第79页）

　　② 据杨伯峻分析，《孟子》谈"义"108次，其中用于表示"合乎某种道和理的叫义"的有98次。（杨伯峻：《孟子译注》，中华书局1960年版，第448页）

　　③ 朱熹：《四书章句集注》，第201页。

来，无论它的基础是出于个体的经验，或是先天具有的，它必然要走向大众，以至于天下万物为一体，这也是儒家的道德理想。儒家采取的路线，仍然是从个体开始，由此及彼的推动。孔子认为自己的"道"可以用"忠恕"二字概括，"恕"的意思是"己所不欲，勿施于人"，为节制的美德；"忠"的意思是"己欲立而立人，己欲达而达人"，为成人之美的德性。[①] 这两个方面又都为"仁"的价值的体现（"仁之方"）。这中间已经可以看到由己及外的主动精神。孔子说"为仁由己，而由人乎哉？"（《论语·颜渊》）"我欲仁，斯仁至矣。"（《论语·述而》）"有能一日用其力于仁矣乎？我未见力不足者。"（《论语·里仁》）孟子说："亲亲，仁也。敬长，义也。无他，达之天下也。"（《孟子·尽心上》）孔孟都不怀疑这种推己及人的有效性。它之所以有效，在于它是实行的，可传达的。至于"老吾老，以及人之老；幼吾幼，以及人之幼"，则只是孔孟上述思想的具体落实而已。

推原儒家道德的存在依据，分析其道德目标的选择及实行，可见其合理性。当道德是一种生活的时候，它是要讲求体验的。尽管孟子把道德依据提到先天的境地，并把尽道德义务看作人之为人的根本，也只是道德理想化的预设，而这个预设的作用在于增加人履行道德义务的力量，并没有减弱人的体验性质。倘若不是如此，那么孟子便不必反复强调从孝亲事兄做起，进而达之天下了，他完全可以撇开血缘宗亲关系，直接面

---

① 朱熹：《四书章句集注》："尽己之心为忠，推己及人为恕。"（第23页）杨伯峻《论语译注》："'恕'，孔子自己下定义：'己所不欲，勿施于人。''忠'则是'恕'的积极一面，用孔子自己的话，便应该是：'己欲立而立人，己欲达而达人。'"（中华书局1980年版，第39页）

对任何一个人（哪怕陌生人），无差别地讲求"应该"的义务了。这种体验性质的合理性在于：父子、兄弟之间自然性的相亲，能够产生爱，有了爱才能心甘情愿地敬孝；而对他人的爱，须拥有身边相亲、相爱的体验，如果一个人连身边的父兄都不爱，便谈不上对他人的爱。

墨家在道德目标及其核心价值的选择上与儒家相同，也是从仁义谈起的。墨子晚于孔子，他或许受孔子的影响，只不过，孔子的那些范畴在他那里有了转换。他虽然依旧是以"爱"来理解"仁"①，但是"爱"不是从身边的父兄开始，而是从并不直接相关的人开始，是一种脱离了宗亲关系的博爱。所以，在他心目中的"仁人"，是关注他人的痛苦、不关心自己痛苦的人，"仁人之所以为事者，必兴天下之利，除去天下之害，以此为事者也"（《墨子·兼爱中》）。在引述《论语》同样称引过的"虽有周亲，不若仁人"那段话时，墨子的评论还是强调"忠实欲天下之富，而恶其贫；欲天下之治，而恶其乱"，以及"兼相爱，交相利"。（同上）对于"义"，墨子讲了很多，他的理解有与孔子相交之处，如他把"义"理解为不合乎"仁"的行为就是"不义"："苟亏人愈多，其不仁兹甚矣，罪益厚，当此天下之君子，皆知而非之，谓之不义。"（《墨子·非攻上》）反言之，合乎"仁"的就是"义"了。在这个意义上，墨子的理解接近于儒家"宜"的理解。不过，在大多数情形下，墨子是把"义"理解为类似"正义"的东西。墨子说："义者，正也。何以知义之为正也？天下有义则治，

---

① 《墨子·天志中》："聚敛天下之美名而加之焉，曰：此仁也，义也。爱人利人，顺天之意，得天之赏者也。"又《墨子·经上》："仁，体爱也。……义，利也。"也就是以仁为爱，以义为利他。

无义则乱，我以此知义之为正也。"（《墨子·天志下》）又说：
"义正者若何？曰：大不攻小也，强不侮弱也，众不贼寡也，
诈不欺愚也，贵不傲贱也，富不骄贫也，壮不夺老也，是以天
下之庶国，莫以水火毒药兵刃以相害也。"（同上）仁不仁，本
是人内心是否具有慈爱的问题；义不义，则是人的行为是否合
乎公理的问题。自然，行不义之事的人，其内心不存慈爱，但
不仁之人未必一定行不义之事，如同一个不慈爱的人，不一定
做犯法乃至杀人越货的事情一样。对于"正"，墨子的理解是
"以兼为正"[1]，而"兼"不只是兼爱，也是兼利。很显然，兼
爱尚且与孔子的"仁"有关系，而兼利则与孔子无涉了。而
这恰是墨子的"义"的一部分。墨子甚至提出了"义政""义
士"与"义人"的概念，以此表达他对"义"行天下的关切。
墨子"兼交"的伦理思想中，包含了利他主义、自我节制、
互助互利等德性要求，他也主张臣对君的忠、父兄对子弟的
慈、子女对父母的孝，只是这些都统摄在"兼交"的前提之
下了。

　　墨子本人并非商人，然而他的道德理念却是根据市场原则
提出来的，并建立在当时诸侯国相攻、家族相篡、人人相贼、
父子不慈孝等现实问题的基础上，力图建构一个共同趋利避害
的道德伦理。而且他也带领自己的徒弟身体力行，企望通过榜
样的作用改变社会，然而，他为仁爱、公义所提出的实现路径
有问题。在市场上"交相利"容易实现，但在人际关系乃至诸
侯国之间做到"兼相爱"并不容易。依照墨子"为彼犹为己"
的观念，视人之身若其身，视人之家若其家，视人之国若其

---

　　[1]《墨子·兼爱下》："今吾将正求与天下之利而取之，以兼为正。"

国，由此，爱别人如同爱自己，而自己在爱别人的过程中，也得到别人爱的回馈，也即自己有了被爱的感受。然而，这在现实中有不小的心理差距。在一个战争频仍的年代里，要求人们从爱别人到别人给予爱的回馈，由此觉得爱别人是值得的，这显然理想化了。事实上，当爱要超越自身生活范围而博爱，需两个条件，一是宗教力量的推行，二是社会环境的和平。至少需要当中的一个。宗教的力量来自信仰，社会环境的和平则有一个社会回馈与互动的可能。在墨子生活的时代，公共理性的力量很弱小，而为此的呼唤也不足道。墨子当然意识到了自己的不足，所以，他借助了天的意志、鬼的作用，如说"天欲义而恶不义……天下有义则生，无义则死；有义则富，无义则贫；有义则治，无义则乱"（《墨子·天志上》）。春秋时期，天的概念比较虚化，鬼的概念难以掀起社会运动，两者皆不足以支撑墨子的理论。

在道德目标上，道家既不同于儒家，也不同于墨家。老子、庄子的道德目标与他们对道德的理解相联系。道既然是一种超越的精神，那么体现这个精神的德也必然出自超越精神。"真"可谓老庄的第一德性。《老子》："修之于身，其德乃真。"（《老子》第五十四章）"见素抱朴，少私寡欲。"（第十九章）"含德之厚，比于赤子。"（第五十五章）老子多次拿"赤子"来比喻"真"的德性，而赤诚、醇正、率性、简朴、柔弱等都可以归到"真"的德性之下。《庄子·应帝王》："其知情信，其德甚真，而未始入于非人。"《庄子·天地》："性修反德，德至同于初。"这是说人们修养性情，达到返还本始、初生之德；德的极致则与泰初相同。本始、初生之德，为人们来到世间的时候那种德，这种德以真实、率性为内涵（"其德甚真")。同于泰初，即是同于天地初生之德，也即混沌之德。在庄子所推崇的人格中，无论是"德人""真人"，还是"至人""圣人""神人"，都以"真"为第一德性，在"真"的前提下兼有了"善"。①看起来，似乎老子和庄子都是把不经修养的赤子（也称"处子"）的"真"看作德性，其实不然，因为他们说教的对象是成人，作为有相当社会阅历的成人，你能像赤子那样吗？对于成人来说，能够保持那份童真并不易，进一步说，经历所有该经历的事情，而能够返还童真，除非有德之人绝做不到。所以，返还之后的"真"，并不如赤子那样的无知，而是拥有所有的知识和历练，却修养得如赤子。"公"是道家的另一种德性，这一德性覆盖了客观、公平、正当、平静等。《老子》："知常容，容乃公，公乃王，王乃天，天乃道，道乃久，没身不殆。"（第五十五章）老子所说的"公"并非无私之义，而是公平之义。在《德充符》中，庄子借孔子说了自己要说的话："人莫鉴于流水而鉴于止水。唯止能止众止。受命于地，唯松柏独也（正），在冬夏青青；受命于天，唯（尧）舜独也正，幸能正生，以正众生。"这里的"正"，就是行为与德性的端正。这种德性可以作为法则，它像是平静的止水，客观公正地照见任何的事物。在物的方面，庄子举出了松柏；在人的方面，举出了尧舜。他们之所以可以作为万物与人的法则，在于他们总是保有自己醇正的本色，可以使不正之人、之物得以回归到"正"。《庄子·列御寇》又说"以不平平，其平也不平"，意谓以不公平的方式来实现公平，那么这样的公平其实是不公平的。为要公平、客观，需要

---

① 道家的"善"就是合目的性，即合乎事物本身的目的性。

平静。而平静并非从来如此，而是修来的德性，为此庄子提出了一个"撄宁"的观念："撄宁也者，撄而后成者也"（《庄子·大宗师》），意谓经过扰乱而后能宁静的德性。[①]第三种德性为"容"。老子在上述的序列表达中，已经提出了"知常容，容乃公"的命题，这里的"容"既是容量，也是指宽容。在第四十九章中，老子说："善者，吾善之；不善者，吾亦善之；德善。信者，吾信之；不信者，吾亦信之；德信。"第二十八章说："知其白，守其黑。"第五十六章又说："不可得而亲，不可得而疏；不可得而利，不可得而害；不可得而贵，不可得而贱。"六十三章还说"报怨以德"，意思是要以宽容、厚道为德性，即便是对待自己心里怨恨的人，也要以德待之。在《庄子·在宥》中，提出了"在宥"的概念，"在"意谓自在，"宥"意谓宽容。《庄子·缮性》提出"德无不容，仁也"，意谓"仁"就是无所不包容。在庄子的笔下，这种德性也涵盖了大气、达观、淡定等德性修养。第四种德性为"明智"。对此，老子说过很多的话，如"知人者智，自知者明"（《老子》第三十三章），"知足不辱，知止不殆"（第四十四章），"故知足之足，常足矣"（第四十六章）。在老子那里的明智，不只是具有判断能力，更是对于自己行为保持节制的德性。

  对于儒家的推己及人，《庄子》提出了不同的意见。《庄子·天运》："夫南行者至于郢，北面而不见冥山，是何也？则

---

  ① 在西方，"平静"作为一种德性，通常归为"节制"的美德。如亚当·斯密《道德情操论》所言："这种幸福的平静，这种完美而又绝对和谐的灵魂，构成了用希腊语中的这样一个词来表示的美德，这个词通常被我们译为自我节制，但是，它可以更合宜地被译为好脾气，或内心的冷静和节制。"（商务印书馆1997年版，第354页）

去之远也。故曰：以敬孝易，以爱孝难；以爱孝易，而忘亲难；忘亲易，使亲忘我难；使亲忘我易，兼忘天下难；兼忘天下易，使天下兼忘我难。夫德遗尧舜而不为也，利泽施于万世，天下莫知也，岂直大息而言仁孝乎哉！"冥山暗喻儒家的爱亲、孝亲之仁，在近处，人们看得到它；由此往外走远之后，它就逐渐地淡出了人们的视野。而走开去，是为了致广大，推及天下。由此以论，当亲情推至于无亲情之外的时候，它的那种体验性质所具有的影响力就大大降低了。所以，庄子的基本句式"与其，不如"所表达的正是一种在事实基础上的价值观，"忘"字的叠用，表达的又是一种反复的超越观念。施行了所有的仁爱之事，却在主观上忘了亲疏、内外及其名分的差别，又能够不留行迹，让别人忘了自己的存在。"兼忘天下"，这并非一般的目标，而是"德遗尧、舜而不为也"；"使天下忘我"，则是"利泽施于万世，天下莫知也"。

超越的精神，且与自然性联系在一起，构筑成了老庄的德性论。然而，这与世俗社会的德性要求产生了距离，所以说他们的德性属于隐士的德性。

## 三　道德哲学的反思

要看清中国道德问题，道德哲学的反思是必要的。既然儒墨道三家的道德问题已经跨越了时代，那么反思也应当跨越时代，其中与西方道德伦理学说的比照，将会使问题更为明确。

在西方，道德伦理学说或可说有两个方向，一个是唯理论的方向，如苏格拉底、柏拉图和康德式的；另一个是经验论的方向，如亚里士多德（他具有两面性）、休谟和亚当·斯密式的，用康德的话来说："经验论是建立在一种被感知到的必然性之上，唯理论则是建立在一种被洞见到的必然性之上。"① 经验论的学说更像是道德生活论，唯理论的学说更像是道德形上学。在中国，这两个方向同样存在，只是不像在西方所表现出来的那样而已。

儒家的道德学说与亚里士多德的道德学说具有较多的相似性。首先，在德性的界定上，两者几乎说了同样的话，孔子说"中庸之为德，其至矣乎"（《论语·雍也》），亚里士多德说"德性就是中道，是对中间的命中"②。"中庸"与"中道"意思相近，都是"过犹不及"，也就是把适度、节制作为美德。亚里士多德所说的"应该"，如"应该的地方""应该的方式""应该的事情"，以及"应该的时间和程度"，也是以合乎"中道"为则。③ 这种相似性具有相互关联的性质，即两者在某个方面的相似，其实是与另一个方面的相似性有关（如下面将要谈到的道德存在依据的相似性）；如若没有另一个相似性，那么上述在"中道"或"中庸"的相似性便不存在。其次，在道德存在的依据上，孔子相信仁的存在根据在于以孝悌为基础的习惯中，这与亚里士多德的主张相似。亚里士多德说过："我们的德性既非出于本性，也非反乎本性生成，而是自然地接受它们，通过习惯而达到完满。"④ 在这个意义上，孔子

①　康德：《实践理性批判》，邓晓芒译，人民出版社2003年版，第15页。
②　亚里士多德：《尼各马可伦理学》，载苗力田编：《亚里士多德选集·伦理学卷》，中国人民大学出版社1999年版，第39页。
③　亚里士多德说道："在荣誉的追求中，有时多于所应得，有时少于所应得，荣誉要求自应该的地方，以应该的方式，正如在财物给予和接受中有中道，也有过度和不及一样。"（同上书，第91页）
④　同上书，第31页。

和亚里士多德都是一种经验论的道德伦理学说。但是，如果说亚里士多德的道德伦理学说具有两面性的话，那么，也要说孔子的道德伦理学说具有复杂性。孔子虽然相信德性出于亲缘关系的孝悌习惯，却也有种人性属善的端倪，而且，孔子也没有表明依照习惯的连续就可以完成道德的至善，孔子所提出的"仁学"，不是习惯可以推演出来的，所以它是一种超越的道德理性。在这个意义上，孔子的仁学实际上树立了一个新的起点。孔子既没有仅靠孝悌的习惯，也没有单纯依赖"仁"的道德理性来建构道德伦理，那么他的道德学说的建构是符合"叩其两端而竭焉"的思想方式的，即在生活习惯和道德理性之间寻求某种适度与合理。孟子虽然将德性前置于人的先天本性，但他并没有破坏孔子的依习惯又依道德理性的格局，并且把孔子的那种"亲仁"观念表达得更为明澈了。亚里士多德把德性分为两种，一是理智德性，诸如明智、理解、智慧等；另一种为伦理德性，诸如公正、节制、勇敢等。理智德性由教导而生成，由培养而增长，伦理德性由风俗习惯而来，两者的关系是如此的："没有明智就不存在主要的善，没有伦理德性也不存在明智。"[①] 其中明智具有指导作用，"没有明智就没有正确的选择，正如没有德性一样"[②]。单从上述来看，亚里士多德是一个经验论者，习俗是经验的，而明智所需的教导、培养也是经验的。但是，他的伦理学的思想来源之一，便是苏格拉底和柏拉图的灵魂德性论。他只是不同意苏格拉底把德性都归在灵魂的理性部分的思想，却赞成柏拉图把灵魂分为理性和非理

---

① 亚里士多德:《尼各马可伦理学》，载苗力田编:《亚里士多德选集·伦理学卷》，中国人民大学出版社 1999 年版，第 146、147 页。

② 同上书，第 147 页。

性，并分别"派定所属的德性"的思想，而他的理智德性正是灵魂中的理性部分，伦理德性则是灵魂中的非理性部分。所以说，他始终依违在唯理论与经验论之间。

孔子的德性学说虽然是道德生活论的，但是，孔孟都将利益排除在道德生活之外。孔子说："君子喻于义，小人喻于利。"（《论语·里仁》）凡君子才称上有德性，而君子是不能言利益的，反言之，只有小人才言利益。孟子在劝导梁惠王的时候也说："何必曰利。"（《孟子·梁惠王上》）"何必"意谓有仁义就够了，不必谈利益。在这个方面，儒家的道德观可以说坚固了道德理性中的"义务"观念。如康德所说的那样："德行之所以具有这么多的价值，仍然只是由于它付出了这么多，而不是由于它带来了什么。"[1] 儒家的道德论也是一种"付出论"。"君子"如果是为道德生活提供一个向度，那是没有问题的；如果将"君子"当作了道德生活的唯一标准，这样必定产生两个可能：一是道德生活对普通人来说，求之过高；二是把"小人"排除在道德生活外了。求之过高容易不真，将"小人"排除在外则难普及。而在亚里士多德那里，是不排除利益的，他所说的"善"就包括了利益关系在内。孔孟以"仁爱"作为道德选择，而亚里士多德则以"公正"等为道德选择，这体现了东西方道德价值观的区别。[2] 仁爱体现了对

---

① 康德:《实践理性批判》，邓晓芒译，人民出版社 2003 年版，第 212 页。

② 在古希腊，苏格拉底、柏拉图等都是把"公正"作为德性中的核心价值的。这或许与希腊城邦国家及其公民社会的成熟有关，对此麦金太尔（Alasdair Macintyre）《德性之后》一书说道："我们不得不认识到的一个重大事实是，当基本的道德共同体不再是血缘团体而是城邦国家时，并且不仅是一般意义上的城邦国家，当特别是雅典的民主政体的城邦国家时，这个差别对德性概念的作用。"（中国社会科学出版社 1995 年版，第 166、167 页）

他人的同情与关心，公正体现了对社会平等的责任。仁爱与公正，只有取向之分，没有优劣之分，却不能相互替代。如果说公正中并不含有仁爱之义的话，那么仁爱中也不含有公正之义。在西方，以公正为取向的道德理论，得到了基督教道德论的补充；在中国，以仁爱为取向的道德论则得到了墨、道两家道德论的补充。

墨家的道德论立足于世俗社会生活，试图在利害关系基础上建立道德伦理，在这个方面，墨家与西方休谟以及亚当·斯密的观点相近。休谟认为，正义法则的确立只是由于人们对于自己利益和公共利益的关切，他说："正义只是起源于人的自私和有限的慷慨以及自然为满足人类需要所准备的稀少的供应。"[①] 又说："产生这种正义感的那些印象不是人类心灵自然具有的，而是发生于人为措施和人类协议。"[②] 故而，与正义相关联的财产、权利和义务，都是休谟关心的问题。亚当·斯密的道德论则是力图解决这样的问题：作为利己主义的个人如何在经济竞争与社会关系中控制自己的感情和行为，建立一种合乎规律的有规则的道德伦理。所以，他认为"如果美德不存在于合宜性之中，它就必然存在于谨慎之中，或者存在于仁慈之中。除此三者，很难想象还能对美德的本质做出任何别的解说。"[③] 合宜性在于选择价值更大或者抛弃损失更大的取舍上，是对利害的合理权衡；谨慎则是获得利益和避免他人对我们不利的最好的、最可靠的、最容易的和最机灵的办法。显然，这两种美德都是一种尘世的、获得安全和利益的最可靠和

---

① 休谟：《人性论》，商务印书馆 1980 年版，第 536 页。
② 同上书，第 537 页。
③ 亚当·斯密：《道德情操论》，商务印书馆 1997 年版，第 352 页。

最机灵的手段。只有仁慈的德性，"或许是神的行为的唯一原则"①。也就是说，亚当·斯密把前面两种归结为尘世的美德，而把仁慈归结为神的德性，尽管他认为"把美德置于神的意志的服从之中的体系"②，不妨碍把美德归于谨慎的体系或者合宜性的体系中，但他的关切还是在于尘世的美德。墨子与休谟、亚当·斯密的共同点也就止于上述这些了。休谟和亚当·斯密都属于经验论者③，而墨子说到底还是一个唯理论者。休谟认为道德的区别不是来自理性，而是来自感觉和实践。在休谟看来，道德是主动的，而理性是静止的，"一个主动的原则永远不能建立在一个不主动的原则上"④，理性的作用在于发现真伪，却不能推动一个道德的活动，"理性是完全不活动的，永不能成为像良心或道德感那样，一个活动原则的源泉"⑤。墨子虽然也是从利益、治乱等现实出发考虑道德问题，但他既不是习惯论者或经验论者，也不是像柏拉图或者老子、庄子那样的超越的理性论者，他只是一个现实的理性论者。他力图从现实的道德生活中，希求发现超越私人局限的普遍性，用康德的话，就是"为有条件者找到无条件者"⑥。他对公义的追求，也为道德生活开出了一个新的向度，其德性学说为经济伦理提供了可能性。只是他的道德实践过于理想化，又缺乏道德生活的

———————

　　①　亚当·斯密:《道德情操论》，商务印书馆 1997 年版，第 401 页。

　　②　同上书，第 402 页。

　　③　在这个方面，休谟某些观点甚至与孔子更近，例如他主张德的行动传递性就与孔子的"爱亲"观点相近，如其所言:"我们最初的、最自然的道德感既然建立在我们情感的本性上，并且使我们先照顾到自己和亲友，然后顾到生人。"(《人性论》，第 531 页)

　　④　休谟:《人性论》，第 497 页。

　　⑤　同上书，第 498 页。

　　⑥　康德:《实践理性批判》，邓晓芒译，第 143 页。

体验性，因而难以实现。他对天志、明鬼作用的求助，只起到威慑的作用，并非出自宗教的爱，所以，他的道德论始终缺乏道德力量。

道家的道德观以客观精神作为立论的基础，那么它就不是经验的，尽管老庄都崇尚"古始"，向往自然朴质的道德生活，但他们所理解的自然性是在"道纪"的约束下的，是在道的观照下的，而不是在自然中生成的道德生活。庄子之所以批评儒家的道德观，就是认为儒家的道德观没有解决道德普遍性的问题。所以，道家的道德具有自然主义的外表，但它是唯理论的。如此，它与苏格拉底、柏拉图有共通之处，即都是以寻求道德的超越性与普遍性为目的。苏格拉底是把美德本身看成是理性的，他说："既然一切正义的行动、一切光荣的和好的行动都是遵照着美德来做的，那么就非常明显，公正和所有其他美德都是（寄于）明智。"[①] 而明智就是理性。对此，亚里士多德曾评论道："按他的观点，一切德性就都在灵魂的理性部分中了。这样，就可以推导出：由于他把德性当成知识，就摒弃了灵魂的非理性部分，因而也摒弃了感受和习俗。因此，像这样对待德性是不正确的。"[②] 这就是说，苏格拉底的美德论以德性本身属于理性，并以拒绝了感觉和习俗为前提，达到了德性的超越和普遍。柏拉图虽然不排斥灵魂中的非理性部分，但他强调了理性对于感情的指导原则。而且，在他看来，最主要的美德"公正"只属于灵魂中理性的部分，他说："说来我们

---

① 色诺芬:《苏格拉底回忆录》，载周辅成编:《西方伦理学名著选编》上卷，商务印书馆1964年版，第51页。

② 亚里士多德:《大伦理学》，载苗力田编:《亚里士多德选集·伦理学卷》，第258页。

不是已经认为公正是灵魂的一个优点而不公正是一个缺点了吗？"[1]我们知道，柏拉图对于包括德性在内的理性的超越性安排，是以排除包括感觉世界的真实性为代价的。总起来说，苏格拉底和柏拉图都是以理性对于非理性的感情的超越而实现道德的超越性和普遍性的，而亚里士多德不满意他们的，也就在他们将习俗和感情排斥在德性之外，这等于是无视了德性的实践性质。在老庄那里我们看到了类似的努力，却是不同的理路。在老庄那里，德性的超越不是通过拒斥或贬低感觉世界的真实性，而是通过把德性与客观精神（道）联系起来的做法，认为德性是超越的道在现实世界以及人的感觉中的落实，故而德性虽然是潜藏、混同在尘世中，那只是它放低了身段，它的出身是超越的。它可以"和光同尘"，但它随时都是可以出落的；虽然它落实在现世中，但它本身与经验无关，它是超验的存在。这种德性所表现出来的规范，如真实、客观、宁静、宽容和公平，都不是从经验和感觉中抽取出来的，而是先天地带有作为客观精神的道的特征。在这个意义上，这些规范的出现类似于康德所说的"原始的立法"[2]。只不过，这种"立法"是由客观而普遍的道所完成的。

　　虽然这些德性的规范来自于道，仍不难看出道家的思想倾向性。他们选择了宽容、公平，却没有选择仁、义。从道德哲学上来说，是因为他们认为仁、义等德性有私亲的局限性，缺

---

　　① 柏拉图：《理想国》，载周辅成编：《西方伦理学名著选编》上卷，第145页。

　　② 康德为了强调理性立法而非经验性，用了"被给予的"这个说法，原文是："然而我们为了把这一法则准确无误地看作被给予的，就必须十分注意一点：它不是任何经验性的事实，而是纯粹理性的唯一事实，纯粹理性借此而宣布自己是原始地立法的（sic volo, sic jubeo）。"（《实践理性批判》，第41页）这里借用这一说法表达道家的德性规范的"被给予"性质。

乏普遍性；从思想倾向上说，他们认为仁、义是尘世的德性，而宽容、公平是超世的德性，攸关宇宙的精神和秩序；至于明智的德性，在苏格拉底、柏拉图那里是理性的品格，在老子那里也同样是理性的品格。公正的德性，在古希腊被认为是"完满的德性"，"公正集一切德性之大成"①，而公正的德性在亚里士多德那里，被认为与宽容的德性具有相关性，"从我们认为一个公平的人最是宽容的，就可以看得出来。在有些情况下，公正对待也就是体谅和宽容"②，而老子则说"容乃公"，两者意思完全相同。这种中西思想的偶合不是没有道理的。③不过，在西方，柏拉图虽然批判现实，却以他的方式（诸如指出现实的不真），努力使现实变得更好。在中国，老庄因为既拒绝利益，也拒绝名誉，从而他们的德性与隐士的德性画上了等号。这种德性能给予人们一种超越的向度，却难以转化为平常人的德性。所以，虽然道家的德性实现了对于仁义等局限性的超越，但它又陷入了另一种局限性。

德性与行为具有相关性，具有什么样的德性是与做什么样的事情相联系的。儒家后来成为正统，其德性学说也是就成了主流；墨家渐失其传，其德性学说一分为二，一部分为道教所接受，一部分散落在民间社会了；道家在汉代以后长期在野，其德性学说一分为三，一部分始终为隐士的德性，一部分为道

---

① 亚里士多德：《尼各马可伦理学》，引自苗力田编：《亚里士多德选集·伦理学卷》，第 103 页。

② 同上书，第 142 页。

③ 据麦金太尔（Alasdair Macintyre）的考察，在荷马史诗里面，"dikê"就是"正义"（中国人有时翻译成"公正"）的原型，他援引劳埃德·琼斯《宇宙的正义》一书的话："Dikê 的基本意思是宇宙的秩序"，"而 dikaios 则是尊敬和不侵犯这种秩序的人"。（《德性之后》，中国社会科学出版社 1995 年版，第 169 页）

教所接受，一部分潜化于民间社会。这种社会行为的分别也就构成了中国德性学说的互补格局，这可以说是历史的选择。然而，通过分析与反思，可以看清这个民族的道德学说的优长以及缺陷，从而有利于现代公民道德的建设。

# 庄子"道德"问题论

## ——对儒家的德性的早期反思

道家与儒家在德性问题上，不仅在什么是道、什么是德的理解上在一开始就有分别，而且在形成过程中也有过思想的批评，其中庄子应该算是最早对儒家的德性理论有过反省和批评的人，并由此展开了他的道家德性论的建构。这里试就庄子的所谓的"德"与他的思想批评过程进行分析。

## 一　道家的德性——真与公平

### （一）"道""德"与"道德"

老子是把道与德分而论之的。《老子》三十八章说："上德不德，是以有德。下德不失德，是以无德。上德无为而无以为，下德为之而有以为。……失道而后德，失德而后仁，失仁而后义，失义而后礼。""上德"意味着至上的德，又称为"孔德"（二十一章）、"常德"（二十八章）、"玄德"（六十五章），或"广德"（四十一章），而"下德"意味着寻常意义上的、具体的德，又相当于"建德"之德（四十一章）。有关"上德"与"下德"的关系，"上德"无为，不表现出其德性，所以，它是真正的有德；"下德"有为，表现出了自己的德性，这种德其实是无德。这里其实已经分出了超越义的德与世俗义的德的区别。"下德"之所以称为"无德"，在于"下德"有为，有为则必定有所不为，有为存在一个适用的范围，在这个范围之内，它是有德；超出了范围，它就是无德。德有所立，则情有所浇薄。在老子看来，道与德，乃至仁与义，乃是一个从普遍到具体的过程，道是普遍精神，德与仁、义都只是道的具体落实，然而，这个过程以丧失道的普遍性为代价。比较来说，普遍性的精神不存在了，德与仁、义等即便如何落实与有效，也是不周全的了。所以，在价值上，老子是把道置于一个无可比拟的位置，而德与仁、义，并非老子所排斥，只是它们都处在道所统属的序列之下。五十一章说："道生之，德畜之，物形之，势成之。是以万物莫不尊道而贵德。道之尊，德之贵，夫莫之命而常自然。故道生之，德畜之，长之育之，亭之毒之，养之覆之，生而不有，为而不恃，长而不宰，是谓玄德。"在这段话里面，道与德在一句话里出现了，有学者甚至认为老子已经"道德连文"了[①]。而且，这段话也更清楚地说明了道与德之间的关系。道使物生之，即从无到有，有之为有，在于它是具体的。德的作用在于使已生之物得到畜养，而畜养既是使它得到成长、壮大，又要使它保持自身的同一性，即它依旧是它自己，没有变成别的什么东西，这之中就有了自身规定性问题了。从德所发生作用的时空来说，它不再是抽象而普遍的，而是具体的、个别性的；从其作用来说，它涉及具体事物的性质，而不是抽象的本质。韩非子在《解老》中说：

---

　　① 钱穆:《庄老通辨》，生活·读书·新知三联书店 2002 年版，第 44 页。

"德者内也，得者外也。"又说："德也者，人之所以建生也；禄也者，人之所以持生也。"这已经把"德"看作是内在的品性了，而把"德"看成是"人之所建生"，也就是把"德"看作是人之所以为人的根据。王弼直接把"德"界定为"得"："德者，得也。常得而无丧，利而无害，故以德为名焉。何以得德？由乎道也。何以尽德？以无为用。"[1] 应该说，王弼的注解是深得老子之旨的。

在《论语》里面，道与德也是作为两个概念使用的，所谓"志于道，据于德，依于人，游于艺。"（《论语·述而》）在使用"德"字的次数上，《论语》甚至没有《老子》多（《论语》39次，《老子》41次），但在德的内涵上，《老子》没有像《论语》那样，从仁、义、礼、智、信等多个方面做了阐释、发挥。这主要是因为老子从自然精神方面来理解道与德，而孔子是从社会精神以及个性修养方面理解道与德。

《庄子》承续了《老子》的道与德的观念，却做了庄子式的论说。道、德在《庄子》内篇中，都是以两个概念在使用，但在外、杂篇的《骈拇》《马蹄》《天道》《山木》《庚桑楚》《让王》乃至《天下》等篇中有了道德连用。诸如：

> 骈拇枝指出乎性哉，而侈于德；附赘县疣出乎形哉，而侈于性；多方乎仁义而用之者，列于五藏哉，而非道德之正也。……则仁义又奚连连如胶漆纆索而游乎道德之间为哉，使天下惑也！（《骈拇》）

> 道德不废，安取仁义！性情不离，安用礼乐！五色不乱，孰为文采！五声不乱，孰应六律！夫残朴以为器，

---

① 王弼：《老子道德经注》，引自楼宇烈《王弼集校释》上册，中华书局1980年版，第93页。

工匠之罪也；毁道德以为仁义，圣人之过也。(《马蹄》)

若夫乘道德而浮游则不然，无誉无訾，一龙一蛇，与时俱化，而无肯专为。一上一下，以和为量，浮游乎万物之祖。……"悲夫，弟子志之，其唯道德之乡乎！"(《山木》)

天下大乱，贤圣不明，道德不一。(《天下》)

道与德能够连用，这表明了两个概念之间存在的特殊关系，然而，当道德连用时，就是复合词了，而且不是道和德的意思，道德指的就是德。在道与德的关系上，《庄子》与《老子》一脉相系，也是依据道、德、仁、义、礼的序次，如《知北游》所说：

道不可致，德不可至。仁可为也，义可亏也，礼相伪也。故曰："失道而后德，失德而后仁，失仁而后义，失义而后礼。"礼者，道之华而乱之首也。

道因为玄远，所以不可言致；德因为来自于道，有上德与下德的区别，所以称德（下德）有所不至；仁可以填补失德所留下的空间，所以可为，但已有所不达；故而，至于义与礼，则进而有亏有伪了。在这里，从道、德到仁、义、礼，只是一个坠落的过程。我们从中可以看到，道、德与仁、义、礼，也绝非一个大概念之下的小概念，之间只存在某种程度的同一、转换而不存在包含的关系。《庚桑楚》：

道者，德之钦也；生者，德之光也；性者，生之质也。

对于"钦"字，论家有不同理解，成玄英解为"钦仰"，钟泰依成氏之见，解为"尊仰"[①]；俞樾以"钦"为"瘢"的假借

---

①　钟泰:《庄子发微》，上海古籍出版社 2002 年版，第 545 页。

字①。无论有何种的不同理解，有一点是清楚的，这里的"道"不同于"德"，"德"是从"道"那里来的。再看《徐无鬼》所言：

> 故德总乎道之所一，而言休乎知之所不知，至矣。
> 道之所一者，德不能同也。

德总是从道那里禀受到某些东西（自得于道），才可以称为德的；而道的普遍性、一贯性（"道之所一"），是德所不能比拟的，所以，德可以分享道，却不能与道完全相同，一如具体不能与普遍相同一样。《天地》：

> 故通于天地者，德也；行于万物者，道也；上治人者，事也；能有所艺者，技也。技兼于事，事兼于义，义兼于德，德兼于道，道兼于天。……执道者德全，德全者形全，形全者神全。神全者，圣人之道也。

德"通于天地"，是说德来源于天地自然之道，而道则是要流行于万物的，这是它的普遍性所要求的。这里的"兼"字，意谓具有、包含之义。来源于"事"的"技"，其中包含了"事"的义；源于"义"的"事"，其中包含了"义"之义；源于"德"的义，其中具有了"德"的某些含义；源于"道"的"德"，也具备了"道"的含义。源于道的德，包含、保留了道的某些含义，或者说它们之间存在着同一性，但德并不能等同于道，因为普遍的道在转换为德的时候，它可能丢失了某些东西；同样，普遍的精神转换为具体的德性、品性的时候，在保留道的内在规定性时，却丢掉了普遍性。从系统论的观点看来，执道者可以德全，德全者可以形全，形全者可以神全。但不可

---

① 钟泰：《庄子发微》，上海古籍出版社 2002 年版，第 545 页。

反过来说：执德者可以道全，形全者可以德全，神全者可以形全。人们在道与德的关系上能够做的事情，就是"立德明道"，也即通过培植、树立德性来体验、弘扬道，因为德与道之间存在着由此达彼的同一性，所谓"立之本原而知通于神，故其德广……立德明道，非王德者邪？"（《天地》）。这也如《论语》讲过的"本立而道生"（《论语·学而》），"人能弘道，非道能弘人"（《论语·卫灵公》）。

### （二）庄子所谓"德"的含义

在道与德的关系的基础上，我们来看庄子所说德的含义：

> 夫若然者，且不知耳目之所宜，而游心乎德之和。物视其所一而不见其所丧，视丧其足犹遗土也。（《德充符》）

> 平者，水停之盛也。其可以为法也，内保之而外不荡也。德者，成和之修也。德不形者，物不能离也。（《德充符》）

这里的"德之和"与"成和之修"意思相同，与《缮性》里面所说的"夫德，和也"一样，都是指德的内涵，应当指一种与物相和、与事相顺的修养。只是前者直指人的修养，后者则以平静之水为譬，以不波荡的客观性，隐喻最好的德性修养。对于德与物之间的关系，庄子认为，德并不显现出来，显现出来的就不是深厚的德了，唯其如此，它才能够作为事物的法则，而事物却离不开它的存在。

然而，庄子把德既理解为一种修养，同时又把它理解为一种醇正的客观性与公正性，这是如何可能的？《人间世》：

> 子常语诸梁也曰："凡事若小若大，寡不道以欢成。事若不成，则必有人道之患；事若成，则必有阴阳之患。

　　若成若不成而后无患者，唯有德者能之。"

这是说常人难免在举事成功与不成功之间而产生"人道之患"或"阴阳之患"，而"有德者"却可以无此祸患。自然，有德者处事高明，可以避患，然而，"人道之患"与"阴阳之患"是两种不同的情形，前者属于是否处事高明的问题，后者则属于自己内心是否平静的问题，而无论成与不成，内心都能平静，这终究还是一种德性的修养。有了这种德性修养，可以不计得与失，所以没有了祸患。

　　《德充符》是专讲德性的。然而，为庄子看作有德之人，都是些什么人呢？兀者（被刖脚者）王骀，"立不教，坐不议，虚而往，实而归。固有不言之教，无形而心成者"，"物视其所一而不见其所丧，视丧其足犹遗土也"；兀者申徒嘉，"知其不可奈何而安之若命"，甚至忘了自己是一个兀者；兀者叔山无趾，视名誉"为己桎梏"，"以死生为一条，以可不可为一贯"；恶人（丑陋之人）哀骀它，其"恶骇天下"，却"未言而信，无功而亲，使人授己国，唯恐其不受也"；"闉跂支离无脤"者，"德有所长而形有所忘"。这些人，虽然形体残缺，但德行高尚，他们之间的交友，可称为"德友"，即以德相交的朋友。而其所谓"德"，并不是以仁义为内涵，而是超越是非、名利，忘记利害、生死关系，当遭遇到死生、存亡、穷达、富贵、毁誉的时候，依旧平静如故，不至于让它们干扰到自己心性的和顺，甚至都不会让它们进入到自己的内心去（"不足以滑和，不可入于灵府"）。在《德充符》中，庄子也借孔子说了自己要说的话：

　　　　仲尼曰："人莫鉴于流水而鉴于止水。唯止能止众止。受命于地，唯松柏独也（正），在冬夏青青；受命于

> 天，唯（尧）舜独也正，（在万物之首。）幸能正生，以
> 正众生。"

这里的"正"，就是行为与德性的端正。这种德性可以作为法制，它像是平静的止水，客观公正地照见任何的事物。在物的方面，庄子举出了松柏；在人的方面，举出了尧舜。他们之所以可以作为万物与人的法则，在于他们总是保有自己醇正的本色，可以使不正之人、之物得以回归到"正"。《应帝王》：

> 蒲衣子曰："而乃今知之乎？有虞氏不及泰氏。有虞
> 氏其犹藏仁以要人，亦得人矣，而未始出于非人。泰氏，
> 其卧徐徐，其觉于于。一以己为马，一以己为牛。其知
> 情信，其德甚真，而未始入于非人。"

有虞氏修仁为德，并用这种德来要约人，虽然也笼络了许多人，却没有超然乎物之外，泰氏则安闲自在，一副愚昧无知的样子，无论别人呼他为牛或为马，全不介意。故而，如此其情率性，其信无伪，所以，这样的德性很真实（"其德甚真"），似从来就没有陷入过物之内。所以说"有虞氏不及泰氏"。

以上所说的德，都是以客观性、公正性为基本内容的，这种观念在《在宥》中得到了再次的确认：

> 中而不可不高者，德也；一而不可不易者，道也；
> 神而不可不为者，天也。……不明于天者，不纯于德；不
> 通于道者，无自而可；不明于道者，悲夫！

"中"，与"和""顺"相通，也即"德之和"。"不可不高"，是说和顺之德不能不是高尚的。这和顺的高尚之德，却又来自于自然之天，所以才说"不明于天者，不纯于德"。这也如《刻意》中所说的："天地之平而道德之质也。"醇正的客观性作为一种德性，意谓待人处事的公正无私，这理

当为人的德性；然而，它既然来自于自然之天，如何算得上修养之德？《天地》：

> 性修反德，德至同于初。

这是说人们修养性情，达到返还本始、初生之德；德的极致则与泰初相同。本始、初生之德，为人们来到世间的时候的那种德，这种德以真实、率性为内涵（"其德甚真"）。同于泰初，即是同于天地初生之德，也即混沌之德。

这是否意味着初生的处子不须修养就具备了一种德性呢？应该说：是的。只不过，处子的这种德却不是庄子所追求的德。因为处子的德虽然真实，却是没有经过修养的、历练的、返还的德。我们可以看到，庄子所追求的德不仅是真实的、客观的、公正的，而且它还是能够应世的、能耐的、超越的。《逍遥游》里面所描绘的藐姑射之山上的神人，"肌肤若冰雪，绰约如处子"，能够不食五谷，吸风饮露，乘云气，御飞龙，游乎四海之外，其神凝之间，能够使物不疵，而年谷熟；"之德也，磅礴万物以为一"，"之人也，物莫之伤"，如此等等。他们像处子那样稚嫩、纯洁，却不会像处子那样无知，所以，他们处子般的样态是修养出来的，他们返还、保持的功夫，正是修养的过程。前面已经讲到客观、公正与平静乃是庄子所追求的基本德性，而客观、公正与平静作为德性，并非从来就是那样的，而是经历过所有的扰乱而后能够平静如水的（"撄而后成"——《大宗师》），如果从来如此，也就不是庄子所追求的那种德了。在上述意义上，可以说，保持自然、客观、公正、纯洁、平静、和顺的本性，就是德。

## 二　德与仁义

### （一）仁义之与德性

既然在庄子的"至德""玄德""全德"之中都没有包含仁义的内容，那么仁义算不算是一种德呢？依照庄子的思路看，仁义至少不是他所崇尚的德性。然而，庄子并没有明白地讲，如果这么讲了，那就有违时流了，所以，与老子一样，庄子把德分出一个阶次，保持"至德""玄德"与"全德"的追求，却也为以仁义为内涵的德开出一个存在的理由。老子说"上德无为而无以为，下德为之而有以为"。老子说的"上德"因为"无以为"，故而，它是"无德"，即非寻常意义的德；"下德"因为"有以为"，故而，它是"有德"，即寻常意义的德。有德也就是以仁义为内涵的德。庄子也说："道不可致，德不可至。仁可为也，义可亏也，礼相伪也。"（《知北游》）也是把仁、义、礼等内容看作次于道德的"可为"的修养，只是它们自一开始实施，就是不遍不周、有亏有伪的了。《骈拇》更是把仁义等看作是一种"侈于性"的东西，认为它们"非道德之正"，然而，也还是承认了仁义为一种道德的范畴，要不然，仁义就是与道德无涉的问题了。又所谓："仁义又奚连连如胶漆纆索而游乎道德之间为哉！"即是说，仁义混迹于道德之间。《马蹄》采取了与《骈拇》几乎同样的态度，认为道德不废，就不会有仁义（"道德不废，安取仁义"），甚至把以仁义代替道德的罪过，推究于圣人（"毁道德以为仁义，圣人之过也"）。毋庸讳言，《骈拇》《马蹄》的言论是比较激烈的，所以学者怀疑是庄子后学之作，不过，其立场还都是属于庄子的。如果庄子根本就不把仁义看作是道德的范畴，他也就不会花力气去辨正道德与仁义的关系，也不会重视仁义的问题了。或许可以这么说，庄子对于仁义并不喜欢，却又不得不认可它们仍是道德的问题，要不然就不足谓了。

**（二）爱亲是否就是仁**

在上述的前提下，我们来看庄子是如何看待仁义礼等问题。庄子对仁义的论述是与道德问题相联系的，即在道德的前提下谈论仁义问题，而仁义问题又是在与儒家仁义观的对照下，并在其批评的过程中展开他自己的论述的。因而，回顾一下《论语》和《孟子》的仁义观是必要的。《论语》：

> 有子曰："君子务本，本立而道生。孝弟也者，其为仁之本与！"（《学而》）
>
> 子曰："弟子，入则孝，出则弟，谨而信，泛爱众而亲仁。"（《学而》）
>
> "人而不仁，如礼何？人而不仁，如乐何？"（《八佾》）
>
> 樊迟问仁。子曰："爱人。"问知。子曰："知人。"（《颜渊》）

再看《孟子》：

> 仁之实，事亲是也。义之实，从兄是也。智之实，知斯二者弗去是也。礼之实，节文斯二者是也。乐之实，乐斯二者。（《离娄》）
>
> 恻隐之心，仁也。羞恶之心，义也。恭敬之心，礼也。是非之心，智也。（《告子》）
>
> 仁者无不爱也，急亲贤之为务。……尧舜之仁不遍爱人，急亲贤也。（《尽心上》）

　　　　亲亲，仁也。敬长，义也。无他，达之天下也。
（《尽心上》）

　　综合起来看，孔子和孟子都表达了这样的意思：第一，仁的本质是爱人，而爱人包括了爱亲（孝悌）与"泛爱"；第二，在爱亲与泛爱之间，先要爱亲、孝悌（包括"事亲""从兄"），这是根本，而"泛爱"是次一等的，用孟子的话，就是"急"与"缓"的关系；第三，在仁义礼智中，仁是最基本的，没有了仁，义、礼、智都无所适从。在事亲这个根本问题上，孔子在与子游的对话中回答了动物与人的区别：

　　　　子游问孝。子曰："今之孝者，是谓能养。至于犬马，
　　皆能有养，不敬，何以别乎？"（《论语·为政》）
意思是人们把孝敬父母看成是能够抚养，然而，仅仅是抚养的话，那与人们养活犬马有什么分别呢？人的孝里面必须包含了一种"敬"的关系。

　　庄子对仁义的看法可谓是针对儒家的。《天运》：

　　　　商大宰荡问仁于庄子。庄子曰："虎狼，仁也。"曰：
　　"何谓也？"庄子曰："父子相亲，何为不仁！"曰："请问
　　至仁。"庄子曰："至仁无亲。"大宰曰："荡闻之，无亲则
　　不爱，不爱则不孝。谓至仁不孝，可乎？"庄子曰："不
　　然，夫至仁尚矣，孝固不足以言之。此非过孝之言也，
　　不及孝之言也。"

在庄子看来，既然父子爱亲、相亲为仁，虎狼之间也存在着类似的关系，那么这种关系如何不可以称作仁呢？荡则以为仁应当不止于类似动物的这种关系，所以，继续问什么是"至仁"。而庄子对于"至仁"的回答，则是"至仁无亲"，远超出了荡的想象，也就是说，在虎狼之相亲与至仁中间，没有一个类似

儒家的仁的观念，故而虎狼之相亲与儒家的爱亲，并无二致。荡对庄子所说的"至仁无亲"难以理解，坚持认为没有亲亲，就谈不上仁爱，而没有仁爱，就谈不上孝敬。庄子则说"至仁"是一个极高的境界，不是可以用孝来说明的，并强调说，不是说"至仁"超过孝，而是与孝无涉。在《齐物论》中庄子说：

> 大仁不仁……自我观之，仁义之端，是非之涂，樊然淆乱，吾恶能知其辩！

在《大宗师》中说：

> 有亲，非仁也。

在《庚桑楚》中又一次提出"至仁无亲"。庄子的观点很清楚：有了亲，就谈不上真正的仁；至高的仁，没有亲；有了仁，就谈不上至仁。

庄子反复申述这个观点，孔孟则再三重复爱亲即是仁的观点，看来在这个问题上的观点对峙，应该引起重视。孔子、孟子之认为亲亲就是仁，根据在于只有父亲与子女之间的自然性的相亲，才能够有爱，有了爱才能心甘情愿地敬孝。至于说对他人的仁与爱，必须从身边的相亲、相爱与孝敬开始，即必须拥有这样的体验，爱他人才是可能的，如果一个人连身边的父母、子女都不爱，如何谈得上对他人的爱。所以应该，而且必须坚固亲亲、爱孝的观念，并且这种爱不是与他人的爱相提并论的，必须处于绝对的优先地位。在这个方面，我们看到，孔孟的仁爱观是以亲情、情感为基础的，只是他们把这种亲情、情感的基础上升到了理性自觉，等于说我们意识到这种亲情和情感，所以我们要更加努力地实践它。庄子并不否认这种亲情和情感的自然性，甚至把它看作是"命"。

> 天下有大戒二：其一命也，其一义也。子之爱亲，

命也，不可解于心；臣之事君，义也，无适而非君也，无所逃于天地之间。是之谓大戒。是以夫事其亲者，不择地而安之，孝之至也；夫事其君者，不择事而安之，忠之盛也；自事其心者，哀乐不易施乎前，知其不可奈何而安之若命，德之至也。为人臣子者，固有所不得已。行事之情而忘其身，何暇至于悦生而恶死！夫子其行可矣！（《人间世》）

这段话以孔子答叶公子高之问的形式讲出来，依然是借孔子讲出了庄子自己要讲的话。爱亲是不可解于心的"命"，忠义是无所逃于天地的"义"；"不择地而安之"与"不择事而安之"，都是不讲条件、有意而为之的意思。前者是自然性，是命与义；后者是人的自觉性，把这种自然性提升到有意识的行为中去。不过，庄子又认为，爱亲、事君毕竟还是侍奉于外，如果侍奉于内心（"自事其心"），那么就可以超越哀与乐给人带来的困扰（意谓人爱亲、事君都不可避免地要遭这般的困扰）；如果把爱亲、事君看作是命，既不讲条件地去践行，又不受做这些事情必然产生的哀与乐（乐也有"阴阳之患"，乐的尽头或许就是哀）的困扰，那才叫"德之至"。所以，问题不在庄子是否反对仁义，而是他认为以爱亲为基础的仁义不如"德之至"，违背了人的本性，难以逃离偏私与偏狭。之所以说"有亲，非仁也"，在于有了亲，就有了疏，有了对父母、子女的特殊的爱，就排除了对他人的同等的爱；之所以说"至仁无亲"，在于超越了偏狭的爱亲，才能够实现普及他人的爱；之所以说"大仁不仁"，在于超越的大仁，行的是普遍的仁，却不会在意于所行之仁，所谓"泽及万物而不为仁"。正是出于这样的考虑，《在宥》如此说道："亲而不能不广者，仁也。"这里的"仁",不再是偏狭的爱亲,而是没有差别的爱,是"至仁"。在庄子所描绘的"至德之世"里面,也是说人人相爱却不知仁。爱既是儒家所说的仁,那么,在庄子看来,不用仁,也可以人人相爱。

庄子与孟子差不多同时代,然而,这两个最善辩的人失之交臂,从未正面有过思想的交锋。不过,庄子对儒墨两家的立场、观点是了解的,所以,他的言论中时常提及"儒墨",他的道德、仁义观许多都是在对儒家的辩驳中建立起来的,而孟子则从来都没有提及庄子。孟子批评过墨子,也批评过杨朱,虽然杨朱也被一些论者看作道家,但在孟子谈论中的杨朱是一个不肯拔一毛以利天下的自私的人,单从这点看,似乎他算不上是一个真正的道家。不管怎样,庄子与孔孟在仁义观上是很不相同的。

## (三)仁义之远近

虽然爱亲是根本的,"泛爱"是次等的,却毕竟有这个要求,不然就不能致广大。我们知道,儒家对这个问题的态度是"推己及人"。《论语·庸也》:

> 子贡问曰:"如有博施于民而能济众,何如?可谓仁乎?"子曰:"何事于仁!必也圣乎!尧舜其犹病诸!夫仁者,己欲立而立人,己欲达而达人。能近取譬,可谓仁之方也已。"

可见,孔子对于那些能够把仁爱推及至广大民众的行为,给予了很高的评价,甚至以"圣"来称谓之。似乎孔子从不怀疑这个"推及"功夫的有效性。孔子说:

> 有能一日用其力于仁矣乎?我未见力不足者。盖有之矣,我未之见也。(《论语·里仁》)

仁远乎哉？我欲仁，斯仁至矣。（《论语·述而》）

也就是说，只要你意欲把仁推及至想要推及的地方，没有办不到的，甚至意欲所至，立刻可以实现。

孔子的这个态度在孟子那里得到了加强。孟子说：

仁者以其所爱及其所不爱，不仁者以其所不爱及其所爱。（《孟子·尽心下》）

孟子这段话是针对梁惠王讲的，说仁者将他所爱的人的恩德推及至他所不爱的人身上，而梁惠王却将他所不爱的人的祸害推及至他所爱的人身上。孟子意在强调爱要从内到外，从爱亲开始，推及他人，而不是相反。

庄子承认爱亲的自然性，并把它提升到命与义的程度，但他并不同意儒家的推及法，推及法毕竟是由近到远，由亲到疏，那么是否可以像儒家所说的那样，可以推及至天下呢？《天运》的这段话是颇有意味的：

夫南行者至于郢，北面而不见冥山，是何也？则去之远也。故曰：以敬孝易，以爱孝难；以爱孝易，而忘亲难；忘亲易，使亲忘我难；使亲忘我易，兼忘天下难；兼忘天下易，使天下兼忘我难。夫德遗尧舜而不为也，利泽施于万世，天下莫知也，岂直大息而言仁孝乎哉！夫孝悌仁义，忠信贞廉，此皆自勉以役其德者也，不足多也。故曰：至贵，国爵并焉；至富，国财并焉；至愿，名誉并焉。是以道不渝。

论家对"冥山"之喻有各种解释，其中郭象、成玄英认为，"郢"表征的是仁孝，而"冥山"表征的是"至理"。郭象说道："至仁在乎无亲，而仁爱以言之；故郢虽见而愈远冥山，仁孝虽彰而愈非至理也。"① 林希逸《南华真经口义》认为:"冥山在北。自北而南行至于郢,则望北山皆不见矣。此是去之已远,非不及也。等闲小小譬喻,以发过孝不及孝之意,亦自奇特。"② 吕惠卿认为,"郢"为至仁,"冥山"为孝,其云:"南行者不及冥山,去之远也,至仁则孝不足言,亦去之远也。"③ 钟泰也认为如此,他说:"冥山以喻孝,郢以喻至仁,至郢而不见冥山,犹至仁而不言孝。'去之远'者,喻仁与孝大小悬殊也。"④ 陆西星则认为,"冥山"与"郢"之"去",为"背去"之义,其云:"言仁不言孝,南之郢而北不见冥山之谓也。何者?背去之远,义不两见。故至仁则忘孝,亦理之所必至者。"⑤ 宣颖也认为如此,其云:"喻俗所谓孝,不啻与孝背驰,何足以及孝哉!"⑥

我则以为,关于"冥山"与"郢",吕惠卿及钟泰所说为可取,冥山为出发点,也是庄子所说的从"敬孝"达至"使天下兼忘我"的起始;而"郢"虽不必定指"至仁",但可以为"至仁",它或可指由"敬孝",经由"爱孝""忘亲""亲忘",及至"忘天下""天下忘我"的一个境地,庄子用隐喻,不确定地指何种境地,只言郢地去冥山很远了,北面回望已不见冥山。"去"之义,意味着离开、走开、远去,理解为"背去""背驰"则不当,庄子并没有忘亲、忘天下是背离孝亲、爱亲的意思,只意味着从冥山走开去的意思。在上述基础上,

---

① 郭象:《庄子注》,见郭庆藩《庄子集释》,中华书局 2004 年版,第 499 页。
② 林希逸:《南华真经口义》,云南人民出版社 2002 年版,第 215 页。
③ 焦竑:《庄子翼》,台湾广文书局 1979 年版,第 132 页。
④ 钟泰:《庄子发微》,上海古籍出版社 2002 年版,第 313 页。
⑤ 陆西星:《南华真经副墨》,中华书局 2010 年版,第 211 页。
⑥ 宣颖:《南华经解》,广东人民出版社 2008 年版,第 104 页。

我们再来理解庄子这段话的隐微之义。首先，以敬孝亲、以爱孝亲，乃是无所逃于天地的、前定的使命，为一种自然性的亲情，但是，如果像儒家那样，将其作为"仁"的基本内容，并试图由此推开去，面临着两个方面的局限：一是难逃偏私之嫌；二是如何确信由孝亲、爱亲之仁，推及到天下之仁？儒家的那种以亲情、以爱的体验为基础的爱与仁，其所具有的合理性，能否广延开去？要知道，爱亲、孝亲之仁，如果没有推广至天下人，就不是至仁。庄子这个冥山之喻，就隐含了对儒家之仁的否定之义。冥山暗喻儒家的爱亲、孝亲之仁，在冥山附近，人们尚且看得清楚它；由它往外走开去之后，它就逐渐地淡出了人们的视野。而走开去，是为了致广大，推及天下。由此以论，当亲情推至于无亲情之外的时候，它的那种体验性质所具有的影响力就降低了，所以，庄子的基本句式"与其，不如"所表达的正是一种在事实基础上的价值观。"忘"字的叠用，表达的又是一种反复的超越观念。庄子所说的"难"与"易"都是相对的，他把难易关系置入如此的超越环境之中，意味着没有绝对的难、绝对的易，难与易只有比较的性质。以敬的形式孝顺父母容易，以内心的爱孝顺父母难；以内心的爱孝顺父母容易，忘了他们是自己的父母而孝顺他们难；忘了他们是自己的父母而孝顺他们容易，使父母忘了自己是他们的子女难；使父母忘了自己是他们的子女容易，而自己忘了天下难；使自己忘了天下容易，而使天下忘了自己难。进入了"忘"的境地之时，就是不断地超越。施行了所有的仁爱之事，却在主观上忘了亲疏、内外及其名分的差别，又能够不留行迹，让别人忘了自己的存在。"兼忘天下"，这并非一般的目标，而是"德遗尧、舜而不为也"；"使天下忘我"，则是"利泽施于万世，天下莫知也"。正是在超越儒家私亲局限的意义上，庄子才在后面说："岂直太息而言仁孝乎哉！"又说儒家的孝悌仁义、忠信贞廉，不过是儒者对自己提出的一个劳役其性的要求，即所谓"德"而已（"自勉以役其德者也"）。

在上述意义上，可以看到，庄子并不否认仁义的价值，只是他认为要超越仁义的局限。《天运》：

> 名，公器也，不可多取。仁义，先王之蘧庐也，止可以一宿而不可久处。觏而多责。古之至人，假道于仁，托宿于义，以游逍遥之虚，食于苟简之田，立于不贷之圃。……孔子见老聃而语仁义。老聃曰："夫播穅眯目，则天地四方易位矣；蚊虻噆肤，则通昔不寐矣。夫仁义憯然，乃愤吾心，乱莫大焉。吾子使天下无失其朴，吾子亦放风而动，总德而立矣！又奚杰然若负建鼓而求亡子者邪！夫鹄不日浴而白，乌不日黔而黑。黑白之朴，不足以为辩；名誉之观，不足以为广。"

在这段话里，庄子把名与仁义形象地喻为公器与蘧庐（旅舍），可以短暂地使用它们，却不可以长期地占有，公器为大家所有，不可一人独占；蘧庐可以寄宿，却要前人让后人。既然仁义只是个方便，那么可以"假道""托宿"，亦即可以借助它来实现自己的人生目的，但是如若不能摆脱它，也就谈不上"游逍遥之虚"了。所以，当孔子向老聃喋喋不休地谈论仁义的时候，老聃就不耐烦了，说你谈的仁义啊，就像"播穅眯目"，乱了方寸；像"蚊虻噆肤"，使人通宵难以入睡。与其这样，还不如你努力使百姓保持自己的那份纯朴的本性，而你只需要依风而动，把住自然树立的"德"就行了，无须到

处奔走教化。"建鼓而求亡子",又是一个极妙的隐喻。击打
大鼓是为了将求逃亡之子的声音传得远些,然而,逃亡之子却
走得更远。此隐喻儒家奔走呼号,试图以仁义之声召回离散
之民,岂不知天地之大,逃离之远,又怎是呼号之声可以企
及的。

综上所述,庄子的道德论乃是道家基本价值理念的阐扬,
又是在与儒家道德观念的比较与辩驳中树立起来的新理论。其
中不难看出庄子哲学的一些意图:超越儒家亲亲道德理论的局
限性,建构以"真"与"公平"为核心价值的道德普遍性。

**主要参考书目:**

[1] 王弼:《老子道德经注》,见楼宇烈《王弼集校释》,
中华书局 1980 年版。

[2] 任继愈:《老子新译》,上海古籍书店 1985 年版。

[3] 张松如:《老子校读》,吉林人民出版社 1981 年版。

[4] 李存山:《老子》,中州古籍出版社 2008 年版。

[5] 刘笑敢:《老子古今》,中国社会科学出版社 2006
年版。

[6] 钱穆:《庄老通辨》,生活·读书·新知三联书店
2002 年版。

[7] 郭象:《庄子注》,见郭庆藩《庄子集释》,中华书局
1961 年版。

[8] 成玄英:《庄子疏》,见郭庆藩《庄子集释》,中华书
局 1961 年版。

[9] 林希逸:《南华真经口义》,云南人民出版社 2002
年版。

［10］陆西星:《南华真经副墨》,中华书局 2010 年版。

［11］王夫之:《庄子解》,中华书局 2009 年版。

［12］宣颖:《南华经解》,广东人民出版社 2008 年版。

［13］焦竑:《庄子翼》,台湾广文书局 1979 年版。

［14］王先谦:《庄子集解》,中华书局 1987 年版。

［15］钱穆:《庄子纂笺》,台湾东大图书有限公司 1985 年版。

［16］王叔岷:《庄子校诠》,中华书局 2007 年版。

［17］钟泰:《庄子发微》,上海古籍出版社 2002 年版。

［18］杨柳桥:《庄子译注》,上海古籍出版社 2006 年版。

［19］曹础基:《庄子浅注》,中华书局 2007 年版。

# 商人伦理与宗教伦理

## ——兼论华南地区道教世俗化运动

从十九世纪开始，在华南地区兴起了一种慈善结社运动，这种结社运动是与道教的扶乩活动相关的，其中商人和道士各自在其中扮演了不可或缺的角色。1949 年之后，蓬勃的慈善结社运动在香港地区延续并再次兴起，并最终演变成为宗教慈善组织，由此奠定了香港社会的慈善基础，而道教在其中经历了合理化的蜕变，在发展壮大中保持了自身的同一性。

## 一 商业、扶乩与慈善的关系

商业、扶乩与慈善之间，就是一个三角关系。商人参加扶乩活动，出于本能的需要，预知未来，规避风险，绝境逃生，捕捉转瞬即逝的商机，在一个乱世里面经生，在无助当中祈求神助，这就是商人参与扶乩的直接原因。扶乩正是满足了商人的心理需求，才会在商业比较发达的三角洲地区流行起来，而扶乩的真正职能则是诱导人们向往宗教，它是一个通向宗教的方便门户。一旦叩问神圣成为经常行为，那么乩手就与叩问者之间形成了一种结社团体。而这个团体想要取得合法身份，就要以慈善的面貌出现，且慈善也是商人回报神圣、回报社会的最好办法。而且，慈善也并非只有付出、没有回馈，慈善给予参与的商人诸多的方便，诸如使得他们能够与传统地位的绅士同起同坐，改变商人重利轻义的名声，甚至取得政府给予或民间称道的社会地位，从而，慈善又反过来滋养了商业和宗教。

这么说并不意味着商人之外的人没有扶乩与宗教以及慈善的热情。依照宗教学的一般理解，人皆有宗教情感，人皆有宗教依赖，如同人皆有善性一样，这是古今无异的共性。按传统农业社会的结构，士、农、工、商，在这个方面没有不同。恰如除商人之外，士者想要求官会求神，农民祈求好年成、工者（手工艺者）祈求好手艺，也会求神。只不过，有两个方面的情形不同于传统，也显示不同身份的意义。第一，在清末民初采取扶鸾（乩）结社的方式从事宗教活动，进而转变成慈善运动，这是过去历史不曾有过的。虽然"降授"活动古已有之，但它主要限于宗教教派内部，没有演变成具有社会意义的结社活动。所以，扶鸾结社的出现，可以且应当被看成是人神关系改变的形式，或者说人与宗教关系在新的时空条件下的更新。[①] 这个观点有助于我们理解何以扶鸾结社发生在这个时段而没有发生在历史上的过去。第二，士者、工者、农民虽然也

---

① 杜普瑞（Louis Dupre）《人的宗教向度》（*The Other Dimension*）："宗教并非一成不变的东西，它的伸缩性远比我所知道的要大。它不停地变换面貌并转移阵地。它不是以接受一个客观存在的圣界为唯一标准，更不是一种纯粹主观的意识状态。那么，宗教究竟是什么？我认为它是人类心灵与实在界之间的一种复杂的辩证关系。这种关系是辩证的，因为它兼具主动与被动双重性格，但是更主要的是因为它不停地否定既得的立场。在这种否定过程中，它为人类生命开拓了一个新的向度。"（台湾幼狮文化公司，1996 年出版，导论部分）

会问神，在扶乩（扶鸾）活动兴盛起来之后也会参与其中，但时机对于三者来说要稀疏得多，读书人一年一度赶考，手工艺人一年一次求神赐艺即可，农民看日落日出以计时，时间对于他们似乎并不蕴含着机会，所以，三者即便参与问乩，也是问完走人，他们没有因此变成结社团体的成员。只有商人例外，他们有太多的事情需要及时问乩，时间与机会息息相关，频繁的叩问，使得他们最终变成了这些宗教结社的成员，并且，宗教结社与他们自己的生意从来就不相冲突，在价值取向与人生归依上完全吻合。这就是商人与扶鸾结社的本然联系。这也有助于我们理解何以扶鸾结社活动发生在商人中间而没有发生在农民中间这一现象。

香港道堂、善堂背后普遍有着商人背景，这已是一个不争的事实。诸如：圆玄学院创办的发起人和主持人赵聿修是新界知名的商绅，后来的主持人汤国华也是有实力的商人，现任主持人陈国超也有商人的背景；巨商陆吟舫（1878—1960）为至宝台、青松观的发起人，并从1952年至1959年连任八届青松观理事会理事，他还是圆玄学院的创始人和慈善机构东华三院的总理。青松观在侯宝垣道长羽化后，董事会成员几乎是清一色的商人背景，至于香港富有道教组织背景的慈善组织东华三院、保良局，更是"富商巨贾、社会贤达、中外名流"扎堆的地方。在接受采访的过程中，圆玄学院的李先生说了这样的话：

> 商人具有两重性，一方面是商人，另一方面还有宗教信仰，从而也就有社会身份，社会身份对他们很重

要。<sup>①</sup>

也就是说，从商这种身份具有私人性，而从事宗教活动的身份才具有社会性，所以，"亦商亦教"可谓香港各类宫观、道坛的一大特色。如王赓武主编的《香港史新编》记述的：今日的香港道教，以弘扬道教为专业、以悟道修真为宗旨的道士不多，宫观、道坛等组织亦是亦商亦教，与传统道教的形式及规模大异，但却保留并发扬了植根民间、博施济众的特色和精神。大小宫观道堂对参与社会事业，可谓不遗余力。<sup>②</sup>

商人与宗教活动的关系之密切，无须过多论证。问题是商人作为世俗的"人"与他们所崇拜的对象、超越的"神"之间，存不存在一种相通与相似关系，只有这种关系存在，才可能有"人神共舞"的情形。即便依照传统西方的基督教的理论，即绝对超越的神与不超越的人不可通约，人不可揣测神，也不改变神依自己的形象造人的事实，这才有"上帝爱罪人"的说法，即上帝爱自己创造的、背负着"原罪"的人。这种神格与人格在"格"上的相通，是最大的相通之处。从而，人在荣耀、取悦神的过程中，也自荣与自悦，为自己成为神的义人而荣耀，为得到神的护佑而欢悦。而在主张"内在超越"<sup>③</sup>的中国，虽然并未改变神的超越性、人的俗世性的基本

① 根据采访笔记整理。
② 王赓武主编：《香港史新编》，香港三联书店1997年版，第787页。
③ "内在超越"这一概念在汉学界几成共识，之前，余英时、汤一介、杜维明等先生论证过这个问题，见《中国思想传统的现代诠释》，江苏人民出版社1991年版；杜维明《现代精神与儒家传统》，生活·读书·新知三联书店1997年版。笔者在《中国宗教的超越性问题》中也论述过这个问题，见《理性主义及其限制》，生活·读书·新知三联书店2003年版。

格局，却认为人与神具有内在的相通性，人们总是在内在的本来的心性上去发现神性，像佛教禅宗以及道教内丹学说所推崇的那样。对于华南及香港的全真道来说，这种相似与相通拥有更为具体而实在的内容。首先，商人所崇拜的神与他们自身是否具有气质上的吻合；其次，以这种神所代表的庙宇所宗奉的道德教化学说是否符合他们的期盼。这两个问题需要分开来论说。

在多神崇拜的华南地区以及香港，人们崇拜最为广泛的对象当属吕祖。据香港道教联合的调查，吕祖为香港地区最为普遍的供奉对象。

> 一九九九年香港道教联合会访问团体会员，五十八间受访道堂中以吕祖为主神的占最多，共二十四间，由此可见，吕祖是香港道堂普遍供奉的神仙。……今天，主祀吕祖的港澳宫观，计有云泉仙馆、玉壶仙洞、青松观、信善坛、金兰观、万德至善社、玉清别馆、蓬莱阆苑等，其中包括龙门派、纯阳派诸派。兼祀吕祖的道堂坛庙更是多不胜数，如啬色园、蓬瀛仙馆、藏霞精舍、红十字会、筲箕湾天后庙、元朗厦村灵度寺等。①

吕祖为全真道的祖师，全真道侍奉自不待论，但"主祀"加上"兼祀"吕祖的占据香港庙宇、宫观的大半，足以表明吕祖在香港地区的特殊地位，已远远超出全真道的范围了。所以，以吕祖与商人的关系为分析对象，具有典范性。

商人行事宗奉的是经济伦理，那么这种经济伦理与道堂的道德伦理要求是否融洽，这是一个经济伦理与宗教伦理的关系

---

① 游子安主编：《道风百年》，香港利文出版社 2002 年版，第 28、29 页。

问题。我们先来看看道堂的伦理规范。在1941年的《广东年鉴》里，说广州地区的道堂"互以修身行善为约则，采纳儒家修养精神，如提倡孝弟忠信礼义廉耻以为社员规约"，很显然，孝、弟、忠、信、礼、义、廉、耻八德皆为传统的儒家伦理，这是一种最普遍的要求做人的伦理与道德，自然也适用于商人。[①] 但是，我们在《至宝真经》《樵阳玉书》及《为善最乐》等善书中所看到的，现今香港全真教以及其他道派所尊崇的宗教伦理则是"九德"。《至宝真经》：

> 礼义信廉节惠，仁慈孝顺和忠，九美奉行不怠，加以内外善功，岂只能消浩劫，还堪仙爵高封，人若勤修正道，所求事事皆通。福祸由人自召，何苦自昧其衷。道教无为清净，儒言允执厥中，佛教真如本性，原为万法皆空，三教同归一善，细求三宝能逢。在世当修世法，五常八德为宗，学道先参外果，然后伏虎擒龙。

这部经乃是何启忠在1942年一次扶乩过程中吕祖乩示出来的，何启忠在"后跋"中解释道："民国三十一年，壬午冬月，广州宝盛沙地，第三号，至宝台，承镇坛黄大仙乩谕，谓是日有群仙驾幸坛台，嘱各人肃仪恭候。届时乩手何启忠，凝神注想，如法默祷，握乩运转如环，旋得吕祖降题云……"在这段经文中，提出了"九美奉行不怠"，又提出了"五常八德为宗"。"九美"就是礼义信廉节惠仁孝忠，那"五常八德"呢？"五常"自然是仁义礼智信，"八德"是否就是《广东年鉴》所提到的孝、弟、忠、信、礼、义、廉、耻？这是

---

① 在民国的青帮红帮中，我们发现也是以"八德"作为约德的。

可能的，但不必然是，或许就是九德中除去"惠"之外的礼、义、信、廉、节、仁、孝、忠。再看万德至善社刊印的《樵阳玉书》：

> 常发慈悲，九美修治，摄伏皈依，是之为道。日月同辉，帝之所化。博施普济，佛仙圣人，其理一揆。……好应分明，持九美以立身；外功完满，修全真之妙径。三宝皈依，太上化生，为帝者师，为王者师。阐玄微之大法，开道运于初元，化度群生，显无为之秘奥。

在罗信广为之作的跋语中，说道："丙申岁复谕降真经，信广与信棣、信溢、崇颜、崇冠、崇求、崇娴，诸道侣侍鸾，于十一月念一日开始，至丁酉年六月念三日完成，号曰《樵阳玉书》。全书以性命双修为经，以道、经、师三皈依为纬，阐述大道玄微，晓悟三业之修，龙章凤篆，至笈金科，诚修行之宝典，登天之航梯也。"意味着这部书也是吕祖降受的，但是在七个月零二天的时间里面连续降受的，它号称"樵阳玉书"，其实也是吕祖降下来的经书。在这部书里，两次论及"九美德"，即"九美修治""持九美以立身"，只是没有列举出九美的具体名目，但在该书的扉页上印出的标志，则是"忠孝仁义礼廉信节惠"九德。再看广州芳村信善堂编撰《为善最乐》中记述的 1935 年扶乩的记录：

> 遂蒙降乩："跟我学道得（德），但要依我治身之道，以忠、孝、廉、节、义、信、仁，兼惠、礼，不准违背，终身信守。"悉依奉教，欣慰莫名。至民国二十四年乙亥腊月初五日，得蒙吕祖恩师许为信徒，遂获初衷，实平生之庆幸也。

这段话虽然只是吕祖降乩开示人，但同样提出了九美德以修身，而且，这里所提的九美德与至宝台和万德至善社的九美德完全吻合。这无异于表明，在吕祖所降受的经书与乩语中，从 1935 年、1942 年，到 1957 年的三次不同时期，都提出了修身的"九德"而不是"八德"；"九德"当中都加进了"惠"之德。不论乩语与降受的经书是否可靠，但从宗教社会学的角度来说，这种现象至少反映了一个宗教社会实践、发展的倾向，甚至可称为宗教运动。

我们再来分析一下这三段话中所表达的内容及其内外关系。《至宝真经》中所列"八德"与《广州年鉴》所列"八德"都是传统儒家所讲求的"德"。"九美"与"八德"的关系，从经文看，"九美"要求从道者奉行不怠，并加以内外善功，方可修得善果正道。"五常八德"虽然属于"世间法"，但修道者仍然要以此为宗，换句话，修出世间法要以世间法为宗，世间法修好了未必就可以出世间，但离了世间法是不可以修成出世间法的。依照至宝真经的逻辑，包括"惠"在内的"九德"还都属于世间法，也可称为"外功""外果"。出世间法，则是要修内功、得内果，也即"伏虎擒龙"，也就是修炼内丹，内丹功才能超凡脱尘，超生越死。《樵阳玉书》所说"持九美以立身，外功完满，修全真之妙径，三宝皈依，太上化生"，其实与《至宝真经》相类，也是把"持九美以立身"看作"外功"，而内功则是要"修全真之妙径"，"三宝皈依"指精气神归一（炼精化气，炼气化神，炼神还虚），"太上化生"则指阳神出壳，神超三界，永脱生死。至于《为善最乐》中的乩示，只是用来劝善的，作为一个道徒的基本道德要求，并非超越之道。

然而，"九美德"在全真道乃至其他教派中担当了何种角色呢？从全真教派的青松观和万德至善社来看，"九美德"既是德性，又是教规教戒，正面看就是美德，反面看去就是戒律，如非礼、非义、非仁、无诚信、不孝顺、不和惠、不廉洁、不节制等，就是信徒要力戒的了。这无异于说"九德"的流行象征着一个以德代戒时代的开启。从儒家的仁义礼智信，到仁义礼信孝节廉惠忠，这是一个加法，拥有"五常"之德，配得上"君子"的称呼，而拥有"八德"或可称"仁人"，而拥有"九德"，可做合格道士，信善堂的道徒所接受到的吕祖的"不准违背，终身信守"的训诫，也就是受诫者被恩准为道士的戒条。在香港全真教派的宗教实践中，至今这"九美德"都充当了道徒入门仪式所授的"戒律"，所谓"以德为戒"。"一"这个加法似乎表明了道徒应该具有的秉持、操守比常人要高一些；但是，比照《全真清规》，可就是减法了，如果按照王常月的"三坛大戒"，在形式上看，"九美德"还不及"初真十戒"，更不及"中极戒"和"天仙戒"，以及传统的意义的"七十二戒""百八十戒"了。远的不论，就以"长春真人清规榜"为对照，"九德"也是简略多了。然而，简略只是戒条的减少与文字的简略，并不意味着要求不高，差别在于"九德"只有九个字，为原则性的、概念性的、总括性的，真正要做到并非容易，一个"仁"字，一个"忠"字，都要一生去努力践行。不过，正因为"九德"是原则性的、概念性的、总括性的，它不是具体的要求，在这个意义上，它比较容易做到，因为人们只要向往它，崇尚它，就意味着在践行着"九德"，一个人在没有明确做出有违"仁"和"忠"的事情，那么就还是应当被视为"仁"和"忠"的。而全真清规的戒条，则是操作性的、具体的、可实行的，它们当中的某些戒条反而容易触犯，如"长春真人清规榜"规定："处静者勿起尘情，所有尘劳，量力运用，不可过度；每一衣食，不可过用。"这应对于"九德"中的"节"，守持"节"之德者，偶有某天某次的衣食过度，不会被认为不守"节"，而在庙里的守戒的道徒即便偶有过度，也会被认为不守戒规。那么，"九德"的推出有何现实意义呢？它的意义在于：它不繁复，简练易记，虽然崇高却容易实行，人们不会因此而像清规那样被束住手脚，这在一个工商经济发达的时代更易推行。从效果来说，"九德"看起来崇高，实际上是宗教道德的下移。它从高高在上的庙堂中，下移到世俗的社会，使"心向往之"的人们能够实行得起来，因为他们只要心向往之就可以了。

可是，从"八德"到"九德"，却是在做着加法。这个"惠"字的德加进去富有某些现实意义。"惠"字本是古已有之的，但它具有多义性，它时而作为德性，时而作为行为。《诗经·邶风》："终温且惠，淑慎其身。"《荀子·君道》："宽惠而有礼。"《尔雅》："惠，爱也。"这里表示温良、宽厚的德性。《诗经·邶风》："惠而好我，携手同行。"《易经》"益"卦九五："有孚惠心，勿问元吉。有孚惠我德。"[1]《荀子·君道》："夫文王欲立贵道，欲白贵名，以惠天下，而不可以独也。"《广雅释言》："惠，赐也。"这是表示施及他人好处与利益的行为。这种行为对于所施及的对象来说，就会被看作某种恩德，如《国语·晋》四所言："未报楚惠而抗宋，我曲楚直。"

《孟子·滕文公》："分人以财谓之惠。教人以善为之

---

① 《象传》解"德"为"得"："有孚惠心，勿问之矣。惠我德，大得志也。"

忠。为天下得人者谓之仁。是故以天下与人易，为天下得人
难。""分人以财"属于"以天下与人"的恩惠，"为天下得
人"属于得人心的仁慈，相比起来，前者易，后者难，故此，
"仁"比"惠"更称得上德性。这是褒义的"惠"。《管子·明
法》："夫舍公法而行私惠，则是利奸邪而长暴乱也。行私惠而
赏无功，则是使民偷幸而望于上也。行私惠而赦有罪，则是
使民轻上而易为非也。夫舍公法，用私意，明主不为也。故
《明法》曰：不为惠于法之内。"[①] 在这里，当惠与私利联系起
来时，就属于贬义的了。当"惠"与"公"联系，或者只讲
求施与别人而不求回报，就是褒义的，就像在《孟子》书里
所说的那样。相对来说，主张"兼相利""交相爱"的墨子，
则是把惠与忠联系起来，以"惠忠"为一种交往原则下的德
性："内有以食饥息劳，持养其万民，则君臣上下惠忠。"(《墨
子·天志》中）在交往的原则下，即便"惠"字表达的是德性
之义，但它注定要涉及人的行为，如此它不是一个天生禀赋的
问题，而是一个社会行为，而一旦作为社会行为，就必定涉及
行为的主体与行为的对象。"惠"字的特殊意义在于，仁义礼
智忠孝等这些德性，虽然也都有一个行为的主体与对象，但它
们更多地涉及自己对于他人、主体对于对象的责任与义务，更
多地涉及如何奉献，而不考虑对等的回报。而"惠"作为德，
尤其是处于墨子所设想的交往场域下的社会，它不只是拥有仁
义礼智忠孝这些德性的责任、义务与奉献，它也会涉及回报，
这就是墨子"兼相爱""交相利"思想的必然产物。"相"的特
殊意义在于其相互性与对称性，即爱、利别人，也希望得到别

① 黎翔凤《管子校注》："王念孙云：'私意，当依朱本作私惠，义见上下文。
《群书治要》亦作私惠。"(中华书局 2009 年版，第 1212 页）

人的爱与利。墨子不是商人，但他是中国商人经济伦理的鼻祖。不过，在等级社会里，"兼相爱"显得过于理想化，倒是"交相利"比较实际，可以行得通，尤其在商业交往当中行得通。与此相关，"惠"作为德性，由于它本来就具有施与、赐予、分人以财、给人好处的意义，就容易满足"交相利"的条件，所以，它注定要与利益、实惠，乃至互惠等意义联系起来。

从直接讲互利到互惠，并把惠作为德性，这是一个依商业交往活动的频繁而随之产生的思想历史过程，但我们没有清楚的证据显示何时完成这个过程。能够肯定的是，清末民初，"惠"作为加进去的德性，是与商人有关的。因为"惠"德既有一般意义上的贤良之义，亦有给予他人以利益、实惠之义，在某些时候的"让利"也是"惠"德的体现——德行。《善与人同录》记述吕祖的一段话：

> 至若伦常事业，首从孝悌做起，内能尽乎父子兄弟之道，夫妇之和，推而及乎朋友之信，能尽五常之道，即是修道之根源。为仙之种子，无不有此发生矣。至如贸易场中，所以求利以养家也，而利有自然之利，公平以取，谁识其非。所虑诡计变诈，惨刻以谋，以伪乱真，将虚作实，损于人而人不知，昧乎心而理不直，则虽立刻致富，终为损福折寿，贼子祸孙之根，则当深戒也。①

经商就要求利，如果避谈利益，也就成不了经济伦理。作为一种商人身份的宗教追求，利益是养家所需，是一种职业，

---

① 《善与人同录》，旅港云泉仙馆藏版，1958 年，第 62、63 页。

在职场中，追求"自然之利"，这是天经地义的，只是当"公平以取"，不可以"诡计变诈，惨刻以谋，以伪乱真，将虚作实，损于人而人不知，昧乎心而理不直"。如若背离这些伦理，即便获利，只能是私利，将有"损福折寿"的惩罚。在这种人神对话中，透露出商业经济伦理。合理合法地取得自己的利益，为"惠"德的要求，虽则"惠"德仍旧只是世俗的要求，而宗教的追求自然在这个伦理之上，但先做好寻常的人，再去追求神仙，这是一个基本的理路。这种情形应当且只能被视为宗教伦理的一部分。在《省躬录》里面，有一篇《劝商文》，直言经商的合理性，主张以"信义"来"牟义""理财"，所谓"贪利而忘义者，利源反绌，轻利而重义者，利路恒通"。①

与此相关，传统意义的"诚""信"等儒家伦理，随着它们进入商业职场，也会发生某种变化。《中庸》讲："诚者，天之道也；诚之者，人之道也。"《孟子·滕文公》："父子有亲，君臣有义，夫妇有别，长幼有序，朋友有信。"这里的"诚""义""信"都是在亲情、君臣、友朋，以及熟人范围内的德性，皆不涉及市场交往关系，即便是"来而不往，非礼也"这句话，也无关市场交往关系，这是儒家一向看低商人的缘故。不过，教化的作用使它们成了最普及的德

---

① 这是一篇称为黄龙道人在光绪二十四年十二月初一夕的降书，名《黄仙师劝商文》，其言："今夫商也者，首以信义为重者也。信义之重，信可及于豚鱼，义可坚于金石。以之牟利，则天下之利薮以开；以之理财，则天下之财源以辟。而商务由是兴焉。……古人之货殖，逐十一，权子母，无非存心忠厚，处世公平，不必指天日以为盟，不至有沸腾之物议。不必誓鬼神以为证，不至有叵测之人心。尔无我诈，我无尔虞，其所以取信于人者，在于平日，而不在于临时也。"此外，还有玉仙师的《劝士文》，广祖师的《劝农文》，云仙师的《劝工文》等。

性，自然也渗透到商业活动中了，只是这些德性一旦到了商业职场，且依旧是商人基本的操守时，它们也就会发生适应性的变化，即从原先那个范围扩大到职场范围的所有人群，包括不相识的陌生人之间。而且，"诚信""信义"不只是父子、君臣、友朋及熟人关系的彼此担当，也具有了彼此守信用、重承诺以及无诈无欺等内容。这就如同亲戚或官场里面的人，与商场的人，同样都在说要讲诚信、重信义，但彼此所理解的含义有差别一样，前者讲这些话不包含利益的意思，后者讲这些话中包含了利益的意思。然而，商人无论出身于何种背景，都会自幼受到儒家伦理教化，何况许多商人还都是从儒生蜕变而来，他们将儒家的德性带进职场再自然不过。可是，当他们彼此自觉地将这些伦理规范作为商业伦理加以运用的时候，一则内涵做了变通，二则也是主动把某种类似"紧箍咒"之类的东西加于自己的头上。我们当然可以将此种情形理解为商业活动自身的需要，也只有这样才能够维持良好的商业秩序。只是单从"需要"不足以说明所有人的情况，诸如有人想：这世界人如此之多，每人行一次骗，一生都还忙不过来呢！像这样的人还真不少。所以，将伦理秩序加于自己头上，终究还表明商人在世俗社会里向往善的理性追求。

## 二　神格与人格

"九美德"作为全真信徒的德性与戒条，是吕祖在乩语中降授的，甚至是关照到商人行为的特殊性的，那么吕祖与商人之间虽则是神与人的关系，但彼此之间必定有着某种气质的相通之处。就像在信奉基督教的黑人心目中，基督的皮肤也是黑的一样，商人心目中的吕祖一定是很护佑他们的主神。[①] 所以，这里有必要考察一下吕祖的精神气质与商人的精神气质相关性。

相对来说，吕祖在所有神仙中最具复杂性，他具有多重的"格"，如是，就有一个历史学上的吕祖和宗教学以及宗教社会学上的吕祖。历史学上的吕祖，就是历史文献上所记载的吕祖，而宗教学以及宗教社会学上的吕祖就是作为宗教历史现象或社会现象的吕祖。通过前者，我们可以得到吕祖作为一种特殊现象出现的历史时空，他所经历的历史变化。通过后者，我们可以了解这种现象出现的宗教意义以及社会意义，或者说如何经过人们一代又一代的参与，使其获得了这些意义。所以，需要分开来看待这两种现象。

先从历史文献来看待吕祖。吕祖，名吕岩，字洞宾，号纯阳，元武宗时诏封为"纯阳演正警化浮佑帝君"。唐代沈既济（天宝—贞元时人，约 750—797）的《枕中记》可算是最早记载与吕祖相关的小说，说道：开元年间有道士"吕翁"经邯郸道上于一舍中以"黄粱"一梦，使一心沉醉功名的"卢生"见悟，"夫宠辱之数，得丧之理，生死之情，尽知之矣"。由于这则小说的广泛传颂，以致人们后来把"吕翁"与"吕洞宾"联系起来，以为吕翁就是吕洞宾。北宋太宗时期编撰的《太平广记》也原封不动地转述了这则故事。不过，故事虽然美妙，史家，乃至《仙鉴》《吕祖全书》皆不认为吕翁就是吕洞宾。五代时人孙光宪著《北梦琐言·张濬相破贼》云："唐黄巢犯

---

① 这也就像在美国有的教堂里的基督画像，其肌肤就是有色的。

阙，僖宗幸蜀，张相国濬白身未有名第，时在河中永乐庄居。里有一道人，或麻衣，或羽帔，不可亲狎。一日，张在村路前行，后有唤'张三十四郎，驾前待尔破贼'。回顾，乃是此道人。相国曰：'某一布衣耳，何阶缘而能破贼乎？'道人勉其入蜀，时遇相国圣善疾苦，未果南行。道人乃遗两粒丹曰：'服此可十年无恙。'相国得药奉亲，所疾痊复。后历登台辅，道者亦不复见。破贼之说，何其验哉？"这则故事并无显明的证据表明这个道士就是吕洞宾，但因其发生地点在河中永乐庄，这与后来传说中的吕洞宾属于永乐庄相应和，故有人猜想这个"道人"就是吕洞宾。美国学者康豹（Paul R. Katz）据此说道："很可能写于宋代初年的一个故事似乎说到吕洞宾，虽说这故事没有说出吕洞宾的名字。"[①]吕洞宾的名字首次出现在文献当中，应该就是北宋初年陶穀（903—970）撰《清异录·含春王》：

> 唐末冯翊城外酒家门额书云："飞空却回顾，谢此含春王。"于"王"字末大书"酒"也，字体散逸，非世俗书，人谓是吕洞宾题。

此外，北宋的乐史（930—1007）撰写的《太平寰宇记》中记述了吕洞宾的一些与丹药有关的事迹。这些事迹虽则只有传说的性质，但吕洞宾作为神仙的名字清楚地出现了，而且从脱口而出的称谓，也可看出，吕洞宾在北宋初年已经是一位通晓的人物了。北宋神宗元丰五年（1082）的《吕仙诗碣》中有吕先生诗云："秋景萧条叶乱飞，庭松景里坐趋时。云迷鹤

---

① 康豹：《多面相的神仙——永乐宫的吕洞宾信仰》，齐鲁书社2010年版，第68页。因为《新唐书·张濬传》并没有这个故事的记载，作者不能确信这个"道人"就是吕洞宾，但还是"很可能"是吕洞宾。

驾何方去，仙洞朝元先我期。肘传丹篆千年术，口诵黄庭两卷经。鹤观古檀槐景里，悄无人迹户长扃。"[①] 比较完整地记述吕洞宾行状的有三则：黄鉴（北宋真宗时期）的《杨文公谈苑》、范致明（北宋哲宗时期）的《岳阳风土记》和岳州石碑的"吕祖本传"。《杨文公谈苑·类苑》卷四十二：

> 吕洞宾者，多游人间，颇有见之者。丁谓通判饶州日，洞宾往见之，语谓曰："君状貌颇似李德裕，它日富贵皆如之。"谓咸平初，与予言其事，谓今已执政。

> 张洎家居，忽外有一隐士通谒，乃洞宾名姓，洎倒屣见之。洞宾自言吕渭之后。渭四子，温恭俭让，让终海州刺史，洞宾系海州房。让所任官，《唐书》不载。索纸笔，八分书七言四韵一章，留与洎，颇言将佐鼎席之意。其末句云：功成当在破瓜年。俗以破瓜字为二八，洎年六十四卒，乃其谶也。

> 洞宾诗什，人间多传写，有《自咏》云："朝辞百越暮三吴，袖有青蛇胆气粗。三入岳阳人不识，朗吟飞过洞庭湖。"又有"饮海龟见人不识，烧山符子鬼难看。一粒粟中藏世界，二升铛内煮山川"之句，大率词意多奇怪类此，人多诵之。

《岳阳风土记》：

> 先生名岩，字洞宾，河中府人。唐礼部尚书渭之孙。渭四子，温恭俭让。让终海州刺史。先生海州出也。会昌中，两举进士不第，即有栖隐之志。去游庐山，遇异人授剑术，得长生不死之诀。多游湘潭鄂岳间，或卖纸

---

① 见陈垣《道家金石略》，文物出版社1988年版，第292、293页。其中碑文下有注文："元丰五年八月一日登州防御推宫，知县事朱□记。"

墨于市以混俗，人莫识也。庆历中，天章阁待制滕宗谅坐事谪守岳阳。一日，有刺谒云："回岩客。"子京云："此吕洞宾也，变异姓名尔。"召坐，置酒高谈，剧饮佯若不知者。密令画工传其状貌。既去，来日使人复召之客舍，主人曰："先生半夜去矣。"留书以遗子京，子京视之，默然。不知所言何事也。今岳阳楼传本，状貌清俊，与俗本特异。

"吕祖自传"的碑文刊行在吴曾（宋高宗时人，生卒不详，绍兴十一年献书）的《能改斋漫录》上。

《雅言系述》①有《吕洞宾传》云："关右人，咸通初，举进士不第。值巢贼为梗，携家隐居终南，学《老子》法"云。以此知洞宾乃唐末人。

吕洞宾尝自传，岳州有石刻。云："吾乃京兆人，唐末，累举进士不第。因游华山，遇钟离，传授金丹大药之方；复遇苦竹真人，方能驱使鬼神；再遇钟离，尽获希夷之妙旨。吾得道年五十，第一度郭上灶，第二度赵仙姑。郭姓顽钝，只与追钱延年之法。赵姓通灵，随吾左右。吾惟是风清月白，神仙聚会之时，常游两浙、汴京、谯郡。尝着白襕角带，右眼下有一痣，如人间使者箸头大。世言吾卖墨，飞剑取人头，吾闻哂之。实有三剑：一断烦恼，二断贪嗔，三断色欲，是吾之剑也。世有传吾之神，不若传吾之法；传吾之法，不若传吾之行。何以故？为人若反是，虽握手接武，终不成道。"嗟乎，观吕之所著，皆自身心始。而学者不能正心修身，徒欲

---

① 《雅言系述》，王举著，北宋时人。《宋书·艺文志》："王举《雅言系述》十卷。"

为侥幸之事，可乎？

以上数段文字，虽然并非正史，但它们表述了一个准确的吕洞宾事迹的年月，即"吕洞宾现象"的出现年代，至少在北宋已经广为传颂。究竟吕洞宾是何时人，史料仅能证明他至少在北宋初年之前。[①] 将以上几段史料加以比照，在吕岩的出生与生活时间上，《杨文公谈苑》不说吕岩的时间，《岳阳风土记》言吕岩"会昌中，两举进士不第"，《雅言系述》言吕岩"咸通初，举进士不第"，《自传》应该不属于他人写传，而是"降授"的结果，言自己"唐末，累举进士不第"[②]。会昌与咸通相隔二十年，不应当在两个时段里举进士不第，而如果是唐末累举进士不第（以黄巢农民起义算的话），则又要晚十五年以上了。出生地点上，彼此所说地点差别不大，"河中""关右""京兆"，在唐代皆指关中以东地带。出身上，《杨文公谈苑》与《岳阳风土记》皆言吕岩乃吕渭之后。吕渭，唐德宗贞元时期人。[③] 如以元年计算，与"会昌"五十五年，与"咸通"七十四年，与"乾符"八十八年，以二十多年为一代，这三个年代皆有可能，即与"吕渭之后""吕渭之孙"说不矛盾。随着吕岩在北宋以后民间的传颂，以及吕祖不断的应化故事的增

---

① 卿希泰主编《中国道教史》第二卷，在引述了多种历史史料与传说之后，对吕洞宾的生卒年月不予置论。（四川人民出版社，第750—754页）康豹《多面相的神仙——永乐宫的吕洞宾信仰》，引述李裕民的研究表示，吕洞宾是"五代之季、北宋至初的一个隐士"（第67页）。又引述景安宁的研究，"吕洞宾很可能生于891年前后，约卒于1000年，活了110岁"（第68页）。朱越利认为，"吕洞宾实有其人，是五代至太宗末年（907—997）左右的人"。（《道教考信集》，齐鲁书社2014年版，第456页）

② "降授"的结果难以作为有效的历史证据，但"降授"出现的时间则是有效的，以及其所提供的时间、地点、事件可作为考察历史人物的线索。

③ 《新唐书·列传》："吕渭，字君载，河中人。……贞元中，累迁礼部侍郎。……四子：温、恭、俭、让。"

加，有关他的身世又有更多的增添，使得人们在论及他的时候难以做出取舍，这就是我们在看到元代《纯阳帝君神化妙通记》《仙鉴》《金莲正宗记》，以及清代人在编辑《吕祖全书》描述他的身世时，也只是以上述材料为基础，并将其他传说杂列出来而不加评议的原因。

事实上，我们能够依据上述史料确定吕岩作为一个由人修成神出现的至迟年代，却不能确定其上限，因为这些史料只具有传说的性质，而"自传"的"降授"使得它又不能作为知识来运用，在这个意义来说，以这些材料来确定吕岩的上限年代注定是徒劳无益的。然而，如果我们用可以作为知识来运用的著作来考察其年代，或许会有收获，这就是《钟吕传道集》和《灵宝毕法》。

《钟吕传道集》传为正阳真人钟离权著，纯阳真人吕岩集，华阳真人施肩吾传，《灵宝毕法》为吕洞宾撰。这两本书虽属不同人撰，但前后连贯，所论具有一致性。前者为钟吕之间的问答形式，专述修仙过程中一个个问题，如论真仙、论龙虎、论铅汞、论抽添，等等；后者则专讲修炼过程。从时间关系以及内丹学说的逻辑关系来说，这两部书应当在崔希范《入药镜》之后，而在施肩吾《西山群仙会真记》、张伯端《悟真篇》之前。理由当从以下几方面去看。第一，在施肩吾的《西山群仙会真记》中，多次引用"吕公曰"，又提到"海蟾""崔公"，还有吕公对崔公《入药镜》的引用，而绝口不提张伯端以及《悟真篇》，<sup>①</sup>这表明吕公、海蟾、崔公都在作者施肩吾之前，而施肩吾却在张伯端之前。当然，施肩吾的生平存疑，论者疑有两个施肩吾，一个是唐宪宗元和时期的，另一个是北宋，甚或金元时期的。<sup>②</sup>元和十年的施肩吾与吕祖《自传》"唐末"之说不合，那么金元时期也不实，<sup>③</sup>他最可能是生活在五代时期的或北宋初（907—1000）的那段时间。在《西山群仙会真记》中，引用了《通玄真经》（即《文子》）、《玉华灵书》《太上隐书》《三清贞录》《九天秘箓》等书，这都是《正统道藏》所未收录的古书，而其论述的修丹内容与《钟吕传道集》《灵宝毕法》《崔公入药镜》相契合，可知此书早于《悟真篇》。第二，《钟吕传道集》和《灵宝毕法》所谈皆为内丹炼气结丹，都是功夫性质的，而且不言"性命"之说，与唐代张果、陶植、羊参微、彭晓以及崔希范的炼气还丹之说为同类主张，而与施肩吾、张伯端主张的性命双修相区别。性命双修是道教内丹学说成熟的标志，而这个过程是在张伯端那里得以完成的，这也说明《钟吕传道集》和《灵宝毕法》是早于

---

①　《入药镜·真龙虎》"吕公曰：因看崔公《入药镜》，令人心地转分明。阳龙言向离中出，阴虎还于坎上生。二物会时为道本，五方行尽得丹名。修真上士如知此，定跨赤龙归玉京。"又有"《入药镜》曰：肾中生焏，焏中暗藏真一之水"云云。

②　《文献通考》卷二二五题："似有二人"。"《四库总目提要》："肩吾，字希圣，洪州人，唐元和十年进士。隐洪州之西山，好事者以为仙去。此书中引海蟾子语，海蟾子刘操，辽时燕山人，在肩吾之后远矣，殆金元间道流所依托也。"任继愈、钟兆鹏主编《道藏提要》："按是书与施肩吾编著之《钟吕传道集》内容大体一致。北宋末曾慥所辑《道枢》亦摘录是书，题曰《会真记》，故此编不晚于北宋。"（中国社会科学出版社 1991 年版，第 177 页）

③　笔者曾以施肩吾为元和时期人，这里更正。

《悟真篇》的。①第三，《悟真篇》所论内丹学说的神气、性命、药物、火候是最为全面的，且皆用隐喻形式，从内丹理论的形成过程来说，如果没有《崔公入药镜》《钟吕传道集》《灵宝毕法》和《西山群仙会真记》的前后积淀，是不可能突然冒出来这么纯熟的学说的。这也就是说，只要我们将以上几本重要的内丹学说著作放入一个历史过程，就不能不说《钟吕传道集》《灵宝毕法》属于晚唐、五代时期的著作，从而吕岩的生存年代也不言而喻了。

作为宗教学和宗教社会学上的吕祖，他比历史学上的吕祖要复杂得多，从而他的社会担当多得多，每一代人都在加入对他的新的理解，②对他有着总是超于过去的期待，从而他也就不得不担当起人们的期待，拥有比过去更多的社会能力。但是，这并不足以说明他一定，或者必须拥有这些社会能力，因为人们也可以对其他的神，诸如关圣帝君、广成祖师、文昌帝

① 在《隋唐时期的道教内丹学》一文中，笔者曾提出："道教内丹学就是一种从内修内炼的众方术中游离出来又涵摄众方术的修道理论，它的发展经历了归众方术为行气、修心，又经行气、修心两端分殊显扬的主要理论过程，尔后合而成体的。行气、修心为内丹学的两大理论支柱，为后来内丹修性修命的雏形。""关于行气的方式、过程，各家所述皆有异趣，张果以主张专精用心体察真气在体内的流转见长，陶植、羊参微以主张真阴真阳互涵、铅汞性情合亲、龙虎互逐见长，彭晓以注重炼气之'数'与'候'见长，吴筠以主张气运存形、形神一贯见长，崔希范的《入药镜》统领各类行气之纲，只是语焉不详，唯钟离权、吕岩一派涵盖各家所长，纲目俱备，提供了一个可窥见隋唐炼气全貌的理论系统，《钟吕传道集》分门别类地叙述了真仙、大道、天地、日月、四时、五行、水火、龙虎、丹药、铅汞、抽添、河车、还丹、炼形、朝元、内观、魔难、证验等行气炼丹十八事，《灵宝毕法》则翔实叙述了炼气还丹的全过程。"（《道教文化研究》第五辑，上海古籍出版社1994年版）

② 《枕中记》中"吕公"与"卢生"黄粱梦的故事，在经过改编后仍然进入了《吕祖本纪》里，只是人物变成了钟离权与吕洞宾了，两人在长安酒肆相会，钟离借梦点化吕洞宾，所谓"黄粱犹未熟，一梦到华胥"。

君等，有着类似的期待，而这些期待并不一定都能够得到满足。在一个多神的文化系统里面，虽然每一个神都神通广大，毕竟每一个神还是有其司责，而且我们也看到在那些扶乩的记载中，经常会看到一个神（如广成祖师）先出来对叩乩的信徒们打个招呼，说某某神将要驾临，各位当静候其旨云云。这就是说，神是有分工的。但是，吕祖在诸神当中无疑担待最多，这是由于他能够满足人们的需求最多。这种情形一方面要归结为地域、文化、教派乃至信众的行业关系，另一方面要归结到吕祖本身的情性，例如他具有无限量的包容性和普度天下人的宏愿，"惟其誓愿宏大，是以浮沉浊世，行化度人。虽愚夫愚妇，罔不闻名起敬"①。而在诸多神仙里面，吕祖的身份与性情最为丰富，这也是他广受欢迎的一个重要缘由。考察这些身份和性情，有助于理解他与信众的关系，尤其是他与商人的特殊关系。

形象方面，《新唐书》在描述吕渭四子的时候，用了"皆美才"的字眼。"吕祖自传"言"尝着白襴角带，右眼下有一痣，如人间使者箸头大"。即在最初的史料和"自传"中，吕祖并没有具体的描述，但在《吕祖本传》中，他被描述成："生而金形木质，鹤顶龟背，虎体龙腮，翠眉凤眼，修颈露颧，额阔身圆，鼻梁耸直，面白黄色，左眉角一黑子，左眼下一黑子，箸头大。两足纹隐如龟折……喜顶华阳巾，衣白黄襴衫，系皂绦，状类张子房。"

名称方面，最初的文献称"回岩客"，为吕洞宾"变异姓名尔"。后来的则随方显迹，自称"回道人""回道士""回处

---

① 《吕祖全书·吕祖本传》。

士""宾法师""无上宫主""同客人""吕元圭"等，又受封
"浮佑帝君""吕祖"等。

身世方面，最初史料称"洞宾自言吕渭之后"，"两举进
士不第"，或"累举进士不第"，后来演变成"生天宝十四年
十四日"，或"生唐德宗贞元丙子"，还有称"于贞观并午年
四月十四日生"；为"唐宗室姓李"，易姓"吕"；"咸通中，
举进士第"，"以科举授江州德化县令"云云。

混俗方面，最初的史料有："多游湘潭鄂岳间，或卖纸墨
于市以混俗，人莫识也。"后来《吕祖全书·灵应事迹》则
有"武昌卖墨""武昌鬻梳""长安市药""庐山淬剑""泰州货
墨""仙乐侑席""谒张参政""造访妓馆""谒石舍人"，以及
"游天应观""游庐山寺"，等等。

风雅方面，文献言："吾惟是风清月白，神仙聚会之时，
常游两浙、汴京、谯郡。"有诗："秋景萧条叶乱飞，庭松景
里坐趋时。云迷鹤驾何方去，仙洞超元先我期。肘传丹篆千
年术，口诵黄庭两卷经。鹤观古檀槐景里，悄无人迹户长
扃。""朝辞百越暮三吴，袖有青蛇胆气粗。三入岳阳人不识，
朗吟飞过洞庭湖。"又有"饮海龟见人不识，烧山符子鬼难
看。一粒粟中藏世界，二升铛内煮山川"等。但在《全唐诗》
《吕祖全集》中则演为五七言律、五七言绝句、词赋、诗歌
等，计五卷之多。《吕祖全书·吕祖本传》赞曰："一剑横秋，
清风两袖。道在函三，丹成转九。苍梧北海，白云帝乡。甘河
一滴，源远流长。"

化俗方面，"吕祖自传"言："世言吾卖墨，飞剑取人头，
吾闻哂之。实有三剑：一断烦恼，二断贪嗔，三断色欲，是吾
之剑也。世有传吾之神，不若传吾之法；传吾之法，不若传吾

之行。"后来的传颂中，衍生出更多的显化的神迹，如"化水成酒""化墨成金""遗金化石""度化海蟾""死鱼复活""显化四彝""神光绘像""云中显像"等，而遍布各地的降鸾降乩，更是显示了他的无处不在。《吕祖全书·吕祖本传》赞曰："莫大神通，全在忠孝，利己利人，千秋大道。自古至今，因缘非渺，信笔描来。当前写照。"

明万历杨良弼在"吕祖全书文集后原序"中赞道："夫仙真以道相授，自黄帝、广成子崆峒问答之后，已有玄言见于载籍，嗣后述作贻世者，代不乏人。至唐吕祖，则度人誓愿尤为深重。由唐贞元暨今，且八百年，而分身化现，殆无日不在世间接引众人，犹虑遇合不易，又撰为诗歌传布焉，甚盛心也。"①

综合以上，我们可以得出吕祖的性情与气质的一般特征：他出身名门，相貌俊逸，仕途不顺，皈依仙道；他教养良好，敦厚儒雅，却又洒脱自在。他不常所处，游走江湖，可点石成金，又可遗金化石；他讲求忠孝，又利己利人；他神通广大，善接引众人。这些特征没有商人不喜欢的。商人的经历多与此有关，他们当中的许多人属于儒商，即便不是儒生出身，也有此向往；商人常年奔走于外，追求利益，但不违忠孝，商场上的变幻不测，使得其心理上期望有一个善于应变的神伴其左右。一句话，吕祖的精神气质与商人相通。这是商人信奉吕祖的内在原因。

---

① 《吕祖全书》卷二。

## 三　商人给道教带来的变化及其世俗化问题

不管商人出于何种原因加入了道教，既然商人已经加入到了其中，就必定给道教，尤其是全真道教带来变化。这些变化可从以下方面看得出。

第一，改变了宗教结社的性质，进而改变了慈善组织的性质。由原先的纯粹宗教团体，一变成为宗教与慈善兼容的组织，再变成为"亦教亦商"的宗教团体。商人开始只是参与结社活动，后来逐渐成了主体，在宗教结社向慈善组织转变的过程中，他们就是主人。

在结社乃至慈善组织中成了主人的商人，又给结社和慈善组织带来了什么呢？这也是日本人夫马进的研究所关注的，他在引述美国人玛丽·兰坎（M.B.Rankin）以及罗威廉（W.T.Rowe）的研究成果时强调：他们二人的著作认为，中国在清代末年曾经出现过类似欧洲近世所曾有过的"公共领域"（public sphere）。善堂善会的意义在于，它既不属于国家的官僚机构，也不属于私人，在此意义上，它成了"开创了公共领域"的先端。对此，夫马进评议说："长达三百年的对善会善堂问题的关注，其出发点大致来自于如下两个方面。一个是对'社会福利'问题的考虑，另一个则是对'市民社会'问题的关注。"[1]

这样的关注是有充足理由的。在长达千年的历史中，中国社会中具有现代意义的因素没有出现在农民的生活中，也没有

---

[1]　夫马进：《中国善会善堂史研究》，第17、18页。

出现在宗教社会生活中，更难以想象在国家的官僚制度内能够产生出来，只在市场交往领域里面，才出现了这些因素，诸如公平的观念、契约关系、民主商议等。至于说何以在一个清王朝没落、社会动荡不安的社会条件下滋生了"公共领域"以及"市民社会"，可以说，这种情况的出现的确有着商业经济与工业经济滋生的社会背景，而一个王朝政治的没落以及社会的动荡，甚至是自然灾害的频发，恰好担当了它产生的催化剂。即便扶鸾结社走向慈善化，只是搭了社会慈善、社会运动的"车"，借了它的"壳"，也不难看出它与慈善运动的同样的性质，以及它给宗教团体带来的改变。这种改变最显著地体现在管理组织的变化，即将中国商人式的民主带进了宗教慈善组织，从原先的师徒相传、子孙相传的管理，变成了民主化的理事会、监事会制度。

《广州年鉴》所说的"广州的善堂，采取董事制或委员会制管理"，就是慈善会的一种普遍情形，而从至宝台慈善会的成立过程我们已可窥见当时道教慈善会的一个掠影。各个道堂的民主化、公司化有快慢，却都走完了这个历程。这里看两则资料。

> 在香港陷日期间，因创堂的道长老去，为适应时势，集合社会贤达之士共襄道务及善业，于是将原来的推尊长老主持堂务的制度，改为理事会选举制，并以非牟利的慈善社团名义注册，开创道堂慈善社团及理事制的先河，此举成了日后香港不少道坛的管理楷模。①

> 建馆初期，蓬瀛主要为道侣潜修静养之所，清贫自

---

① 游子安主编：《道风百年·龙庆堂》，香港利文出版社2002年版，第156页。

守……直到一九四九年，蓬瀛见因缘成熟，遂应时代之需进行改组，在香港华民政务司署登记为道教社团，将主持之职衔，改为馆长……一九五〇年，蓬瀛修订章程，实行重大改革，采用理监事制。此时起，蓬瀛已由一所私人潜修之道堂蜕变进展为政府注册不牟利慈善及宗教团体。一九七二年获准注册为有限公司，馆务进一步扩大。①

在机构设置上，所有的香港道教团体皆已成为民主管理体制；在人员结构上，各道堂的主体都是商人出身者；在经营方式上，各道堂都是非营利性的宗教慈善组织。香港的道教团体经历的这个过程虽然有早晚的区别，但都完成了这样一个蜕变。这中间自然受社会变化、政府管理方式的影响，但整体上，这个蜕变是符合商人加入扶鸾结社、组成慈善组织、实现民主自治以及商业化管理的自然历史过程的。

第二，也改变了商人自身，他们从世俗的人变成了道人。自从商人加入道教慈善组织，他们接受了度牒，获得了道号，他们就算是道人了。至宝台、青松观的发起人之一陆吟舫于1960年正月离世，当时香港华侨日报报道了"绅商团体千人执绋"的盛大场面，其中一则"哀荣录"写道：

美丽丝织厂经理陆吟舫道长

本港商界闻人陆吟舫，道号陆至真道长，（八）日晨忽感道体不适，即送东华医院，迄止该日午十二时半，

---

① 游子安主编：《道风百年·蓬瀛仙馆》，香港利文出版社2002年版，第136、137页。另外，《蓬瀛仙馆80周年馆庆》记述："理事和监事每届任期两年，由馆员推选，均为义务工作。理事会设正副馆长，负责统领馆务，由理事互选，并设各项职务，以第四届理事会为例，即设有总务、司库、核数、交际、文牍、福利、园林、宣道等职；监事会则肩负监察理事会运作的责任。"

遽归道山。……其生前对社会慈善事业，莫不悉力以赴。曾历任东华三院及保良局总理、元朗博爱医院总理、普益商会会长，现为美丽丝织厂经理、青松观理事长、圆玄学院及松荫园佛教社董事，亦为蓬瀛仙馆、报道堂、云泉仙馆道侣。凡百善举，均乐于躬亲领导，深得社会人士称道。今遽归道山，至为悼惜。自噩耗传出，赵聿修、梁子贞等即行组设陆公吟舫治丧委员会。

从某种意义来说，商人自加入宗教组织，他们就获得了双重身份，从而也是把自己的一生托付给了宗教组织，故而，当他们离世的时候，他们的灵骨自然也都会回归到"道山"，得到稳妥的安置，道团会为他们设专门的灵堂，长期供奉，作为对他们在世对道教事业奉献的回报。陆吟舫只是众多商人加入宗教组织的一员，他的"待遇"具有代表性，像主持陆吟舫的丧葬仪式、长期主持圆玄学院道务的道人赵聿修，其出身也是巨商。而我们只要再看看香港道团组织的董事会组织机构，就可以看到，其基本成分为商人。以青松观为例，当侯宝垣道长还在世的时候，道团以他为核心建立了各届董事会，作为德高望重的职业道长，人们习惯称主席侯宝垣为"侯爷"；当他在1999年离世之后，青松观成立了新的董事会，出任董事会董事的人可谓清一色的商人，而新任主席，人们不再称"道长"或"某爷"，而称"主席"。这种称谓上的变化，表明了商人出身的道士完全替代职业道士，成为完全意义上的主人。商人加入了道团组织，他们自然还是做他们习惯做的世俗的活儿，但他们在工作之余就要做超世俗的事情，在生意场上，他们是生意人，而回到道庙，穿上道服，他们就是道士，所谓"亦商亦教"。在时间分配上前者为主，后者为次，但在某些时候这个顺序也会颠倒过来——当他们承担了道坛组织的主要职责时，他们要以此为主，像圆玄学院的赵聿修、汤国华，以及青松观的周和来都属于这类情形。

现在我们要来谈一下南方全真教的世俗化问题了。这个问题的实质是：南方全真教的运动方向是否符合宗教世俗化的运动？在谈论这个问题之前，我们需要回顾"世俗化运动"这一理论及其对这一理论的批判。

世俗化（Secularization），为现代化理论中的一个决定性概念，它有正负两个方面的意义。如美国学者彼得·贝格尔（Peter L. Berger）所说：

> "世俗化"一词和从它派生的"世俗主义"一词，一直作为一个富有价值判断内涵的意识形态概念被使用，有时有正面的含义，有时有反面的含义。在反教权的和"进步"的圈子里，它逐渐代表了现代人从宗教保护之下的解脱，而在与传统教会有关联的圈子里，它作为"非基督教化"和"异端化"等而受到攻击。……我们所谓世俗化意指这样一个过程，通过这个过程，社会和文化的一些部分摆脱了宗教制度和宗教象征的控制。当然，在我们谈及西方现代史上的社会和制度时，世俗化就表现为基督教教会之撤出过去控制和影响的领域——它表现为教会与国家的分离，或者对教会领地的剥夺，或者教育之摆脱教会权威。[①]

也就是说，在传统的教会，尤其是天主教看来，世俗化

---

① 彼得·贝格尔（Peter L. Berger）：《神圣的帷幕》（*The Sacred Canopy Elements of a sociological Theory of Religion*），高师宁译，上海人民出版社1991年版，第126、128页。

表达的是以人为中心的反教权运动，意味着人们对传统教会的脱离，这可以说是文艺复兴运动的另一种说法，故而，在教会看来，它是贬义的；而在人文主义看来，它是积极的、进步的。作为一个社会历史过程，路德宗、加尔文宗的宗教改革运动，可以说是自文艺复兴运动以来，宗教内部的世俗化运动的完成。所以，在韦伯的宗教社会学里面，世俗化理所当然地属于正面的、积极的、进步的。在韦伯看来，宗教世俗化意味着宗教组织放低了身段，向世俗社会、向社会生活的渗透，经商赚钱，乃至"从牛身上刮油，从人身上刮钱"，被认为是向上帝证明自己的能力，是合乎宗教教义的。在这个过程中，滋生、培育出一种特有的新教经济伦理，以及特殊的精神气质，这个经济伦理看起来是如此的矛盾，既积极入世，又在入世中清修苦行。韦伯没有说这种经济伦理和精神气质造就了资本主义文明的话，但说了这样的话："没有这个强大的同盟军，资本主义决不可以前进半步。"无论韦伯如何表达，这种经济伦理和精神气质对于资本主义与现代文明的作用是决定性的，是读完他的《新教伦理与资本主义》这本书必然会得出的结论。对于资本主义以及现代文明，新教伦理是否存在着如此大的影响，这是一个问题，由此引来诸多的批评，但是韦伯的这套理论以其非凡的想象力和理论的严密性，产生了巨大而持续的影响，至今人们也难以从他的理论的笼罩中走出来。

众所周知，韦伯的理论脚踩在两个基石之上，一个是历史进步论，一个是理性主义。历史进步论意谓资本主义文明的出现是社会历史的进步，世界各国要踏进现代文明，资本主义文明乃是必经阶段，在韦伯看来，资本主义就意味着现代化。哲学上的理性主义，运用在宗教研究中的彻底性，表达为成熟的宗教，意味着对于巫术的脱离，基督教是彻底脱离了巫术的，所以它是理性的成熟的宗教。在两个基石之上所形成的现代化学说，注定是一个一元论的理论。真正的问题在于：韦伯所依据的欧洲、北美宗教经验是具体性质的，而他所得出的现代化结论是普遍性质的，在方法上，这样得出的普遍性结论是否充分和有效？一般说来，一种社会理论总是从具体到抽象，从个别到一般，韦伯的理论似乎也是这个理路，只不过，他是从一个具体和个别到了抽象和一般。故而，韦伯的理论不在于他的推演有什么问题，而在于他的前提。人们质疑的也是他的两大前提，尤其是历史进步论（而在韦伯的时代，历史进步观念是不可逆转地获得普遍认同的）。从欧洲和北美的经验，韦伯能够有理由得出他的结论，那么这个结论放在欧洲、北美之外是否有效，就有待验证。关键在于他的"理想模型"是否够理想。"理想模型"的产生应该是归纳的结果，是在众多的经验事实中抽取其同质的因素，然后选择出一个具体的对象来分析，以它的具体来表现普遍，那么这个选择出来的具体对象所经历的过程，也就是普遍要经历的过程了。其实，韦伯做过验证，只是他验证的并非这个理论能否运用到亚洲、非洲等地，而是验证了亚洲、非洲没有从它们的宗教内部产生欧洲、北美那样的新经济伦理和精神气质，所以它们没有从传统中走出来，这如同以欧洲、北美为模型，做了类比推理。类比的效用在于"像不像"，越"像"就越"是"，即相似点越多就越可能是同类型，并不能检验模型是否典范。所以，当韦伯运用他的理论分析中国的宗教时，就遭遇到诸多的诘难。

　　韦伯也是把儒教作为宗教看的，儒教乃是一种"世俗宗教"①，它是"此岸性的"②，儒教有着自己的伦理，但仅仅是"人间的俗人伦理"③，它只是"顺应尘世"④。儒教也有一种"理性主义"，但只是"秩序的理性主义"⑤。道教乃是一种"神秘主义"，是为了"把灵魂从感官中解放出来"⑥，它"没有神同被造物之间的紧张关系"⑦。道教与商人之间有着特殊的关系⑧，但"在道教里面找不到一点点'市民伦理'"⑨，在道教里面"找不到通往理性的——不管是入世的还是出世的——生活方式论之路"⑩。儒教和道教的相同之处是，没有像基督教那样将此岸与彼岸对立起来⑪，没有脱离巫术，没有从宗教伦理内部产生出新的经济伦理，如果有某种"商业的可信赖性"的话，那也是从外部积累起来的。⑫一句话，中国有大量有利于资本主义产生的条件，但没有"造就"资本主义。

韦伯对中国的宗教说不上有多么深入的了解，但他的洞察力是毋庸置疑的，他根据有限的了解就能刺中中国文化的痛

① 韦伯：《儒教与道教》，商务印书馆1994年版，第194页："国家规定的'世俗宗教'不过是对祖先神灵力量的信仰和崇拜。"

② 同上书，第196页："儒教与信徒的关系，不管是巫术性质的，还是祭祀性质的，从其根本上讲，都是此岸性的。"

③ 同上书，第203页："与佛教截然不同的是：儒教仅仅是人间的俗人伦理。"

④ 同上书，第207页。

⑤ 同上书，第221页："儒教的'理性'是一种秩序的理性主义：陈季同（1877年清朝留学生）说：'宁作太平犬，不作离乱民。'"

⑥ 同上书，第231页。

⑦ 同上书，第237页。

⑧ 同上书，第247页："道教的特性不可能对商人的生活方式无足轻重。"

⑨ 同上书，第247、248页。

⑩ 同上书，第256页。

⑪ 同上书，第280页："需要注意的是：宗教贬低世俗价值的程度并不等于世俗实际上被拒绝的程度。"

⑫ 同上书，第286页。

处。对于没有造就资本主义的结论，中国学者也无话好说，但对于中国宗教的那些论断，中国学者就不乐意接受。余英时先生的《中国近世宗教伦理与商人精神》一书，可谓这方面的代表之作。余先生首先对韦伯的"理想类型"提出了质疑：

> 他的具体研究对象是喀尔文教派，他所全神贯注的则是通过具体的历史经验而建立一种"理想型"（Ideal-type，笔者注）。所谓"理想型"虽不是韦伯最先发明的，但却是因为经过他的大规模的运用而卓著成效的。所谓"理想型"，最简单地说，即是通过想象力把历史上的事象及其相互关系联结为一整体。这样建立起来的"理想型"，其本身乃是一个乌托邦，在真实世界中是找不到的。但是，从另一方面看，"理想型"超越了经验而同时又包括了经验。它本身不是历史的本相，但为历史本相提供了一种清楚的表现方式；它本身也不是一种假设，但其目的则在引导出假设的建立。……韦伯所研究的历史经验是特殊的，但是就宗教信仰和经济行为之间的关系而言，则他所提出的问题又是具有普遍性的。①

在余英时看来，韦伯所得出的中国不可能出现"资本主义精神"这一结论，"也许是正确的"，"但是他获得这一结论的理由则是站不住的"。②韦伯之所以站不住，在于他在论述中国宗教问题时，缺乏历史经验的理据；韦伯的"理想型"宗教伦理精神，就是"入世苦行"，然而，"我们必须说，中国的

---

① 余英时：《中国近世宗教伦理与商人精神》，台湾联经出版事业公司1996年版，第62、63页。
② 同上书，第67页。

宗教伦理大体上恰好符合'入世苦行'的形态"。① 余先生以其擅长的历史学方式，以具实的历史文献，表明中国宗教在唐朝的佛教禅宗和金元时期的道教全真教那里，便完成了"入世转向"，厉行的就是入世苦行的精神，"儒家从来就是入世之教"，② 故而不存在入世转向问题。但从韩愈之后的新儒家，并不缺乏类似"新教伦理"的运动，儒家并非没有彼岸世界，它的彼岸世界就是"天理世界"，也不缺乏此岸与彼岸之间的紧张，只是它的内在超越性决定了其紧张也是内在的（韦伯恰恰不懂得这个），而不是外在的。至于中国商人，尤其是明清商人，"对于宗教和道德问题确有积极追寻的兴趣"，他们曾经主动地去建构了自己的道德规范，以最理性的方式来达到致富的目的。总之，韦伯缺乏中国历史知识，其"关于儒家、道家的理解可以说基本是错误的和片面的"。③

余先生对韦伯的反诘是有道理的和立得住的，对中国宗教精神的分析也不可不谓深入，单就"入世苦行"来说，也并非只有基督教才有，禅宗主张的禅戒并用，全真教主张的尘劳和清规并举，都应当被看作另类的"入世苦行"。但是，有两个方面是不同的：一是禅宗和全真教的入世苦行发生的节点不同于基督新教，二是禅宗和全真教的入世苦行并没有与商业经济发生直接的联系。禅宗和全真教的入世虽然也表现为世俗化，但不像基督教的世俗化发生在工业资本兴起时期，所以没有形成社会化资本经营的热情，自然并不会催生出资本主义，设想

---

① 余英时：《中国近世宗教伦理与商人精神》，台湾联经出版事业公司1996年版，第 69 页。
② 同上书，第 43 页。
③ 同上书，第 168 页。

基督教的世俗化运动如果发生在中世纪，也同样不会有新教那样的社会历史影响。禅宗和全真教的入世意味着打柴担米、过俗世的生活，而基督新教的入世意味着挣钱和资本扩张；禅宗和全真教的苦行意味着并非经济的宗教伦理，而基督新教的苦行意味着建构新的经济伦理。至于余英时先生认为中国没有产生资本主义的原因，并非中国缺乏入世苦行的精神，或许是"由于中国政治和法律还没有经历过'理性化的过程'（the process of rationalization）"，这似乎是有别于韦伯的另一种历史决定论的观点。①

不过，这里已经涉及宗教的世俗化是不是一次完成的问题，只要我们不把世俗化看作是消极意义的，或者韦伯《新教伦理与资本主义》中的专有词汇的话，而是一个广义的、积极意义的词汇，这个问题就是很有意义的了。我们知道基督教的路德宗教改革是一次世俗化运动，而它的精神力量来自"因信称义"，而这正是保罗将基督教从犹太人当中带出来、由此走向普世化过程中的主张。对此孔汉斯说道：

> 路德的称义论的基本论述即"唯有通过恩典""唯有通过信仰""人同时是义人和罪人"，确实得到新约的支持，尤其得到在称义学说上起了决定性作用的保罗的支持。②

---

① 余先生的这个判断会引起另一个疑惑，究竟是生产方式决定了政治、法律制度，还是政治、法律制度决定生产方式？此外，"理性化"这一概念也容易引起歧解，一方面我们可以说政治、法律制度本身就是理性化的，在这个意义上，即便君主制度下，中国的政治、法律都是理性化的产物；另一方面如果"理性化"指的是韦伯所说的那个意思，那么无异于说中国没有经历西方类似现代化过程，这等于又回到了推论的起点上去了。

② 孔汉斯：《基督教大思想家》，包利民译，社会科学文献出版社2001年版，第141页。

彼得·贝尔也说道：

> 如果对新教与世俗化之间的历史关系的这种解释被接受（今天它大概已被学术界大多数人所接受），那么，关于新教世俗化的能力是一种新产生的东西呢，还是渊源于圣经传统更早的因素之中，这个问题就不可避免地要出现。我们可以论证说，后一个回答是正确的，事实上，世俗化的根子可以在古代以色列宗教最早的源泉中发现。换言之，我们可以断言，"世界摆脱巫魅"在"旧约"之中就开始了。①

孔汉斯把新教改革的动因追溯到保罗，而彼得·贝尔追溯到了《旧约》，并指出，《旧约》中就有"'非神圣化'及'非神话化'的倾向"，并认为圣经传统的宗教发展是一个"独立的变量"，而世俗化影响下的宗教，只是"从属的变量"，所以，"起源于圣经传统的宗教发展可以被认为是现代世俗化世界形成的原因"。② 依照这个观点，不仅保罗，即便是基督的"道成肉身"，也被认为是对于传统的"背叛"，③ 就像路德的改革被梵蒂冈看作"背叛"一样。然而，基督教恰恰就有这个核心的特征，"也可以不自觉地为世俗化过程服务，那就是基督教会的社会形式"。④ 从广义的世俗化来说，从旧约圣经开始的"非神圣化"和"非神话化"，经过"道成肉身"，保罗

---

① 彼得·贝尔：《神圣的帷幕》，高师宁译，上海人民出版社1991年版，第134、135页。

② 同上书，第152、153页。

③ 同上书，第145页："在传统的穆斯林看来，基督教'背叛'真正一神教的本质，乃表现在'道成肉身'的教义中，这种教义认为任何东西或任何恩都能够与上帝并立或作为上帝与人之间的中介，这个古典的看法也许有某种道理。"

④ 同上书，第147页。

的基督教普世化，一直到路德宗、加尔文宗的宗教改革，都可称得上"世俗化"，区别只在于路德宗之前的宗教改革对宗教自身的发展产生了重大影响，而路德宗的改革伴随着资本运动，不仅对基督教本身，且对人类社会的进程产生了重大影响。

由此来看中国宗教的情形。如果我们认同佛教禅宗的入世苦行就是一场世俗化运动的话，那么这场宗教内部的运动不仅彻底解决了禅宗中国化的问题[①]，也解决了禅宗世俗化的问题，不仅"獦獠"（所谓的南方蛮人）可以学佛，且不识字的愚夫愚妇皆可以学佛，以至于郁郁黄花、青青斑竹皆有佛性，且"禅戒并行"也保持了禅宗自身的同一性，这样的世俗化应该说是比较彻底的。然而，禅宗到了现当代又经历一次世俗化（又曰"社会化"）运动，借此实现它的现代转向。全真道教在创立伊始就经历着两个向度的运动，一个是世俗化、社会化，一个是自身的庙宇化和禁欲化，通过世俗化、社会化，积极参与社会实践，甚至做常人不堪做的事情，把根子扎在民众的土壤中；通过庙宇化和禁欲化，以宣誓自身与世俗欲望断绝的信念。前者获得了民众的拥戴，后者不仅保持了传统的"道与俗反"的同一性，且超越了传统，所以，我们看到的是全真教在两个看似对立的方向都获得了成功。但是，无论禅宗，或者全真教，都不可能培育出资本主义精神，因为资本主义的生产方式还没有出现，它们的世俗化、社会化都没有涵括基督新教的那种内容，所以说禅宗、全真教的世俗化、社会

---

① 有关这个问题，印顺认为，道安那个时候，就是佛教的人间化的开始，"道安对中国佛教所做的一切，在今天看来，就是我们现在所说的佛教人间化的过程"。（《宗教的现代社会角色》，人民出版社 2014 年版，第 4 页）

化发生的历史节点不在资本主义的门槛。而且，由于宗教自身的运动，历史上曾经发生的世俗化、社会化运动，也不可能持续几个世纪，"坚持"到最后能够迎来资本主义。就像禅宗当年不坐禅、不立文字，到后来也照旧坐禅、立文字一样，全真教初期的那种开放姿态（诸如王重阳在山东开办的各种"社""会"），到后来越来越封闭，陷入师徒相传的孤立循环。所以，世俗化不是一次就完成了的。

发生在十九世纪的华南扶鸾结社以及慈善与运动，乃是道教的一次世俗化运动，它发生的时间正好是在国家政权控制力降低、商业资本和工业资本极其活跃的时期，外加自然灾害的频仍，全真教也正好搭上了资本运动"这班车"，神从庙堂上走下来，资本则进入了坛堂，而开门办慈善、开门阐教（诸如拜天师，不拜人师，广纳信徒），已成不可逆转之势，传统的"演教"，其内涵演变成了"普济劝善"。

# 生命秩序与环境伦理

在社会经济快速成长的同时，人们的生存环境正受到日益严重的影响。在这种情形下，中国提出了可持续发展战略。这不仅是我们国家发展方略的转变，也是思维方式的转变，意味着国家将不再追求短时效应或单向的经济目标，而是把环境这个曾被视为被动的对象而忽略的问题纳入以人为主导的发展因素之中。这是个了不起的转变。但是，仅仅满足于此是不够的。我们在破除征服、奴役自然的人类中心主义观念的同时，应当认真思考发展的目的是什么，是一个外在设定的纯粹性目标，还是人本身的需要产生的目标。或者说，我们的发展只是为了创造物质财富以满足人们片面的物质享受，还是把人的多方面需要统一起来整体来考虑，也就是物质与精神需求的满足，营造一个适合生命本性要求的社会和生态环境。以人为本，就是以人的生命整体存在为出发点，树立尊重生命价值、爱护生命的观念，将人改变周围世界的能动行为自觉纳入符合生命规律的要求上来。

生命过程表现为一种自然秩序，或者说一定的物质因素按照一定的秩序组成了生命现象。生命的秩序既在于生命生理结构上合理的连续与转换，又在于生命要素自身及其与其他要素的相关性，即生命须在一定条件下产生，也须有一定的氛围才能存活和发展。生命对生存环境的要求乃是本能的要求。达到要求，生命就会出现和延续，达不到要求，生命就会不存在，或者存在着的生命也会消失。生命对生存环境的要求，也就是对于环境的条件和生存秩序的要求，环境秩序应当与生命秩序合拍。这是生命现象的相关性决定的。可是，人除了对自然提出本能的要求，也会提出自然所不能满足的要求，于是，便以自己的行动改变世界。正是这种"不满足"以及人特有的自觉能动性，使得人类文明程度不断地提升，同时也加剧了人对于自然资源的攫取。人以牺牲自己的生存环境为代价来满足某些方面的需求，而这些需求无节制地膨胀，却无益于生命本身，如同过分的营养会给身体带来负担，过多的奢求戕害了生命一样。

人意识到有能力征服自然，从自然获取自己所需物，这是一种理性。理性把人与动物相区别，并把人的认知及其改变世界的能力置于至上的地位，以至于凌驾于自然之上，可是，自人类有了这种理性以来，人与自然就处在人力与自然力的紧张对抗状态中了。如果说在人类早期尚且服膺自然伟力的话，那么随着科学的逐渐昌明，工具理性系统的日益精密，人的能力越来越强。当人们在充分展现征服、奴役自然的能力时，却发现自身生存的环境是有限而脆弱的。占世界人口大多数的发展中国家正向工业化迈进时，也发觉发展过程中破坏了空间的自然秩序与合理布局等问题。实际情形是，人的理性培养人的优越、矜持感，没有培养人与自然协调相处的平和态度，因而，当人征服了作为人的生存环境的自然的同时，也就接近于毁灭自身。

道德理性注重人的群体的相关性，强调在伦群关系中定位个体。道德理性表现了人在与他人的相关性中对自己行为的一种自觉节制，"己所不欲，勿施于人"，是推己及人的人际秩序。由于传统意义的道德理性只限于人与人，无涉于人与自然，因而无补于在人与自然环境关系中建立合理的相关性。这种合理的相关性，说白了也就是人的合理的生存环境，诸如人的生存需要阳光、空气、雨水、花草、鸟兽、森林、草原、河流、湖泊、和风等自然条件，彼此之间共同构成一个和谐、友善的环境，不仅自然中的其他生物离不开这样的环境，人也一样不能独自存在，我们人类的存在与它们的存在彼此构成了一种相关性，共同存在于其中。由于这种相关性把我们与它们一起定位于其中的某一个位置上了，失去了它们，也就是完全或部分地失去了我们自身，所以，当人类行为不检点，损害了自然条件时，就是失去了自己的生存条件，如果有一天，人类狂妄到要毁灭自然时，就是在毁灭人自身了。中国人在思考宇宙论的时候，是把人类生存的相关性考虑进去了的，如《易经》里面的八个基本卦：天地雷火风水山泽，八个卦表达的是八种物质因素，缺一不可，缺了某一种不仅是构成宇宙的元素不齐备，也因此宇宙会变得不和谐。阴阳家推出五行学说，金木水火土五种元素也是不可以少一种，少一种不仅产生不了世界的多元和丰富，更因此不和谐了，这五种元素之间也是一种相关性。当人被投放到这个世界的时候，人与自己的生存环境也就处于这种相关性了，而意识到这种相关性，并努力呵护这种相关性，也就是生命的理性。

在思想史上，我们有了理论理性、工具理性、道德理性、历史理性乃至交往理性，却没有一个协调人与自然、生命现象与生命现象之间关系的理性，即生命理性。今天，我们正迫切需要这样的一种理性。生命理性即生命崇高可贵的理念，尊重、爱护生命，不仅爱护自己的生命，也充分尊重、爱护别人的生命，而且凡是与人无害的所有生命现象都应爱护，因为地球不只是给人准备的，也是给所有生命体准备的。洛杉矶的一座大山门口写着这样的警句："响尾蛇是这个山村的一员，请别惊动了它们！"人迹之所至，并不都是属于人的，人只是客居者。再放大一点说，人类及其他所有的生物，都是地球的客居者。

中国人似乎从来就有某种生命理性，如人们有深固的残生伤体为不孝不恭的观念。但仔细想来这种观念也还是有缺陷的，它不是出于对生命本身的尊重与爱护，只是为了孝顺父母的缘故，才不可损害自己的身体，因而这种观念是维系在人伦关系上的。中国古代还有"天人合一"的观念，它有利于在人与自然之间建立某种平衡，然而这种观念被占统治地位的儒家注入了过多的政治和伦理道德内容，使"天"被理解为先天的道德的天。道家把人天关系看作是人与自然的关系，试图在人与自然之间建立混然和谐的关系，可惜道家常常被视为异端，被排除在社会生活的主流之外，只有在那些方外之地才能见到人与自然和谐相处的情景。这就是说，中国并没有一个普遍认同的生命理性。在我国实行经济社会发展战略转移的条件下，我们很有必要建立普遍认同的生命理性。这不仅有助于确立全社会新的生命价值观念，而且能够唤起人们为生命存在创造优良环境的责任感。

伦理是一种规范的秩序，它不像生命那样自然谱成，而是人们按照某种观念建立起来的秩序，也要靠人们自觉自愿地恪守才会有意义，否则便是外在的与人无关的东西。人既能破坏自然，也能保护自然，所以，在人面前，一切自然秩序（包括生命秩序）都要凭借理性、观念才能免遭破坏。以这种理性、观念建立起来的秩序，就是环境伦理。与以往的道德伦理秩序有所不同，环境伦理不是在人与人之间为协调人际关系设立的秩序，而是在人与自然、环境之间设立的，其任务是协调人与自然、环境的关系，即人为了求得与周围自然环境的基本平衡，对自己的行为加以限定，也就是以人为秩序保护自然秩序。如果人能将观念的秩序转化为实际的生活秩序，这种生活秩序又符合生命、自然的要求，那么这样的生活秩序就成为生命、自然相仿的秩序，即以人为秩序契合自然秩序。

按照生命理性，恪守环境伦理，建立与生命及其自然相符的生活、生态环境，是人为了自己的生命存在创造适性又适意的相关性环境。在人与自然关系上的人本主义，正是要把人的生命存在条件作为基本出发点，把人的主观能动性不是看作征服自然、奴役自然，而是恢复已被破坏的自然，再造自然。从这个原则出发，我们在建构自己的生存环境上，应充分地考虑到生命的秩序及其美的韵律，以人造的、社会的环境来应合生命本能，从而实现人与自然的平衡。

# 重塑人与自然的关系

中国古来有一种人天一体的观念，这种观念对中国文化的影响可以说达到了无以复加的地步，在这个意义上，应当说我们有能力处理好人与自然的关系。但事实并非如此。很明显，我们对自然的破坏程度难以简单地以工业化来说明所有问题，工业化加剧了自然的破坏，但工业化之前的半自然经济时代或计划经济时代就已经将自然破坏得差不多了，或者说，在我们开始现代化的时候，才发觉已经没有可供工业化破坏的自然了。因此，我们需要对传统的人与自然关系做一次反省。

一

自然，在中国思想史上是一个多歧义的概念，各个文化派别和文化传统，包括外来文化和本土文化、古代文化和当代文化都广泛地运用它，但各自使用的意义却完全建立在各自的语境下，语境不同，其概念的意义当然就做了各自不同的延伸。可是我们在使用这个概念时还是未做任何区别，以至凡是谈到天人关系都会说：我们中国文化从来都是主张人与自然和谐统一的。的确，天人关系从来都是中国古今文化的一个重要话题，但不全是我们今天所说的人与自然的问题，今天所说的话题有今天的含义，换句话来说，如果不是工业化带来了人的生存环境问题的话，这一古老的话题也不会有如今这样突出的意义。而中国传统的天人关系问题又有着不尽相同的意义，这一点，只要我们对传统的主流文化认真审视一下就能明了。

首先看一看儒家是如何看待这个问题的。在孔子的《论语》中没有"自然"这个概念，《孟子》书中也没有这个概念，只有荀子几次谈到"自然"概念。他在《正名》中说："生之所以然者谓之性，性之和所生精合感应不事而自然谓之性。"其《性恶》又说："若夫目好色，耳好声，口好味，心好利，骨体肤理好愉佚，是皆生于人之情性者也，感而自然，不待事而后生之者也。"应当说荀子对这一概念的理解和界定是比较明确的。"自"是自己，"然"是肯定性结果。事物依自身的必然性产生自身所需要的结果，就是自然。从语言结构来说，自然就是：自己成为这个样子的。这是一个非常简括的概念，其中却包含了极深奥却又极模糊的含义，这一点我们在后面还要谈及。尽管荀子对自然概念做了阐述，但不能不说他接受了老子的影响。因为在他之前，只有道家提出过这个概念，连当时的显学墨家也不曾提出过这个概念。然而这并不等于说儒家、墨家就不谈论这个问题，事情通常是先有了问题，然后才产生有关问题的概念。

先秦思想家多以"天"，或"万物"的概念来谈论我们今天所说的自然问题。孔子说："天何言哉！四时行焉，百物生焉。天何言哉！"①又说："巍巍乎唯天为大，唯尧则之。"②在孔子那里，天并不就是自然，它是超自然的力量和意志，它能使

————————

① 《论语·阳货》。
② 《论语·泰伯》。

自然的、社会的现象拥有自己的次序，也能左右社会的治乱兴衰，天之"将丧斯文"与"未丧斯文"都是人所无能为力的，所以，他只好说天之所为乃是"天命"，采取了一种尽人事以待天命的态度。但有一点是明确的：天使自然成为自然，也就是说使自然成为现在这个样子的原因并不在自然本身，所以天不是自然。

孟子在天人关系问题上的态度比较积极一些。他一方面认为"顺天者存，逆天者亡"①，"莫之为而为者，天也。莫之致而致者，命也"②；另一方面又认为天可知，只要尽己之心，可知其性，知性就可知天命。这就为天人合一铺平了思想的桥梁。由于孟子将人的心、性问题主要从道德方面做了理解，又将道德的心、性做了天然性的阐释，因而与心、性相通的天也就成了道德的天，尽管天同样能够起到孔子所说的使自然成为自然的那些作用，但它的作用主要还是道德性的，天赋予人（"天与之"）的内容基本上不是自然现象方面的，而是德性上的"贤与不肖"这类型的。孟子的思想影响是巨大的，以至后儒在谈到天人关系这个问题时，多从德性方面去理解。

荀子在儒家中间是一个例外，以至于人们甚至将他误解为法家。荀子把天理解为纯粹的自然，自在自为，主张"明于天人之分""为不求知天"③，同样，对人性的善恶也完全做了后天性的解释。在这层意义上说，他是一个彻底的自然主义者，而且他对天人关系的态度很积极，相信人定胜天。毫无疑问，他的思想极大地提高了人们克服自然力的信心。可是他把人与

---

① 《孟子·离娄上》。
② 《孟子·万章上》。
③ 《荀子·天论》。

自然（天）完全对立起来，其影响非同寻常。

　　在董仲舒那里我们看到，他把自然关系与政治人伦关系一一相配，所谓"人副天数"，人天关系中虽然人居次于天的位置，但他在自然关系中寻求到了政治人伦的神圣性，"天不变，道亦不变"。与其说他对天亦即自然关系的尊重，不如说他借人不能左右天而抬高政治人伦关系，从而人也不能随意改变这种关系。很显然，董仲舒的论域虽然很广，其重心仍然在政治人伦，只不过他表现了一种意愿，即要在人的关系中寻找到自然性。服从于政治人伦的需要，他把天的自然性质描绘成意志的自然，所以天不是纯粹的自然。

　　宋明理学大讲天地物理自然，然而，他们所讲的"天"不是作为纯粹的人的生存环境和对象化的天，所讲的"物"不是无限的物质现象，所讲的"自然"也不是纯粹的客观对象的自然过程。我们知道，二程所体贴的只是个"天理"，"所谓天理者，自然的道理，无毫发杜撰"。[①]此天理的自然性在于它"莫之为而为，莫之致而致"[②]。单从这句话来看，似乎二程讲的是物质自然现象的道理，实际上他们讲的乃是伦理的道理，是与"私欲"相对立的"天理"，"礼即是理"。[③]而且二程不是从自然物质现象中推出天理，而是从天理中推出自然物质现象，因为理是"实"是"本"[④]，所以他们讲的是理之自然，人伦化的自然。如果说二程在天和理的问题上尚有含糊之处的话，那么朱熹就讲得明澈得多："所谓天者，理而已矣。"[⑤]

---

　　① 《上蔡语录》。

　　② 《遗书》卷一八。

　　③ 《遗书》卷一五。

　　④ 《遗书》卷十一。

　　⑤ 《楚辞集注·天问》。

尽管他把这个"理"解释为"天地万物自然之理"①，甚至说能够使"阴阳五行错综不失条理"的就是"理"。但是我们都清楚，就其根本意义来说，他所讲的乃是"张之为三纲，纪之为五常"的理。②在朱熹那里，就不存在纯粹的自然的理；而天既是理，那么也就不存在纯粹的自然的天。王阳明与朱熹的区别不在于是否从人伦精神开出宇宙的精神，区别只在于从哪里开出去的问题，朱熹从"理"上开出去，而王阳明从"心"上开出去，所谓："心即道，道即心，知心则知道、知天。"③"大人者，以天地万物为一体……大人之能以天地万物为一体也，非意之也，其心之仁本若是，其与天地万物而为一也。"④尽管王阳明把与天地万物为一体作为一种境界，但这种境界只是从天地万物中体会到自己的存在，"把宇宙每一部分都看作与自己有直接联系，甚至就是自己的一部分"⑤。在这种人天一体的学说中，以仁为内核的良知是天地万物存在的前提，因为在王阳明看来，天地万物只是由于人的良知才有了它们存在的合理性的。从而，天地万物不只是不纯粹的问题，而且是有限的。

儒家在阐扬道德理性方面确实做到了"致广大，尽精微"，但我们看到在儒家那里由于主观精神的无限扩张，使得儒学家们不愿意面对一种真正纯粹的天地自然，而天地自然由于完全受到主观精神的关怀，从而尽染人伦色彩。由于不能成为纯粹的天地自然，所以它也就不能成为真正的人的对象化的存在。可以肯定地说，人对任何东西的敬意来自人首先把它看成一个

①　《朱子全书》卷四十九。

②　《文集·读大纪》。

③　《王阳明全集·语录》。

④　《王阳明全集·大学问》。

⑤　陈来：《有无之境》，人民出版社 1991 年版，第 261 页。

外物，看成一个对象，而对象之作为对象不仅在于它外在于己，而且还在于人们对它有着未曾穷尽的内容。穷尽了的对象会成为为我之物而不再是对象，而为我之物只会为我所用，人们或许还会对它存有爱意，却不再有敬意。可是爱意之能够持久还在于其中存有一如既往的敬意。天地自然既然失去了它的纯粹性，它也就失去了无限性，有限就能够穷尽。事实上人没有也不可能穷尽原本就是无限的天地自然，但是人们一旦在主观意识上产生了把无限变成有限的奢望，就会顿生克服与战胜的心理，而我们在整个儒家天人学说中不难发现这种心理。这对人战胜自然力给人类带来的灾难来说无疑是非常有益的，然而在处理人与自然平衡关系方面则完全是另一回事。再说儒学家们所说的"自然"，也并不是天地万物的自然历史过程，而是道德伦理中的自然性，他们向往道家所推崇的自然，但他所讲究的还只是在人伦关系中间寻求一种类似自然般的关系，即认定人与人之间的道德次序是符合自然过程的。在这个意义上说，理学家们所追求的"自然之理"实际上就是理之自然。要说明一种伦理规范和道德的理由并不算难，而要把这种规范和理由建立在自然而然的基础上就难了，理学家的精微之处也正在这里。为了求得自然性就不得不求助于自然物质现象，只有在解析自然物质过程当中才能合理地弘扬道德理性的自然性和遍在性，故而理学家们多要从理气关系上说起，以至于带有鲜明的二元论的色彩。只是气是为了说明理的，始终没有取得独立自存的资格。

## 二

　　道家对天人关系的论述根源于其宇宙观念，而自然概念自《老子》提出来到定格我们今天所意谓的人的生存环境有一个过程，其中深藏着道家对天人关系的思考。《老子》说："功成事遂，百姓皆谓我自然。"[①]"道之尊，德之贵，夫莫之命而常自然。"[②]"以辅万物之自然而不敢为。"[③]这几句话在结构上都表明"自然"乃是一个动作，一个自然而然的肯定性动作，它由现象本身所引发出来，不带有任何的人为和主观的成分，因而它就是自己实现自己的过程。《老子》又说："希言自然。"[④]"人法地，地法天，天法道，道法自然。"[⑤]这两句话在结构上似乎把自然作为一个宾词，即作为一个对象来看待，但从前后语意的逻辑来看，仍然是作为动作和过程看待，即一个固定性的动作和过程，如同现代汉语中的动词名词化，"道法自然"实际就是道以自然而然为法则，而不是把自然作为一个对象、客体来效法。但是，它并不是只有动作和过程而没有结果，而是包含动作、过程和结果在内的，"自然"不是"自己是"或"自己成为"，而是"自己就是这样的"或"自己成为这样的"。在这个意义上，我们对老子所说"自生""自化""自正"就比较好理解了。所以，老子所提出的"自然"虽然只是表明了一个自然现象的自我完成的动作、过程，但是语意中间已经蕴含

---

①　《老子》第十七章。
②　《老子》第五十一章。
③　《老子》第六十四章。
④　《老子》第二十三章。
⑤　《老子》第二十五章。

了对象化的意义，这就为以后人们把"自然"定格为广泛的自然现象铺平了道路。但这是以后的事，《老子》本身并没有这样的界说。综观《老子》一书，可见他有这样一种关怀，他想运用一个概念来表述无限的自然，曾用到"天地"这个词，但他还是意识到其有限性："天地尚不能久，而况于人乎？"[①] 万物这个词也多次用到，可是物有形有名，有了形名就是有限，不足以表达无限的自然。在他看来，能够实现一切现象自我生成的东西必定属于那无限的本体"道"，道不仅无限生成，也促使一切现象自我完成，它纯粹地就是一个自然，"道法自然"实际上就是道的活动方式，因而道是唯一可靠的客体。人所要面对的对象不是有限的天或万物，而是无限的道，这样一来，人天之际实际上在他那里成了人道之际。

《庄子》有关"自然"概念的论述不少，所表达的意思多不出老子所述，如在《天运》篇中说："夫至乐者，先应之以人事，顺之以天理，行之以五德，应之以自然。"《德充符》说："言人之不以好恶内伤其身，常因自然而不益生也。"《应帝王》说："汝游心于淡，合气于漠，顺物自然，而无私容焉，而天下治矣。"如果说老子关于有限与无限关系还是述而不发的话，那么庄子则把这对关系发挥到极致，在他看来，"物物者非物"，有限的物不能生物，只有君临于物之上的道才可以生物（"物物"），而道的无限性在于它不受时空的局限（无待），换言之，凡在时空之中的所有现象都只能是有限，而有限的现象在可靠性上是值得怀疑的。超越相对，追求绝对，这是庄子的基本理路。

---

① 《老子》第二十三章。

老庄之后，人们在阐释"自然观念"时实际上是在阐述自己的见解，只不过总会从"自然而然"引发开来。《白虎通义》说："黄帝有天下号曰自然，自然者，独宏大道德也。"这实际上把黄帝平治天下的太平气象理解为自然，而《白虎通义》的这种理解乃是带有汉初倡导黄老之道无为而治的政治背景，即无为而治的政治气象就是自然。两汉时期对老子所提"自然"概念论证最有力的是王充，他的《论衡》专辟《自然》一章，他提出"天道自然"的观念，在他看来，自然就是天地万物自生自为的过程，"天动不欲以生物，而物自生，此则自然也"①。王充不仅把一切自然现象归结为自然的过程，从而将董仲舒以来所流行的天谴论、意志论从客体运动中排遣了出去，也将社会历史过程归结为自然过程，如同"日出而作，日入而息，凿井而饮，耕田而食"一样，从而把天还原为自然的而非意志的天。这是一种彻底的自然主义哲学。王充的另一重要观点是：表征自然的主体乃是类似"物自体"的东西，"春观万物之生，秋观其成，天地为之乎，物自然也"②。这样一来，人必须面对一种超于人的关怀之外的对象化的自然现象，而且这个自然现象也自在自为，它本身即是一个自然。从思维过程来看，把自然定格为自然现象已差不多是呼之欲出了。王充说："黄老之家，论天说道，得其实也。"③如此评论道家，基本的根据是道家所说的天道，是一个纯粹的、外在的客观事实。同时他也批评道家论自然"不知引物事以验其

①　《论衡·自然》。
②　同上。
③　《论衡·谴告》。

行，故自然之说未见信"①。我们看到，老庄都生怕在论自然时落入有限的窠臼，故而从抽象性方面考虑多，而王充从实在性方面考虑多，以至于他明确地将实现自然过程的"物"确定为"气"，"天地合气，物自生矣"。②王充的论证无疑对道家和道教都产生了很深影响。可是在另一些道家思想家那里，我们有看到不同的情形。

《太玄》和《关尹子》都将道理解为"玄"，如《关尹子》所说："无一物非天，无一物非命，无一物非神，无一物非玄。"这种理解的目的很明确，"玄"是一个实在，却不是一个具体的物，一旦说到"物"，就已经陷于具体的对象了，事实上，它永远都可以是任何的物，但任何的物永远不等于它，如同说它是任何的物，又不完全是任何的物；其次，它体现在任何事物当中，它不仅是一个实在，也是某种抽象的精神。当然，这种精神仍然不失纯粹自然的性质，它使现象成为现象自身，但它并不等于某种人文与人伦的精神，它始终是外在于人的。《河上公章句》仍然从现象自身的过程来理解自然："道清净不言，阴行精气，万物自成也……道性自然，无所法也。""道一不命召万物，而常自然应之如影响。"不过，河上公是从"道性"亦即宇宙本体自有的特性来理解自然，自然体现了道的自我实现的过程。《想尔注》则明确地将道界定为"自然"："自然者，与道同号异体"；"自然，道也，乐清静"。道与自然的互解凸现了双重意义：第一，"自然"第一次成为完全意义上的客体、对象，尽管这个自然还不是完全意义上的无限的自然现象；第二，道也不是僵死的绝对或客体，它是自

---

① 《论衡·自然》。
② 同上。

己肯定自己、成全自己、完成实现过程的，自然而然的。

魏晋玄学的时代是一个讲究抽象精神的时代，对一切现象都从抽象方面理解。王弼所论道，就是一个"无"或"玄"，所以以无释道，实谓道不是一个确切的名称，即不得已才勉强以"道"称之，为了不致误解为"体"或"象"，王弼才以一个"无"字阐释它，而"无"本身也只是一个描述，并非就是勉强称之为"道"的本体。换言之，说一个"无"字，就是为了避免人们将这个本体看作"有"，所以王弼说："无形无名者，万物之宗也"①，"有之所始，以无为本"②。无论是从现象的生成过程（宗、始），或体现过程（象、体），无都是有的根本。"无"又称"玄"，何谓"玄"？"玄者，冥默无有也"③，"玄，物之极也"④。以玄释无，其用意相同，玄可以为"万物之极"，可以为万有之宗本，却不可以说玄是某个确定的具体之物。关于"自然"，王弼一方面把它解释为自然而然的过程，其曰："天地任自然，无为无造，万物自相治理，故不仁也。"⑤强调"道常无为"乃是一个"顺自然"的过程。⑥另一方面，又把自然理解为某种对象化的东西："自然，其端兆不可得而见也，其意趣不可得而睹也"⑦；"自然者，无称之言，穷极之辞也"⑧。只是这种现象化的东西不可睹见，只有在穷高极微的意义上才可以领会它。显然，这里的"自然"与"玄""无"

---

① 《老子注》。
② 同上。
③ 同上。
④ 同上。
⑤ 同上。
⑥ 同上。
⑦ 同上。
⑧ 同上。

已无甚区别了。应当说，王弼是深契老子之旨的，而人们以王弼的"无""玄"为"虚无"，实在是误解了他。郭象同样从自然过程和对象化方面理解"自然"，他说："天地者，万物之总名也。天地以万物为体，而万物必以自然为正。自然者，不为而自然者也。"[①]"以自然为正"即谓以"不为而自然"为准则，自然就是天地运行的准则。郭象所说的"道"与王弼所说的"道"意蕴不同，这里的"道"不是对象化的实体，而是使天地得以运行的自然法则。另一方面，郭象认为自然本身就是对象化的实体，他说："天者，自然之谓也。"天既为万物之总名，自然也就是万物之总名了。从语义包含对象化意义的自然而然到自然就是天地万物的自然现象，道家总算完成了这个思维过程。从而自然不仅是自然而然的过程，而且就是实现自身的自然现象本身，自然也就成为完全意义上的物质现象，而不只是抽象的意义或抽象的实在。此一思想过程由郭象来完成，其内在根据在于，郭象与王弼不同，他要从"有"的方面来解释一切现象的无限生成转化过程，所谓"造物者无主，而物自造"[②]。在他看来，与其面对一个抽象的本质，并从抽象本质来理解现象的无限多样性，不如从现象自身的"自造"和"无所待"来理解，如此，包括自我实现的过程在内的一切物质现象便注定落实在"自然"这个概念上了。

玄学对道教的影响是巨大的。但道教终究不同于玄学，它要服从信仰的需要。道教实际在自然观上做了两极的阐扬，一方面，从生成和宗本的角度，把一切自然现象归结为某种抽象的本质，而且是对象化的本质，甚至就是某种纯粹精神，像

---

① 《庄子·逍遥游注》。
② 《庄子·齐物论注》。

《河上公章句》《想尔注》所做的那样；另一方面，要以物质性的实在"气"来补充那纯粹精神本质所造成的空虚，道和气相连贯，道之所在，气即在焉。道体现了抽象，气体现了具体，这种二元绝待的关系既满足了精神超越的需要，又满足了深入现实的需要。在现世中实现宗教超越，这是道教的基本特征。因此，道教在实行本质抽象的同时，不可能放弃现世的实在，从而，尽管在追求目标上要面向抽象的本质，而在实现的途径上却要面向生动的客观世界。对这个客观世界，道教又都从自然性方面去理解。成玄英在理解"自然"观念时颇有代表性，他一面认定"自然"就是"道"："道与自然，互其文耳。欲显明斯意，故重玄之也。"①一面又认定"自然"就是"天"："天者，自然之谓也。"②这两者看似矛盾，但在道教看来则相通，因为道不只是高高在上、可望不可即，道的大化流行即是现象界的自然，道体现在自然之中，因而人们面向天地之自然，就是面向道，而且只能通过现象的自然去追求超越的道。

从上述已经能够明了，道家和道教所说的天是纯粹自然的天，地是纯粹自然的地，道是纯粹自然的道。即便道教所理解的道是某种精神，甚至体现某种意志，但它也仍然不失其自然性质，它作为精神本质是外在于社会人伦的，它作为意志是自由自在的，在这种纯粹自然的精神本质和自由意志的统御下，天地万物都是一个纯粹的自然。从"自然"这个观念的本身，我们也可以体会到纯粹自在自为的性质。在这一意义上我们再来看道家及道教是如何确立人天关系的。庄子曾明确地将人天

---

① 《庄子疏》："天与之貌，地与之形"疏。
② 同上书，"知天之所为，知人之所为，至矣"疏。

关系确定为"不相胜"的关系①，郭象借以发挥说："天人不相胜，故旷然无不一，冥然无不在，而玄同彼我也"②，"夫与物冥者，物萦亦萦，而未始不宁也"③。不相胜才能消除人天关系的紧张，玄同彼我才能做到人与自然的相安无害。《阴符经》说："圣人知自然之道不可违，因而制之。"在这个自然之道面前，人们不可以先入为主，只能"因而制之"，顺应自然是制之为我所用的前提。显然，自然性方面的因素远远胜于社会性方面的因素。成玄英说："随造化之物情，顺自然之本性……放而任之，则物我全之矣"④，"同天人，齐万致，与玄天而为类也"⑤。随、顺是强调法自然，齐、同是强调与物为类，将万物视为自己的同类，从而保全爱养自然，也就是保全爱养自身。从道家到道教，无论发展变化有多大，也不论道教自身有多少种派别，在对待自然的问题上，其态度的一致贯彻了始终。

## 三

以自然为客体实在，相信这个客体实在的无限生成、无限调制、自我完成，并以这种自然而然为极则，应当说，这是一种完全的自然主义。这里需要澄清一个问题，即采取自然态度中有没有人文关怀。如果我们把凡有人文关怀的所有意识都视为非自然主义的话，那么可以说连自然主义这个提法本身就不

① 见《大宗师》。
② 《庄子·大宗师注》。
③ 同上。
④ 《庄子·应帝王疏》。
⑤ 同上。

能存在，无论是提出这个观念的人，或者凡是适用这个观念范围的人或事都会被排除在这之外。因为任何一种观念或这种观念的适用者都无例外地包含了人文关怀，换言之，自然主义也是人的一种态度，而这种态度的取向本身就是人文的关怀，是人的有意识。动物的所有行为可以说都是符合自然的，但不可以说动物采取的是自然主义的态度。在我看来，对自然主义的认定不在于当中是否具有人文关怀或意识，而在于所持态度的前提和终极原则。如果我们的前提是一个无限的自然，人类活动只是自然当中的一部分，而且在人与自然关系上，虽然我们不时将人与自然对置起来，相信人能够在与自然的平衡和谐的条件下实现自己的意愿，没有也不愿意将自然置于被征服、奴役的位置，并且确信人为的终究不如自然的，从而在人的所有活动方式中以自然主义为依归，这就是一种自然主义。如果我们的前提限于某个具体情形，如人的性情、艺术的风格，或者人的德性，并力图在这中间追求一种自然的话，那么至多只能说是一种狭义的自然主义，不是我们所说的广义的人天、主客关系上的自然主义。而且我们在这些具体情形下去追问其中的最高原则时，通常未见得就是自然而然的原则，如同儒家所论的道德的自然性，自然实际上是服从道德的，仁义礼智信是最高的原则，自然所起的作用只不过是"水到渠成"而已，只是一种"理所当然"。

很明显，道家在人天关系问题上持一种完全自然主义的态度。老子将对象化的道理解为无限，他说道不可名、不可言状，其实就是在无限性上来说的，可名可言就是有限。老子说"域中有四大"，其中道最大，也就是以道在时空上为无限，道的无限性质就为人天观确定了自然主义基础。同样，在人道与天道关系上，也是以天道为归依，人之道"损不足奉有余"，天之道则"损有余以补不足"。在他看来，人之道由于是按自身的意愿和意志行动，因而人不能克服自身所带有的偏颇，也就不能实现公平与合理。而天之道可以做到公平与合理。这里的"人之道"就是人类自己的行为与目的，"天之道"则是自然律。天之道实现人类社会的公平与合理的方式就是无形之中的自然调节。《庄子》在人类关系上的自然主义态度极其显明，一方面他认定"道无终始，物有死生"[①]，另一方面又在天道与人道两个方面做了抉择，"无为而尊者，天道也；有为而累者，人道也"[②]。这种天道与人道相去甚远之处在于天道无限而能公平无"私容"，人道则相反。荀子批评庄子"蔽于天而不知人"，无疑是深刻的，因为庄子确实在人天关系上持因任自然的态度，人为属有限、相对，天道属无限、绝对。庄子在分析问题时一概采用相对主义方法，而庄子所欲以追求的是无限、绝对主义。道教尽管在发展过程中不断地采取世俗的内容，但在人天关系上始终是自然主义的，即使在"我命在我不在天"这句名言当中也仍然深藏着自然主义内蕴。

　　传统的看法认为道家和道教在自然面前是消极的，当代学者则力图在道家的自然无为当中找出无不为的主观目的性，从而确信道家道教是大有所为的。事实上，在自然无为的背后找出有为的目的性并不能改变在天人关系上的自然主义态度，自然主义并不排除目的性，目的性可以在自然主义原则下得以实现；其次，在目的与自然主义两个方面，目的不妨碍自然，自然主义是终极原则，目的服从于它。在道家思想传统中，我们

---

　　① 《庄子·秋水》。
　　② 《庄子·在宥》。

看到的正是这种情形，也正是这个原则，自然主义与人道主义在根本意趣上差别很大。依道家自然主义观点看来，天道的力量远远胜于人道的力量，所以在价值观上依天不依人。

反观儒家在人天主客关系的态度，可以说是一种人道主义的。因为在天道与人道两方面，儒家认为人道高于天道。尽管儒家竭力将人道的内容解释为天道的内容，或者说天道就是人道，天道的所有内蕴毫无例外地都是诚、仁、义、礼、智、信，等等，实际上是人道的无限扩张，这种扩张的背后动机就是要在人道中建立起自然性。道德理性的建立原本不是自然的，它乃是自然性的克服，但儒家却要在建立起来的道德理性中找到自然性，这样做的目的很清楚，就是要在人们的心灵结构中确立理性的自觉，使人们确信人的伦常就是天地伦常，"仁义礼智非外铄我，我固有之"[①]。而一旦确定了这种理性自觉，在日常行为中也就不自觉地贯彻着理性了，可见儒家人性自然也并不排斥自然性。单从理性自觉方面来看儒家所欲建构的自然性是没有问题的，因为这终究还是人性范围内的事情，只要人们愿意认同并乐意恪守便有了自然性。问题是儒家并不满足于这一点，而要把人性推及天地之性，这种人性扩张不仅产生了道德的泛化，更为严重的是将作为对象性关系的天人关系消解在道德理性原则之中了。如果说在程朱那里我们尚且能够看到道德理性化的对象和对象性关系的话，那么在王阳明那里连这点东西也看不到了，天地万物的存在也只是人的良知灵冥俯仰的结果。由于消解了天道，剩下的只有人道。故而儒家在天人关系上带有浓厚的人类中心的意味，可以说荀子"人定

---

① 《孟子·告子上》。

胜天"观念被后世的儒家融入天理良知的观念中了，在天理良知观念中人天不再处于紧张对峙，却以道德理性自觉的形式克服了。

儒道两家都有天人合一的观念，但其中依天还是依人之间已显根本差异，在对这种差异的分析基础上我们应当考虑怎样重塑人与自然的关系。道家在天人关系上的自然主义表现了人对自然的尊重，在以自然为归依的价值取向中实现天人的和谐，但依天不依人又确实忽视了人在自然面前的主动性和创造性，事实上人不可能满足自然，必定在与自然的关系上要表现出自己强烈的主动性。儒家在人天关系上的人道主义表现了人的主动与主体性，并在这种主动与主体性中实现天人的统一，但儒家将自然消解在道德体性中就不会将天地自然认真地视为客观对象，当然也就谈不上对其尊重。无论从历史的还是从现实的角度，人在与天地自然的关系上既需要那种主动与主体性，又需要对天地自然的尊重和爱护，因此既要人道主义，又要自然主义。

有理由说中国传统文化中有过人天关系的统一与和谐，在人天两方面的"服从"或"归依"都能够达到这一点，如随顺、因循自然是一种统一和谐，以天理良知为"当然"也是一种统一和谐，但不可以说中国这种"天人关系论"是一种平衡论。平衡就要讲求等距、等差、等量，两边不等如何平衡？蔽于天而不知人或蔽于人而不知天，都不可能达到平衡。从历史的眼光来看，在天人关系上我们应当努力建立的正是这种平衡基础上的和谐关系，在这种和谐平衡的关系中自然的存在价值得到尊重，人的主动性、创造性也能得到发挥；人的利己欲望受到自然主义的制约，自然主义也不能限制人的合理而不越分的创造。马克思在谈到未来理想社会的人与自然关系时的构想是意谓深远的："作为完成了的自然主义，等于人道主义，而作为完成了的人道主义，等于自然主义。"[①] 完成了的自然主义在本性上是符合人的需要和根本利益的，自然主义与人的根本利益不相冲突。完成了的人道主义则必然追求自然主义，人道主义所体现出来的主动性、创造性在自我完成过程会校正自己行为的偏颇，最终趋归于自然主义。但是，那只是对"完成了的"情形来说的，然而我们仍然处在自然主义和人道主义尚未完成的过程中，在这个过程中人完全可能过分攫取自然资源而彻底毁坏人本身的生存自然，因此，问题是人类如何合理地避免因为尊重因循自然而困住自己的手脚无所作为，同时又不会因为发挥主观能动性而放任手脚糟蹋自然。如果我们将道家的自然主义和儒家的人道主义置于一个平衡的关系上，就完全能够做到这一点，这才是当今意义下所需要的儒道互补。

---

① 《1844 年经济学哲学手稿》。

# 现代国民教育中的"格"

国民教育中的"格"，就是谈论国民教育如何塑造人的品相与品格。凡物皆有品相，凡人皆有品格，"相"是现象呈现，"格"是定位。只不过，这里并不只是道德上的品相与品格，而是包括道德在内的人的素质的综合品相与品格。既然以品相与品格来说人的综合素质，也就类似于给受教育者一个定位，属于什么样的位格，呈现出什么样的精神气质。尽管人是个性的，不当千人一相，或万人一格，但国民教育应当有一个总的定位，这个定位是包括个性差异在内，并以个性差异为必然条件的整体定位。

## 一 自然教养与社会教养

在中国历史上，存在着两种迥然相别的教养，一种是自然教养，另一种是社会教养。不过，古往今来，人们总是容易把教养理解为社会的教养，自然的教养似乎是不教而成的，或者说不用教，实际上就把两种教养归为一种教养了，即凡是教养，就是社会的。这是一个教养认识的巨大误区。

先来说说这两种教养。一种是道家式的教养。道家的教养是典型的自然教养，老子是把人最好的教养看作婴儿一般，他说："载营魄抱一，能无离乎？专气致柔，能如婴儿乎？涤除玄览，能无疵乎？"①"故令有所属，见素抱朴，少私寡欲。"②"含德之厚，比于赤子。"③"常德不离，复归于婴儿……"④在老子看来，修炼身体与修养德性具有一致性，修养身体也就是在修养德性，当人的魂魄、身心一致时，或者人能够将世俗社会带给自己的尘染涤除干净，能够让自己返还到素朴的自然状态的时候，就是一种最良好的教养，就是最优良的品格。这里的"婴儿"是一种"含德之厚"状态，并非不经修养的婴儿状态，婴儿本身无所谓修养与品格，只是一种自然状态，他不会有意识地使魂魄、身心合一，不会"专气致柔"，不会"涤除玄览"，不会"见素抱朴"，也不会"含德之厚""常德不离"，他只是本然如此。所以，老子说的只是"婴儿般的"修养，即经过修养，达到像婴儿一样的状态。在一个世俗社会里，人不断地接受着社会和其他事物的影响，也在不断地积累社会知识，这些都会使人离他的自然状态越来越远，正因为如此，老子才要人保持自身的自然教养，并最终回复到自然人的状态，只有"常德不离"，即保持对于社会性的自然超越，才能够回复到婴儿状态。"复归"，意谓人是出发点，也是终极目的。之所以说是"自然教养"，是因为这种教养是以人自身的需要为目的，带有明确的目的与生命意识，修养是为了自己的快乐、健康与幸福，而不是为了别的目的。故而，老子说："故致数誉无誉，不欲琭琭如玉，珞珞如石。"⑤意

---

① 《老子》第十章。
② 《老子》第十九章。
③ 《老子》第五十五章。
④ 《老子》第二十八章。
⑤ 《老子》第三十九章。

思是不愿意做被人雕琢成贵重的玉器，而宁愿做坚实的石头。这个判断表达了道家的价值观念，"琭琭如玉"虽然华丽贵重，但被人雕琢，未必符合它自身的利益，坚实的石头则以素朴保持了自身的价值。素朴高于华丽，这是道家的基本观念。

　　庄子同样把人的最好教养看作是婴儿般的。在他所描绘的理想人格中，邈姑射山上的神人，"肌肤若冰雪，绰约如处子，不食五谷，吸风饮露；乘云气，御飞龙，而游乎四海之外；其神凝，使物不疵疠而年谷熟"①。神人是绝对超越的人格，有着最普遍的善意和巨大的能量，但样态是婴儿。子贡南游楚国，见到一个长者正在凿通入井的通道，以罐子盛水来浇灌自己的菜园，子贡问他：你何不用器械来浇灌你的菜园呢？那样便可以一天浇灌百倍之地呢。那长者却说：造这样的机械，必定要用到机械之事，而机械之事又必用到人的机心，可是心中藏了机心，就不再能够纯白如素了，心里不纯白如素了，那么精神就会波动起来，如此"道"也不能见容了。所以，我并非不知道你说的机械灌溉，只是以此为羞而不为啊！长者的这番话，让子贡感到羞愧，回去以后他进行了反思，得出了如此的结论："执道者德全，德全者形全，形全者神全。神全者，圣人之道也。……若夫人者，非其志不之，非其心不为。虽以天下誉之，得其所谓，謷然不顾；以天下非之，失其所谓，傥然不受。天下之非誉，无益损焉，是谓全德之人哉！我之谓风波之民。"②"德全"是说道德完备；"形全"是说身体健全；"神全"则是说精神完备。三者齐全，无异于说修养完备。追求如此修养的人，不会在意别人怎么说，不在意毁誉、

---

　　① 《庄子·逍遥游》。
　　② 《庄子·天地》。

得失，只在意自己的内在修养，达于完备的修养，就可以称为"全德之人"了。所说"风波之民"，无外乎随风波动、无稳定操存之人。当子贡又去告诉孔子之后，孔子说了如下的话："彼假修混沌氏之术者也。识其一，不识其二；治其内，不治其外。夫明白如素，无为复朴，体性抱神，以游世俗之间者，汝将固惊邪？且混沌氏之术，予与汝何足以识之哉！"①孔子所说的"混沌氏之术"，当指道家之术，注重治内，不重治外，其"明白如素，无为复朴，体性抱神"，正如老子之言。这当然是庄子笔下精巧设定的子贡与孔子的一段寓言故事，其实是庄子自己的思想。

老子和庄子所推崇的教养与修养，之所以称为自然教养，在于他们都认为最好的教养来自于人的自然本性，也是自然而然、自我完成的过程，甚至可以说是天地自然过程中的一部分。所谓教养或修养，只在于保持自然本性而不被社会世俗侵蚀，并最终回归到单纯、素朴的婴儿状态。还有一点是至关重要的，那就是老子和庄子都坚执如此的观念：人的教养自始至终都需要秉持自然之道——自然精神，人的教养需要这种超越性，而超越性需要这种宇宙精神。老子说的"常德不离"，庄子说的"执道者德全"，皆是此意。如果没有超越的精神，人是不可能抵御世俗社会的侵蚀的，或者最终会陷于世俗的纷争而不能自拔。即便获得了某种德性的教养，那也是次一等级的。

再来看儒家的教养观。儒家可以说是完全的社会教化观。儒家的教养观集中体现在忠孝与仁义礼智信等伦理与道德规

①《庄子·天地》。

范上。孔子说:"为仁由己,而由人乎哉?"① "君子无终食之间
违仁,造次必于是,颠沛必于是。"② "士志于道,而耻恶衣恶
食者,未足与议也。"③ "志于道,据于德,依于仁,游于艺。"④
曾子说:"士不可不弘毅,任重而道远。仁以为己任,不亦重
乎?死而后已,不亦远乎?"⑤ "仁"的观念在孔子的学说居于
中心地位,仁者必定会爱人,故而爱人是仁的应有之义,爱人
又是从爱自己身边的人,尤其是父母开始的,所以,"孝"是
仁的核心内容。在孔子看来,人是否具有良好的教养,就在于
是否具有仁爱的精神。孔子常挂在嘴边的"君子"与"士",
属于懂得且努力实行这种"仁"的教养的人,而缺乏这些教
养的人不仅不能称为"君子"与"士",甚至不能称为"人",
只能称为"野人"。尽管孔子有把"仁"作为人的定性依据的
倾向,即孔子没有说人是属于"仁"的,而只是表达了"君
子""士",或者"君子人",才是属于"仁"的,但孔子还
是强调了追求"仁"的道德理性,即人生来还未必都是"仁"
的,所以要用一种坚定的意志去追求它,故而哪怕造次、颠
沛、恶衣恶食,哪怕任重道远,时时刻刻都要铭记"仁"。孔
子也坚信,只要真诚求仁,就可得到仁,所谓"仁者远乎?
我欲仁,斯仁至矣"⑥,"求仁而得仁"⑦。我们看到,"孝"作
为"仁"的核心范畴,它本身是伦理的范畴,即一种社会次序

---

① 《论语·颜渊》。
② 《论语·里仁》。
③ 同上。
④ 《论语·述而》。
⑤ 《论语·泰伯》。
⑥ 同上。
⑦ 《论语·述而》。

教养的伦理，也就是一种行为规范，依据这种行为规范养就"仁"这个德性。故而，这种教化只能是家庭和社会的教化。

与此相关，"礼"的伦理范畴也具有特殊的地位，孔子说："克己复礼为仁。一日克己复礼，天下归仁焉。"① "礼"在孔子论述的伦理范畴中仅次于"仁"，在孔子看来，"礼"是自己在社会上赖以立足的东西，所谓"兴于诗，立于礼，成于乐"②。对于百姓来说，"道之以德，齐之以礼，有耻且格"③。孔子甚至把是否拥有礼乐的教养看成是君子与野人的区别："先进于礼乐，野人也；后进于礼乐，君子也。"④ "礼"是伦理规范，"仁"本身是道德自觉，孔子把"复礼"看作是"天下归仁"的社会条件，表明孔子意欲通过伦理的规范唤醒道德自觉，即先在行为上做得到合乎礼则，再培养起来仁的自觉。就像名实关系一样，名本来是实的称呼，但名一旦确定下来，就具有不可置疑的正当性，实就要依随名了，所说："名不正则言不顺，言不顺则事不成，事不成则礼乐不兴，礼乐不兴则刑罚不中，刑罚不中则民无所措手足"⑤。孔子所说的"礼"，自然是周礼，即周代所制定的礼乐制度，也有人将周礼理解为礼法，因为它具有法的效力。孔子自己说过，虽然"周因于殷礼"⑥，但"周监于二代，郁郁乎文哉，吾从周"⑦。无论在哪个意义上去理解周礼，可以确定的是，它是习惯意义上的礼俗制

① 《论语·颜渊》。
② 《论语·泰伯》。
③ 《论语·为政》。
④ 《论语·先进》。
⑤ 《论语·子路》。
⑥ 《论语·为政》。
⑦ 《论语·八佾》。

度，也是经验意义上的伦理次序。如此说来，孔子推行的教养，无论是核心价值的"仁"，还是基础意义上的"礼"，都属于社会的教养，即立于经验事实的社会教养。孔子没有全面论述儒家的仁义礼智信五个范畴，甚至也没有将五个范畴连起来称呼，尽管他也论述过"信"与"义"，说过"民无信不立"①，"君子喻于义，小人喻于利"②，"隐居以求其志，行义以达其道"③，但这都不能与"仁"和"礼"相比，对于"智"，他更是很少提及。

把仁义礼智信连起来称呼的，理当是孟子。孟子没有偏离孔子的方向，却有着大胆的设想和深入的阐释。孟子说："无恻隐之心，非人也；无羞恶之心，非人也；无辞让之心，非人也；无是非之心，非人也。恻隐之心，仁之端也；羞恶之心，义之端也；辞让之心，礼之端也；是非之心，智之端也。人之有是四端也，犹其有四体也。"④"仁也者，人也。呵而言之，道也。"⑤"四端说"的意义在于，孔子把"仁"看作人的内在本性的倾向，孟子则把它变成一种实在的学说。仁、义、礼、智等伦理与道德规范成了人的天生本性，天生具有的善端，不仅如此，孟子更是把人是否具有仁义礼智等教养看作是人与动物的根本区别。他说："后稷教民稼穑，树艺五谷；五谷熟而民人育，人之有道也，饱食、暖衣、逸居而无教，则近于禽兽。圣人有忧之，使契为司徒，教以人伦——父子有亲，君臣

---

① 《论语·颜渊》。
② 《论语·里仁》。
③ 《论语·季氏》。
④ 《孟子·公孙丑章句》。
⑤ 《孟子·尽心章句》。

有义，夫妇有别，长幼有叙，朋友有信。"①"人之异于禽兽者几希，庶民去之，君子存之。舜明于庶物，察于人伦，由仁义行，非行仁义也。"②孟子在描述人的文明化的过程中，道出了人的生存处境，即必须建立在群分群居的基础上，所有的教养，都是"圣人"所开启的社会人伦的教养，有这种教养的人就是"君子"，无这种教养的人就是"野人"。

孔子、孟子推崇的教养，都是在社会群体里面如何相处的问题，所有的教养又都可以成为"化"的过程，从自然人归化、教化成为社会的人。人之为人，在于从生命中发现并培育这种社会的道德理性，而不涉及人与自然的关系，如果说这样的教养中也拥有自然关系的话，那也是社会教养的先天化。

道家与儒家的教养论的歧见是鲜明的，一个是自然教养的，一个是社会教养的，这也成了各自标宗立帜的根本。要谈现代国民教养，显然不能仅仅在道家与儒家里面循环兜圈子，而要有一个人类的视野。这里着重要引入法国启蒙思想家卢梭的教养论。

卢梭在其著名的《爱弥尔》一书中提出了三种教育理论，一种是取之于自然的教育，一种是取之于他人的教育，还有一种是取之于事物的教育（这里的教育也就是教养）。这三种教育，只有第一种是我们所说的自然教养，后两种皆属社会教养。自然教育中，人是主体，也是目的，教育是为了他自己的，是"特殊的和家庭的"，而人本身是自然人，在自然秩序中，所有人都是平等的；而后面两种教育，或受之于人，或受之于事物，是"为了公众的和共同的"，即都是为了他人的、

---

① 《孟子·滕文公章句》。
② 《孟子·离娄章句》。

社会的教育，也就是为了他人的关系而进行的。由于二、三种都是受之于社会的，故而我把卢梭的三种教育，合并为两种教育，即两种教养，这个正好符合道家自然教养和儒家的社会教养。然而，这两种教养在中国文化中表现出巨大的历史差异，与其说这是两种冲突的教育理论，不如说是殊途未必能够同归的，因而各走各道，由此形成的是两种人格。不过，在卢梭那里，他表达了殊异却未必不能统一的观点。在他看来，既然三种教育是同时存在着的，那么将三种教养落实到具体的人身上，就应当要统一，如若不能统一，受教育者就要发生人格的分裂。他说："一个学生，如果在他身上这三种不同的教育互相冲突的话，他所受的教育就不好，而且将永远不合他本人的心意；一个学生，如果在他身上这三种不同的教育是一致的，都趋向同样的目的，他就会自己达到他的目标，而且生活得很有意义。这样的学生，才是受到了良好的教育的。"[①] 追求的目的既然是相反的，那么在一个人身上，不能够使得受教育者同时既是如此，又是那般，即不能把人同时教育成两种人。所以，人们必得在这两种教养当中做出选择。

在卢梭看来，教育也并非要培养人只顾自己，而没有团队与社会群体的合作意识，也还是要寻求统一性的，只是需要统一在哪个基础上的问题。所以，在做出了选择的基础上才去寻求统一性。而选择说到底，也还是价值选择。自然教育与教养，当然只能统一在自然教育与教养上，以自然教养为基础，加上社会教育与教养，并且后者在与前者发生冲突的时候，必得服从前者，这样教养出来的人所富有的品格，当是自然人

---

① 卢梭:《爱弥尔》，商务印书馆 1978 年版，第 7 页。

格。卢梭的选择，其实是人类理智的选择，也理当是中国现代国民教育的选择。

## 二 人是目的

自然教育与教养，是以人为出发点的，也是其归宿，也就是人们经常说的"以人为本"，即以受教育者为本位。"以人为本"这个提法在中国很久远，至少在唐朝谈治理国家时，就主张要"以人为本"，意思是人是根本。历史上"一年之计树谷，十年之计树木，百年之计树人"的说法，其实也是说培养人才是最根本的。"根本"的说法在于以一棵大树为例，分清楚什么是根和本，什么是枝与末。如果说国家的根本在于培养人，那么在教育这个领域里面，人本身是根本。老子有一个说法："夫物芸芸，各复归其根。"是说万物纷纷芸芸，变化万千，却都要回复到它们的本根。这个思想运用在教养上，就是从哪里出发，最终回复到哪里，这就是出发点与归宿的一致性。既然教育是以人为出发点，那个归宿也只能是人。如果教育从人出发，却有了别的归宿，那就有违教育的初衷了，等于说栽的是桃树，结的是李子，有违自然的逻辑。教育与教养要遵循的也是自然的逻辑。

说人是目的，或者说人是根本，那么这里的"人"指受教育者，而不是教育者。"受教育者"这个表达，看似没问题，其实也是有问题的，因为教育在于使受教育者形成完善的人格，而不是满足教育者的某种愿望。教育者只是从事了一项帮助受教育者成长的工作，受教育者是主体，教育者是宾客与辅助者。教育不是教育者的成长及其人格完善，所以他们只能是宾客与辅助者。蔡元培先生说过:"教育不是一种特权,教育在于使人格完善。"[1]这是一个准确的定位。蔡先生如此讲,也只是为了明确受教育者与教育者之间的地位。如若教育成为一种特权,就等于授予了教育者这项特权,因为执行教育这项事业的正是教育者,往下说,教育者就有权要求受教育者按照自己的愿望,把人打造成自己心里想要成为的那种人,尽管这些愿望也可能是善的,却未必合乎受教育者本身的需要。在这种良好愿望下,受教育者沦为了教育者的工具,然而,人是不能做工具的。依照罗素的观点,无论为了何种伟大愿景,哪怕是"为了上帝的荣耀与祖国的伟大"。

我们肯定了人自身是目的,也就表明:教育是使受教育者成为他们应该成为,或可能成为的那种人!这里说的"应该成为",是说人本身是各有才性的,也就是说各有所长,教育就是要每个人依其所长,成就他自己,伸展他生命中铸就了的那种才能,而不应该教育成为他所不见长的人。尽管人具有很强的可塑性,但那种依靠后天培养与训练而具有的才能,总是不能与先天具有的潜质比优劣的。这里的"可能成为",是说成长中的人们,具有自己的梦想和追求,然而这种梦想和追求未必是才性所长,但生命中的渴望总是有缘由的,所以,他们的执着弥补了他们才性中的短处。一个天资不够的女子最终也成了杰出的芭蕾舞演员,一个手掌不够大、身段不够高的男子最终也进了篮球名人堂,这样的事例不胜枚举。对于成功者来说,他们成长过程中的教养至关重要,没有良好的教养,他们不可能成为自己应该或想要成为的人,成长是有条件的。成长

---

[1] 见《蔡元培教育文集》,中华书局 2018 年版。

环境是条件，传说孟母三次搬家，就是为了给孟子的成长寻觅一个好的成长环境。导师更是重要条件，导师是园丁，又是领路人，还是摆渡人。园丁在于调配营养，呵护成长；领路人能够发现受教育者的天性、才性，在其人生十字路口陷于迷惑时，能指引方向；摆渡人是在其遇到险阻时，能及时将其摆渡过去。英国著名教育家洛克提出，有条件的家庭，应该尽可能为学生请家庭教师。在上述意义上，我们甚至可以说，教育者是受教育者决定性的因素，放任式的教育也会取得某种程度的成功，总有某个或某些人通过无目的和无规则的陶冶获得成功，但却是以多数被淘汰为代价。可是，无论把教育者的作用抬高到多么重要的地位，也不能改变一个基本的事实——教师总是辅导的角色，帮助、辅助受教育者健康成长；而受教育者才是主角，是他们要受教育，要成长。当教育者试图变成教育的主角时，那比放任学生自己成长的结果更坏，因为那样的话，教育者会依自己的心意去主宰学生，要他们成为他想要成为的那种人。他会扭曲学生的心意以迁就自己的心意，同样，他也会不那么在乎学生的才性与梦想，他甚至会打击、挫抑学生的天性和自尊，以使其服从，当学生做了俘虏，就是他的"成功"。一旦获得了这样的"成功"，他就会按照自己的想法规定学生的成长路径，而不是依学生的需要来设定成长路径。

　　既然人是目的，就有一个目的性的问题。前面讲的是角色的主次与轻重，目的性是要明确，人才是目的，教育与教养要符合谁的利益。虽则受教育者未必能清楚自己的利益是什么，或者他们只是朦胧地觉得某种需要，或者只是卢梭所说的"本人的心意"，但教育者应当清楚，教育应当合乎谁的目的。如果是合乎教育者的目的，就会以教育者的想法行事；如果是合乎受教育者的目的，那就要设身处地为他们着想，什么才是他们需要的。一个好的园丁最清楚花草需要什么，一个好的教育者也当如此。在中国道家的描述中，"圣人"实行的是"生而不有，为而不恃，长而不宰"，就是说，从教养的角度说，生养而不去据为己有，作为而不去占据成功的位置，使其很好地成长而不去宰制他们。最后一条最关键。人人皆有其本来具有的成长之路，依照他们的本性使其健康成长，这就是教育与教养的目的性。完成了他们的应有的成长，就形成了人的"格"。一旦形成了人的品格，那就是不会随意改变的了。如卢梭所说："从我的门下出去，他既不是文官，也不是武人，也不是僧侣，他首先是人：一个人应该怎样做人，他就知道怎么做人，他在紧要关头，而且无论对谁，都能尽到做人的本分；命运无法使他改变地位，他始终将处在他的位置上。"① 形成人的品格，是教育的根本目的，无论遭遇怎样的世故，也不会改变。

　　说人是目的，并不意味着为了个人自私的目的，人之为人，是要追求生活意义的。也就是说，自然教养会通向社会教养。自然教养不是要把孩子培养成不合群的孤独人，自然教育也还是要人成为公民的。而这也是卢梭极力推崇柏拉图《理想国》的原因，在他看来，《理想国》是最好的一部教育书。回想一下，《理想国》提出了真相、真理、正义和智慧的美德，尤其是提出了正义在生活中的意义："正义是美德和智慧"，"正义是幸福的，非正义是悲惨的，非正义将永远不会比正义更为有益于人"，"不是拥有很多金银财宝，而是富足于美德

---

① 卢梭:《爱弥尔》，商务印书馆 1978 年版，第 13 页。

和智慧，而这也就是生活的真实意义之所在"。<sup>①</sup>柏拉图把正义作为生活的意义，无疑是在教养理论方面的立乎其大，使得教育具有正确的方向感。自然教养不是为了自私的目的，更不是为了财富，而是为了人本身的意义，当然也不是为了他人。人之为人，依照中国儒家的观念，在于人有道德理性，在孔子、孟子那里表现为要追求仁义；在后儒看来，人之为人，在于具有良知与良能。而在西方，则认为人之为人，在于人具有理性，先有理性，而后才有道德理性。如卢梭所言："只有理性才能教导我们认识善和恶。使我们喜善恨恶的良心，尽管它不依存于理性，但没有理性，良心就不能得到发展。"<sup>②</sup>显然，是理性引导人追求道德，而不是道德引导人追求理性，这里的理性当然是纯粹理性，或者说是一般理性。这就有个次序问题了。追求理性，是把正义作为第一德性；追求道德理性，是把仁义作为第一德性。

中国的哲学家有一个看法，人类一般是先有理性，然后才有道德理性，然而中国文化是先于理性而有道德理性，所以中国文化是早熟的。这种观点具有相当的市场，因为它表达了一种中国人的文化优越感。只不过，这种看法问题多多。首先，即便中国文化是先有了道德理性，未必就值得优越。因为，仁义未见得优越于正义。就其两种理性产生的根源看，仁义产生于熟人生活领域，正义产生于公共生活领域，仁义讲求爱人，正义讲求公平，显然早熟的道德理性不能取代不早熟的理性。其次，这种看法还只是儒家的看法，道家、墨家并不是这么看的。道家追求的是真实、公平，而不是仁义，墨家追求的是博

① 柏拉图:《理想国》，商务印书馆1986年版。
② 卢梭:《爱弥尔》，商务印书馆1978年版，第56页。

爱、互利的公共理性。

卢梭所追求的次序，当然是从理性到道德理性，在自然教育的基础上，使青少年知道做人的本分，逐渐拥有社会的担当，合群与公民等社会教养应当统一在自然教育基础上。所以，卢梭说教育"必须在教育成一个人还是教育成一个公民之间加以选择"。这不是要不要社会教养的问题，而是对于选择什么样的教养作为基础的意思，自然教养，还是社会教养？由于两个目的不能同时达到，所以必须做出选择。遵循自然教育，懂得怎么做人，那么也就终归会懂得做一个公民。要指出的是，这里说的懂得怎么做人，不是做一个社会的人，如果做社会的人，那就如同社会教养了；而是怎么做一个自然的、真实的、为自己而生活的人，从自然人通向有社会责任的人。为自己而生活与为别人而生活，这两个相反的目的如果试图同时达到，其实结果是两个都达不到，"它只能训练出一些阴险的人类，这些人成天装着事事为别人，却处处为的是他们自己"[①]。在这个意义上，我们就好理解为何他不同意洛克的理性教育了。洛克推崇的是英式的绅士教养，主张教育从一开始都要实行管教，所以是理性当先。他说道："如果绅士一开始得到良好教育，那么他之后的一切都会步入正轨。"[②]又说："越早管束孩子，孩子和家人越舒心愉悦。"[③]虽然洛克主张管教孩子，甚至是严厉管教，不过，他反对奴隶式的教育，即反对任何奴性教育，他崇尚的是自由人格，他主张的只是早早地形

---

① 卢梭：《爱弥尔》，商务印书馆 1978 年版，第 12 页。
② 洛克：《教育漫话》，"1692 年 3 月 7 日的信"。
③ 同上书，"尽早调教孩子的精神世界"。

成一个习惯，因为"习惯可是会带来很大影响的"①。故而，管教也还是要"循循善诱"，"激发孩子的兴趣"。而在卢梭看来，教育使孩子理性是目的，不是手段，洛克是把目的当手段了，"就我来说，再没有谁比那些受过许多理性教育的孩子更傻的了"，"如果孩子懂得道理的话，他们就没有受教育的必要了"。② 所以，应当以感性的手段达到理性的目的。卢梭的这个主张与他的自然教育观念是相吻合的。

中国道家的主张与卢梭的教育论相当地契合。道家是把自然质朴看作最根本的教养。《老子》第十八章说："大道废，有仁义；智慧出，有大伪；六亲不和，有孝慈；国家昏乱，有忠臣。"意思是：大道废弛之后，才有了仁义；聪明智慧出现了，才有了严重的虚伪；家庭不和谐了，才有了孝慈；国家陷于昏乱了，才有了所谓的忠臣。很显然，仁义是对大道废弛之后的补救，孝慈是对六亲不和的补救。《老子》五十一章："道之尊，德之贵，夫莫之命而常自然。故道生之，德畜之。长之育之，亭之毒之，养之覆之。生而不有，为而不恃，长而不宰，是谓玄德。"意思是：道之所以被尊崇，德之所以被贵重，没有人命令如此，而是自然而然形成的。所以，道使万物产生，德使万物畜养，使之成长、发育，使之结果、成熟，使之养育、维护。生成万物却不据为己有，推动万物却不自恃有功，做万物的首长却不宰制，这就叫作玄德。使受教育者自然而然地成长，给予他们所需要的充足的养分，使其成熟却不刻意改变或宰制他们。《老子》第十五章谈道："古之善为士者，微妙玄通，深不可识。夫唯不可识，故强为之容：豫兮若冬涉

---

① 洛克：《教育漫话》，他在这里借用了梭伦的话。

② 卢梭：《爱弥尔》，商务印书馆 1978 年版，第 89、90 页。

川；犹兮若畏四邻；俨兮其若容；涣兮若冰之将释；敦兮其若朴；旷兮其若谷；混兮其若浊。"意思是：古代的君子，不可思议，其智慧深不可测。因为深不可测，所以这里勉强来形容他：迟疑审慎啊，像冬天涉河；警觉戒惕啊，像是犯事怕被四邻知道；拘谨庄重啊，像是身为宾客；和蔼可亲啊，像是冰凌消融；敦厚质朴啊，像是未经雕琢的素材；胸襟宽怀啊，像是空虚旷谷；浑厚纯和啊，像是浑浊的水。在第六十八章里，老子又说到"善为士者"，当拥有"不争之德"。老子笔下的君子，也是理想人格，他不仅修养深厚，拥有深不可测的智慧，且淳朴敦厚，守柔处弱，像个婴儿。这既是主动选择的态度，也是力图保持的自然本色。

在庄子所设定的理想人格中，真人是他描述最多的。其中他说道："古之真人，不逆寡，不雄成，不谟士。若然者，过而弗悔，当而不自得也。若然者，登高不栗，入水不濡，入火不热，是知之能登假于道者也若此。"意思是：古代的真人，不违逆自己所处的少数人的位置，不以自己的成功而逞强，不用心谋事情。如此，事情有了过错不会反悔，事情做得当了也不会得意。如此，登上高处不会感到战栗，进入水里不会打湿衣服，跳进火里也不会灼伤。像这样的人，我们知道他能够达到道的境界。庄子笔下的理想人格，不仅保持了老子的"士"的本性，而且性情更为充实丰满，他有独有的担当，有超拔的能力，有过人的勇气，同时，他还很素朴率真。"真人"首先一条，就是真实，这是自然本性，无论他拥有多大的能耐，或者多么丰富的经历，他都不会丧失这个自然本性。

《庄子·天运》中，描述了孔子见到老子之后谈起仁义道德问题的一段对话，孔子向老聃谈起了仁义，听完了孔子的话，老聃说道："那扬起来的糟糠要是钻入人的眼睛，东南西北四方都分不清了；蚊虻叮了皮肤，通宵都难以入眠了。那仁义惨毒，令人烦闷，没有比这东西更能扰乱人心的了。我的先生啊，您要是能够使天下人不失去朴质的本性，那么您也就可以随风而动，掌持天德而自立了！又何必急急忙忙地四处奔走鼓吹仁义，就像击打着背负的大鼓，到处寻找失去的儿子呢？那鹤不用每天洗澡也是白的，乌鸦也不用每天涂染也是黑的。黑白的质朴，乃是它们的本性，不能强使其改变；名誉的外观（暗喻仁义），看起来华丽，却不足以称广大。"①

这段话虽然是庄子所设定的孔子与老子的对话，未必真实，但对话反映了道家对于儒家仁义等德性的看法，即素质的本性应该是总德、天德，是第一德性，仁义属于具体的德，是第二德性。第二德性需要建立在朴质的第一德性基础上，否则便不是有效的，如同人都不素朴诚实了，那仁义也无补于事。这也就是我想说的：人的社会教养应当建立在自然教养的基础上，没有前者，后者便没有根基，就会失真。

## 三　怀疑精神与完善的教养

在 2018 年一次公开的教育专题讲座中，我给在座的人出了一道题：如果是你的孩子，你希望他成为什么样的人？摆在你面前有三个答案，你会选择哪一个？第一，金榜题名，考入

① 《庄子·天运》："孔子见老聃而语仁义。老聃曰：'夫播穅眯目，则天地四方易位矣；蚊虻噆肤，则通昔不寐矣。夫仁义憯然，乃愤吾心，乱莫大焉。吾子使天下无失其朴，吾子亦放风而动，总德而立矣！又奚杰杰然若负建鼓而求亡子者邪！夫鹄不日浴而白，乌不日黔而黑。黑白之朴，不足以为辩；名誉之观，不足以为广。'"

名校；第二，成为对家庭、社会、国家有用的人；第三，成为具备完善心智与独立品格的人。结果，在场的人各个选择不同，三者皆有之，只是选择第三者的还是多一些。我对选择了第三者的人说：如果我要不是有意地问你们，你们会这么选吗？这一问使得他们陷入迷惑了。很显然，如果不是有意地问，多数的人会选择前两者，因为公开这么一问，就多少使问题敏感了，人们也会由此理智起来。第一个选择实际上是把人生的阶段性目标当作教育追求的目的，可以称为考试的人生；第二个选择是把社会作用当作教育的目的，可以称作为他人活着的人生；只有第三个选择是为了人自身的目的。为了人自身的目的，并非没有社会作用与社会能力，而是这样的教育目的得到实现，自然就拥有了前者。

我们都知道，怀疑精神是科学昌明、社会进步的必需条件，甚至可以说，人类的每一个改变都是起因于怀疑精神。好奇、怀疑与独立思考，这是发现、发明与创造的前提，而这三者之间犹如孪生兄弟，任何一个都兼有另外两个特性，如好奇的人，总是怀疑的和独立思考的，而怀疑的人又总是好奇的和独立思考的一样。但是，三者都需要共同的生存条件，如共同的母体，共同的自然与社会环境，如果我们把天性自然看作这个母体的话，那么良好的教养就会是这些精神的自然与社会环境。人天生都是拥有好奇、怀疑与独立思考的。天生的禀赋如果得到阳光雨露的滋养与呵护，就会长成刚直有用之才；如果遭到糟践蹂躏，就会早早地蔫了头。所说的社会环境，当然不单是教育，更是社会制度。大的社会变革所引发的思想解放运动，能够催生人们的怀疑与独立思考能力，像中国春秋战国时期的百家争鸣，欧洲的文艺复兴运动，都曾出现过群星并出的局面，但这是多少个世纪也难以再现的历史情形。在一个相对平静的社会环境下，教育作为人类智慧的温床，如何培育人的好奇、怀疑与独立思考能力，乃是百年大计。

在好奇、怀疑与独立思考三种精神中，大概只有好奇与理性无关，乃是人的本能，怀疑、独立思考都与理性有关。如果说怀疑也与人的本性有关的话，那也只是初始的意识，生活其实总在教人不要怀疑周边发生的都是真实的事情，就像一个小孩也会自然而然地想：是否自己周边的人和事的存在，都是为了自己的存在而存在？如此，只有自己的存在是真实的存在，其他的存在都只是陪衬，或者都是不真实的存在。但是，自然本性无法保持这样的怀疑，如果没有理性的培育，人们不可能把一个孩童时代的怀疑进行到底。而当怀疑的本能遇到理性的阳光哺育，就会长出怀疑的精神，不仅保持初始的怀疑，且会带着审视的眼光，对所有的事情都要进行思索，不轻信经验事实，不信奉教条，不服从独断。至于说独立思考，则完全是教养的结果。如何呵护人的好奇心，保护并培育人的怀疑与独立思考精神，则是教育要做的事情。怀疑本身不是目的，确信才是目的。确信是对于真知的确认，怀疑则是对于现象、假象或已成定论的怀疑。从确信开始，必以怀疑而告终；从怀疑开始，方可以确信而告终。这就是人类的认知历史。胡适先生提倡的做学问的方法，如"大胆地假设，小心地求证"，以及"在不疑处生疑"，也是说从怀疑开始，谨慎求证，没有经过怀疑的确信是盲从的，而盲从不能产生新的知识。

当我们说理性呵护、培育了人的本能时，别忘了理性本身是怀疑的。理性的本义乃是一种合理地思考、推理和辨别的能力。① 这就是说，理性是排除了情感的干扰的，也是排除了胁迫的，是一种合理的自由意志。我们回想一下，最早主张理性的希腊圣哲柏拉图，他把人的理性看作是灵魂中最高的部分，其次才是"理解""忠诚"和"对影子感知"。后面三种都不必产生怀疑，只有理性才会怀疑，其中怀疑感知世界的真实性，就是最根本的怀疑，由此怀疑，才会有追求真实、真理的力量。故而，在教育上，他说："你所培养的未来的领导者们——如果我们的理想国能够变成事实的话——你绝对不会让他们变成木头桩子式的毫无理性的人，并且为领导者对最重要的政务进行裁决。"② 而柏拉图教出的最好的学生亚里士多德，却对他的老师说："吾爱吾师，吾更爱真理。"尽管他尊敬自己的老师，却还是对老师所教授的产生了怀疑，如果没有怀疑，他就不会去做这样的选择。应该说，这是柏拉图所期望的。世界上最重要的理性主义运动，其本质就是怀疑的，最典范的话即是笛卡尔的"我思故我在"，这是最普遍的怀疑。怀疑带来的是人类所有思想成果的反思，这样的反思给科学和启蒙产生的影响力，无论怎样评价都不为过。

怀疑精神其实也是一种另类的思考，因为不相信前人的成规和结论，从相异或相反的角度另辟蹊径，这就是另类思考。另类思考，可以说是人类取得所有创造与进步的途径，如果只是顺着别人的思考，那叫继承，而不是创新。尤其是在"山穷水尽疑无路"时，常规的思索用尽也难寻通途，一个另类的思考常能破除困局，起到"柳暗花明又一村"的效果。时下中国流行创新、创造，可如果民智不开，寻的是旧的思维路径，走

---

　① *Webster's II*: "The capacity for rational thought, inference, or discrimination."
　② 柏拉图:《理想国·知识与幻想》。

的是别人走过的路，如何谈得上创造、创新？在学界有一个说法，西方人善于创新设计，中国人善于顺着设计好的路子往下钻。这个说法算是切中了要点，这也可能是中西教育的根本差距。2014 年 6 月在一次希腊的学术会议上，一些中国学者与一些欧美学者在一起讨论问题，一个欧洲的学者惊奇地发现，中国学者都在论述古代经典的微言大义，而欧洲学者都在批评反思。她把自己的疑惑提出来：我们这里天天做的事情都是反思，为何中国学者不进行历史的反思，只做认同？结果，中国学者中无人能够回应她的问题。这个事情反映的是中西学者思想方式与习惯的差异。解释世界与创造世界差别是巨大的，创造是从不疑的事实中产生怀疑与反思开始的，就像如果没有对于绝对主义时空的反思与批判，就不可能有相对主义理论发现一样。

中国历史上只有春秋战国和明末清初两个时期有过普遍的怀疑精神，两次都是在旧的制度衰败、大一统的中央帝国控制力降低的时候，春秋战国是产生了思想成果的时代，而明末清初则是半截子的怀疑与启蒙的时代，没有产生多少思想成果，也没有形成巨大的社会影响。而绝大多数的历史，思想都被君主专制封杀在自我循环的圈子里而难以破茧。而教育，在历史上长期担待的角色是传统文化价值的传承者与伦理的传播者的角色。读书做官是受教育者的价值取向，从国家取仕所凭借的经典来看，不教授科学，不鼓励怀疑与独立思想，甚至经商、从事艺术，也会遭受歧视，把另类思考视为离经叛道，视为异端。这种教育不是没有理性，或没有培养人的理性，而是只有带有熟人社会的伦理与道德的理性，或者对于现成秩序的认同、服从的理性，缺少怀疑的、独立思考的理性，缺少科学的、研究创造的理性，也缺少社会正义的理性。理性在塑造人的品格的过程中，不仅扮演了执着的角色，甚至扮演了照单接受和故步自封的角色。在"达则兼济天下，穷则独善其身"的价值表述中，"达"其实只是做官，"穷"则是在做官之外的所有可能，如此，教育的目标就是培养适合做官的人才，在"三纲八目"的网罗之下，教育其实充当了维护既有制度的工具。说到怀疑与独立思考精神，并非说中国没有这方面的思想资源，像庄子的相对主义就是一个思想的利器。在庄子的相对主义理论中，大小、长短、贫富、贵贱、智愚、有用与无用的性质都没有绝对如此的道理，连是与非、对与错也是如此，你认为是的未必是，你认为非的未必非，对的未必就对，错的也未必就错，如此，破除了独断，破除了非此即彼的界限，最终也破除了权威，对任何事情都保持了怀疑的态度。怀疑精神既是理性的本来之义，那么怀疑精神不是要否定一切既有的价值，而是对既有价值的审慎。而缺乏审慎，必定走向独断或盲从。

独断在教育中，不仅表现为盲从，也表现为对于其他路径的拒绝。在一个小学生的考试中，有一道历史题：清朝收复台湾之后，开放了哪四个口岸通商？一个学生答道：粤海关、江海关、浙海关、闽海关。答案本来对的，但因为不符合教科书的次序，结果老师给他打了"错"，并令他抄写十五遍。学生感到很困惑，家长也感到无奈。我不知道老师是如何批改作业的，为何正确的答案仅仅顺序不合标准答案就算错，如果说这个顺序是重要的，那也至少不能算作错吧。你可以给学生讲，如果你依照课本上的顺序答就更对了，因为我在课堂上已经特别强调过这个顺序的重要性。可是这个老师采取的是非此即彼的办法，把一个正确的答案否定了，在他看来，你只需要记住答案就好了，其他任何想法都是不被接受的。这犹如本来条条大路通罗马，你却认定自古只有一条道通罗马。像这样的困惑或许会困扰学生很多年，而这也就在折磨着学生的想象力与创造性了。

如果说怀疑精神是理性的一部分，而理性本身则是自然教养的应有之义，那么卢梭所说的"完善的教养"，也就是"人是目的"命题中的应有之义了，因为"人是目的"乃是完善教养所追求的，是立乎其大者。依照卢梭的看法，"自然教养"才是完善的教养，"自然教养"会使得取之于他人、取之于事物的社会教养的目标一致起来，而不会形成追逐两个对立的方向而不达目的，也就是自然教养会使得受教育者接受社会他人、事物的教养。其实，所有的教育家们都是把完善教养作为追求目标的，但各个路径不同，孔子、孟子、老子、庄子、墨子、荀子，以及西方的洛克、罗素等莫不认为自己的方案是完善的教养。既然各自都是在教育实践中形成的理论，那么各自也都有存在的合理性；既然有存在的合理性，那么也就有存在的必然性了。自然教养与社会教养在内容上看，具有不可替代性，人们受教育是为了他们自身，也需要为了社会。这就有一个本末与主次问题了。我以为，前者是基础、本体，是教育的立乎其大，后者是附加其上的社会属性。社会教养必须立于健康的体魄、自然的人格的平台上，如果这个自然平台不坚实，一上来就教学生如何为他人生、为社会活，就会出现两种情形，一种是卢梭说的"整天装着事事为别人，却处处为的是他们自己"；另一种是不堪重负，生活失去了本来的意义，那个平台终究被压垮了。中国的教育传统最根本的缺陷就是没有

"人是目的"之大，把社会教养当作了教育的全部目的了。

最后，我们来说"格"的落实。教育是一定要落实到人格的，也就是人的品格、品相与精神气质。蔡元培曾为国民教育提出过"德、智、体、美"四个格，这可以是一个言简意赅的总格。至今我们也只践行了其中的三个，而把"美"排除在外了。总结人类的智慧，联系古今，我们可以把现代国民教育的"格"具体地表述为：健康的体魄，健全的心智，自然的真实素朴，慈爱之心，生活的乐趣与历练，正义的追求，和谐相处的能力，信义的担当，尊重他人，遵从法律，履行公民责任。前面七条，可称为自然教养所能完成的，后面四条，可谓社会教养所能完成的。[①]自然教养具有自然性，却不等于不经教养，教养是自然人格得以形成的保障，或许有的品格虽然是人本性所蕴含，如自然的真实素朴，必经保持的涵养与回归自然的历练；慈爱之心，须经培育养成，如擦拭明珠一般的教养。社会教养属于社会性，是人的社会生活的理性追求，但它们也要以自然教养为前提，在不失自然本性的基础上养成。国民教育是普遍性教育，是国家对于每一个公民的教育要求，而不是个性化的教育，但也要以自然个性为基础，没有品格的个人，就没有合格的公民。这正是自然教养与社会教养的一致性。

---

① 罗素强调了"遵纪守法"和"个人生活技能"，涂尔干强调了公民道德的"遵从法律"与"履行公民责任"，其中就包括了履行选举的义务。（见涂尔干《职业伦理与公民道德》，上海人民出版社 2001 年版）

# 章太炎自由观念的阐释

一百年前的中国社会，正处于急遽变化的时期，那个时候的思想家如同世事一样多变，要求他们保持前后一贯的连续性，或许是一种苛求。他们接受、消化并形成一种思想，并不等他们有机会付诸实践，社会就又发生了变化。在这个过程中，章太炎也践履着同样的历程。① 然而，不同的地方在于他有着思想的一贯性，与梁启超的敏捷多变与浅显明朗，以及严复思想与行为的两行适成对照。② 如他自己所说的那样："自揣平生学术，始则转俗成真，终则回真向俗。"③ 从积极从事推翻清朝统治的革命活动，转向学术研究，这似乎是一种对现实的规避，其实不然。章太炎的学术研究隐含着他对一些现实问题的追索和他从传统中找寻精神资源的意图，其中他的自由观念就是一个值得关注的问题。

---

① 见鲁迅先生《关于太炎先生二三事》："太炎先生虽先前也以革命家现身，后来却退居于宁静的学者，用自己所手造和别人帮造的墙，和时代隔绝了。"(《鲁迅全集·且介亭集》)

② 李泽厚：《论严复》，见《中国近代思想史论》，人民出版社1979年版。

③ 《自述思想变迁之迹》，见《章太炎选集》，朱维铮、姜义华编注，上海人民出版社1981年版。

## 一

章太炎在《驳康有为论革命书》中说道："语曰：'不自由，毋宁死。'然则暂有自由之一日，而明日自刭其喉，犹所愿也，况延绵至三四十年乎？"[①] 自由在 21 世纪初的中国是一句脍炙人口的词，这是千年封建和西方列强重压下人们发自内心的呼喊，人们再也不愿在这种重压下苟活呻吟，而把自由看作一种应当争取的权利。尽管自由这个词不是一个舶来品，在公元 7 世纪的唐代已比较流行，但正如 19 世纪法国思想家皮埃尔·勒鲁所说的那样，自由是与"知觉一词相对应的政治术语"[②]。中国人普遍感到有自由的需要，但对它的认识并不是理性的，也正因为如此，人们对它的感觉、需求和理解也各各不同。如康有为曾从宗教角度主张信仰的自由，并列出政府压迫、家族压迫等不自由之苦；梁启超则提出要争取政治上、宗教上、民族上、生计上的自由，并鼓励人们从古人、世俗、境域、情欲等的奴役中获得自由。与康梁不同，章太炎的自由观念适应于反抗满清异族统治的需要，带有比较强烈的民族主义的情绪，尽管他明显地接受了来自西方的进化论的观点，他却力图从传统文化中寻找思想资源，正如他在《原学》中指出的那样："今日中国之不可委心远西，犹远西之不可委心中国也。"[③] 他的自由观念主要来自两个方面，一是庄子，二是佛教唯识宗。他在评《庄子》书中《逍遥》《齐物》二篇时说：

---

① 《章太炎全集》第四卷，上海人民出版社 1982 年版。

② 皮埃尔·勒鲁（Pierre Leroux）：《论平等》，商务印书馆 1994 年版。

③ 见《章太炎选集》，朱维铮、姜义华编注，上海人民出版社 1981 年版。

内篇以《逍遥》《齐物》开端，浅言之，逍遥者，自由之义；齐物者，平等之旨。然有所待而逍遥，非真逍遥也。大鹏自北冥徙于南冥，经时六月，方得高飞；又须天空之广大，扶摇、羊角之势，方能鼓翼。如无六月之时间，九万里之空间，期不能逍遥矣。列子御风，似可以逍遥矣，然非风则不得行，犹有所待，非真逍遥也。……无待，今所谓绝对。唯绝对乃得其自由。故逍遥云者，非今统称之自由也。如云法律之内有自由，故不为真自由；即无政府，亦未为真自由。在外有种种动物为人所害者；在内有饮食男女之欲，喜怒哀乐之情，时时困其身心，亦不得自由。必也一切都空，才得真自由，故后文有外天下，外物之论，此乃自由之极至也。①

在《国学概论》中，章太炎有着类似的表述，并说自由平等见于佛经。"自由"，在佛经称为"自在"。②在《建立宗教论》中，他还说：

有生之物，以有自由，而举止率多逾法；彼无生者，既无自由，则不得不由他物相率而动。③

应当说，章太炎的关怀乃是天地关怀，而不只是人文的关怀，因为在谈论自由的使用范围时，他是把有生之类都考虑进去了，而不限于人与人之间的不互相侵犯的自在、自由。人与

---

① 《诸子略说》，见《国学讲演录》，华东师范大学出版社 1995 年版。

② 其说："庄子发明自由平等之义，在《逍遥游》《齐物论》二篇。《逍遥游》者，自由也；《齐物论》者，平等也。但庄子说自由平等和近人所称的又不同。近人所谓自由，是在人和人底当中发生的，我不应该侵犯人底自由，人亦不应侵犯我底自由。《逍遥游》所谓自由，是归根结底到'无待'两字。他以为人与人底自由，不能算数；在饥来想吃、寒来想医的时候，就不自由了。"

③ 见《章太炎全集》第四卷，上海人民出版社 1982 年版。

人之间的那种在法律范围内的自由乃是有限的自由，与此相关，大凡有碍身心自在的就是有所依凭和对待的自由，因而不是真自由。这既是他对庄子的绝对自由的阐释，也是他自己内心想法的真实表述，他所要追求的也正是这种没有差别和条件的自由。在他看来，自由的本性就是不受限制，"万物相支，喻如帝网，相互牵制，动不自由。乃至三千大千世界，一粒飞尘，头数悉皆前定，故世必无真自由者"①。凡有限制，就不是自由。所以，在他那里，自由与法律就是一对不相调和的矛盾，或者说，真正的自由就是对包括法律在内的欲望、情感以及一切妨碍自由实现的界限的超越，这种超越在世俗的范围来说就是僭越，所谓"举止率多逾法"。他在评论卢梭自由观念产生时，认为卢梭之所以有比较强烈而系统的自由学说，就在于他"穿窬脱纵，百物无所约制，以是深观，得其精华，故能光大冥而极自由"。②

章太炎之所以把自由看成是无条件的，有一个人本主义的基础，那就是他认为人不同于器物，不应当受一种自然律的支配，由他物相牵而动，万物相支，互为推荡，从而没有自我，人的自由在于自己能够支配自己。所以他在总结《庄子》的精神实质时说道：

> 维纲所寄，其唯《逍遥》《齐物》二篇，则非世俗所云自在平等也。体非形器，故自在而无对；理绝名言，故平等而咸适。③

---

① 《无神论》，见《章太炎选集》，朱维铮、姜义华编注，上海人民出版社1981年版。

② 《原学》，见《章太炎选集》，朱维铮、姜义华编注，上海人民出版社1981年版。

③ 《齐物论释序》，见《章太炎全集》第六卷，上海人民出版社1982年版。

把自由看作无条件的，也就是超现实的，所以他的自由只能停留在想象和追往，并不能落实在社会生活中，或者说，它至多只是一种意志的自由。但是这种模糊而极具想象力的自由却会是一种巨大而潜在的社会动力，它在突破限制、破坏旧的秩序中起着至关重要的作用，而这与章太炎自身所扮演的角色非常吻合。从他对老子和庄子的评论中可以看得出来，他认为老子多政治语，以内圣外王之道自持，所以老子"其言有近民治者，又有倾于君主独裁者"①。他反对严复"以为老子倡民主政治"的观点，说老子"有极端专制语"。庄子没有政治术语，却多"超人语"，庄子比较平民化，所以他很认同庄子的自由观念。

对于这一点，梁启超也看得清楚，他认为数百年来的世界发生的大事件，都是以自由为原动力。他说："凡一统专制之国，值承平无事之时，但求辑和其民，使无反侧，而政府之能事毕矣。若是者以服从为教可也。若夫处于万马奔逸，万流激湍，斗智斗力之世界，立于千钧一发，孤注一掷，累卵岌岌之地位，非浚一国之智，鼓一国之力，则奄奄残喘，岂复有救！夫所以浚之鼓之之具何也？自由是也。自由者精神发生之原动力也。"②社会的自由要求的强烈程度，与人们所受到的压力程度成正比，压力越大，要求获得自由的呼声越高，为获取自由的行动本身就是积压的社会能量的释放。梁启超看到这一点，但他并不是一个破坏者的角色，不是要打烂旧有秩序，他只是想用自由的本能要求激发国人的自强更新的能力，使已经衰老

---

① 《老子政治思想概论序》，见《章太炎全集》第五卷，上海人民出版社1982年版。

② 《精神教育者自由教育也》，见《梁启超文选》，中国广播电视出版社1992年版。

的中国重新焕发青春，所以他一方面极力推崇自由，认为自由是"天下之公理，人生之要具，无往而不适用者也"，欢呼自由之花灿烂，自由之神庄严；另一方面，则主张自由要加以限制，把野蛮自由与文明自由严格区别，认为野蛮自由是文明自由的蟊贼，反对滥用自由，要对自由加以服从的限制，即服从法律的限制。法律是为我们自己制定的，它既保护我们的自由，也"钳束"我们的自由。

严复基本上是在将英国的自由观念介绍进来，因而接受的任务大于他自己在自由问题上的想象。所以，严复在翻译和评介西方的自由观念时，一开始就是将自由与现实政治安排问题联系起来的，不是庄子那种超越的自由。这在穆勒《论自由》中，开宗明义地表明他的主题"不是所谓的意志自由"，而是"公民自由或称社会自由"。我们知道，19世纪自由主义在英国发展得很充分，有洛克的天赋论、边沁的幸福论以及穆勒的功利论等各种派别，但在一些基本的观念上有着一致性，如认为"普遍自由的第一个条件是一定程度的普遍限制"，"自由和法律之间没有根本的对立。相反，法律对于自由是必不可少的"。[①] 即英国自由主义自始至终都是从限制人的自由开始的，只有限制了人的某些自由，才能够保证得到自由。这也是说，严复的自由观念迥异于章太炎所推崇的"绝待""无待"的"真自由"，这是思想资源上的差别。另一个重要因素是政治立场的差异，严复一直主张君主立宪制度，可以说在同时代人里主张革新的人物当中，他是接受西方学说最多的人，同时他又是保留中国传统观念最多的人，思想趋新，政治主张趋

---

① 见霍布豪斯《自由主义》第二章，商务印书馆1996年版。

旧。这种情形也直接影响到他对西方著作的翻译。据贺麟先生考察，"严复所选译的书都是他精心研究过的"①。就是说，严复对所要翻译的书的背景知识有着相当程度的了解，同时也很清楚中西文化的巨大差异，如说："夫自由一言，真中国历古圣贤之所深畏，而从未尝立以为教者也。"②而他自己也意识到与穆勒的巨大思想差距，所以他不是从个人的自由方面来理解穆勒，而是从群体、国家的自由来理解穆勒。③这是他把穆勒的《论自由》翻译成《群己权界论》的一个重要根据。尽管他时或以道家的观念来解说穆勒的思想，但并不能弥合这之间的歧异，或者说，他对道家思想的理解不是恰当的，这也是章太炎批评他"附会"的一个重要原因。

当自由只是每个人的事情，而且它只是存在于人的精神生活领域里时，那是没有问题的，因为最多也只是个人的自由意志，在历史上中国人的自由总是以这样一种精神的形式来实现的，并不渴望在现世的世俗生活中得到实现。可是现在不同了，自由成了激发人们斗志的原动力，这个能力一旦释放出来，谁也不知道会产生什么样的结果。章太炎以旧秩序的破坏者的身份出现，他尽管不是一个建设者，但他却是一个负责任的思想家。他鼓吹最充分的自由，并不鼓励放纵。在这个意义上，他没有打算去建构现实的社会政治生活的秩序，却在心理上试图做出某种建构。他所主张的具有"自性"的自由就是这

---

① 贺麟《严复的翻译》："凡与原书有关系的书，他都涉猎过的。不然，他作的按语，必不能旁征博引，解说详明，且有时加以纠正或批评了。"见《论严复与严译名著》，商务印书馆1982年版。

② 《论世变之亟》，见王轼编《严复集》。

③ 参见黄克武《自由的所以然》第一章第五节《严复自由思想与弥尔主义的异同》，允晨丛刊72，台湾允晨文化公司1998年版。

样的一种努力。在他看来，自由应当是自性的，即以不失却自
我为基础。自性，就是以自我为本体。拥有这种自性，才可能
谈得上自由；否则，就会流入崇拜他物的神学窠臼。神不是实
际的"有"，即不是富有自性的本体，故而人们对神的崇拜是
没有实际意义的。章太炎原本反对任何神学，为此他专门写了
《无神论》一文，认为基督立耶和华为全知全能，绝对不二，
无所不备，为众生之父，其实这里面矛盾自陷的地方很多；在
《论诸子学》里，甚至他认为各个宗教的教主都是强梁者。

> 大抵为教主者，无不强梁，如释迦以勇猛无畏为宗，
> 尊曰大雄，亦曰"调御"，而耶稣、穆罕默德辈，或称帝
> 子，或言天使，遇事奋迅，有愍不畏之风；此皆强梁之
> 最也。[①]

他坚持无神论的观点，却又主张建立宗教，不过这种宗教
是没有神的宗教。这其实主要是出于策略上的考虑，在《人无
我论》中，他谈到了这种考虑：

> 至所以提倡佛教者，则自有说。民德衰颓，于今为
> 甚，姬孔遗言，无复挽回之力，即理学亦不足以持世。
> 且学说日新，智慧增长，而主张竞争者，流入害为正法
> 论；主张功利者，流入顺势外道论。恶慧既深，道德日
> 败。矫弊者，内憬然于宗教之不可泯绝。[②]

他看到宗教的社会组织能力、教化善良，以及制恶见而清
淤俗的作用，而且这些作用不是哪种学派、思想和主义所能
替代的，在传统的精神资源不再能支持人们的精神世界的时
候，唯有宗教可以维系人们的精神世界，"宗教之用，上契无

---

① 见《章太炎选集》，朱维铮、姜义华编注，上海人民出版社 1981 年版。
② 《章太炎全集》第四卷，上海人民出版社 1982 年版。

生，下教十善，其所以驯化生民者"①。之所以选择了佛教法相
和华严宗作为重建宗教的基础，是因为它们与庄子的自由平等
学说最为切近，所谓"（庄子）内篇七首，佛家精义所在"②。
宗教所以能够与自有学说融合起来，根据在于，宗教主张培养
人的自性与本体，培养人的自持心，尤其值得提倡的是"佛教
那种培养对强大压迫者内心的自立（独）和牺牲自己拯救众生
（群）的精神"③。

章太炎既然相信人应当享有最充分的自由，那么他必然要
坚持人的自由就不应该受到任何外在的限制。这方面的论证充
分地表露在他对心与法的关系上，他说：

> 心精圆遍，含里十方，云何无量？心之无量，云何
> 合法？心之合法，与其归敬于外界，不若归敬于自心。
> 不知其心，而怖于外，以为穷大至精。譬之心有忧者，
> 闻鸟鸣而谓鸟亦有忧；心有其乐，睹草色而谓草亦有乐。
> 于彼外界起增益执，于此自心起损益执，实惟不了依他
> 之故。④

心的本性是不受局限的，如果勉强要求它遵守某种规则，
那么就是把外在的"法"强加于它，这样做的结果使得心失却
了自我，服从于外物，随物迁移，以至于不相信自己的判别能
力。在这个意义上，与其归敬外物，不如归敬自心。自心即是
自性。自性也有三种分别，即遍计所执自性，依他起自性，圆
成实自性。遍计所执自性由意识周遍计度刻画而成，依意识起

---

① 《建立宗教论》，见《章太炎全集》第四卷，上海人民出版社 1982 年版。
② 《诸子略说》，见《章太炎全集》第四卷，上海人民出版社 1982 年版。
③ 近藤邦康：《从一个日本人的眼睛看章太炎思想》，见《章太炎生平与学术》，
生活·读书·新知三联书店 1988 年版。
④ 《建立宗教论》，见《章太炎全集》第四卷，上海人民出版社 1982 年版。

灭而有色空、内外、自他、体用、有无、生灭等分别，离了意识，就没有上述差别；依他起自性由眼、耳、鼻、舌、身意五识与末那识和阿赖耶识所造，其境虽无，其相幻有；圆成实自性由实相、真如、法尔而成，也是阿赖耶识还灭而成。章太炎所要讲究的正是要归敬于圆成实性，而不是依他起自性。圆成实性是一个脱离了情识、幻相、偏见的真实的自性，故又称为实性。虽说圆成实性出脱了有情际，但它能方便善巧，即于有情之际，此所谓"立有情于实际中"，"随顺依他起自性"，以证得圆成实自性，如同以利益众生为念，以证得圆成实性为的。很清楚，章太炎所欲建立的宗教不是别的，正是借助于唯识宗而证实的我们自己的本体，或者说自性、自心，所谓"今之立教，惟以自识为宗"①。庄子追求适性的自由，离了自性，也就没有了自由。章太炎发挥了这一点，他不同意向秀、郭象所理解的"自然而然"，认为自然而然应当是由自性而然，如果自性没有树立，如何谈得上自然？"万有未生之初，本无自性；既无其有，何有其然？然既无依，自亦假立。"②实际上，他这里已不只是对向、郭二人对自然观念的解释，而且是对道家自然主义的不认可，从他对斯宾诺莎的泛神论的评价就能看得出来，他认为泛神论主张的是一种随物流转的自然主义，而自然主义不可能实现真正的自由。

不相信神的存在，却相信宗教，这在思想史上并不鲜见。费尔巴哈曾强烈地批判宗教，却认为人们对宗教的心理依赖感是值得肯定的，所以他主张从人本主义的观点出发，建立没有神的爱的宗教；历史学家汤因比（Arnold Toynbee）不相信上

---

① 《建立宗教论》，见《章太炎全集》第四卷，上海人民出版社 1982 年版。
② 《无神论》，见《章太炎全集》第四卷，上海人民出版社 1982 年版。

帝创造了世界,对宗教持怀疑态度,但他强调恢复基督教传统的必要性,并主张超越的爱的宗教,因为"爱力图'使尘世'爱自身来拯救这个痛苦和有罪的尘世"[①],而且,他是如此细心而真诚地体验那种超越的爱。在这个意义上说,汤因比同样怀着一种功利主义的动机来看待宗教,但他自身对富有超越的爱的宗教的追求和热忱则是确信无疑的。章太炎在宗教问题上并不能排除他的民族主义立场,他不愿接受"西方的上帝",却愿意在一种没有种姓的本心但有自性的基础上建立宗教,这种宗教使得人富有类似原初的不带偏见的立场,从而在善与自由之间取得一致。在这个意义上来说,他对自性、本体的追求也是真诚不贰的。

## 二

自由与平等,这对词在西方从来就关联性地存在着,而在中国不完全如此。对于章太炎来说,他也接受过不少的西方思想,诸如柏拉图、斯多葛学派、培根、卢梭,以及康德、黑格尔等,他都接触过。在他的时代,中文的翻译毕竟十分有限,但我们仍然可以看到他力图开阔自己的学术视野,把自己所欲论及的问题放在一个可比较的范围来谈论。当他把自由和平等放在一起来讨论时,就已经明显地昭示了这种意图。他在《齐物论释序》(定本)中通过概括《逍遥游》和《齐物论》,就已把自由和平等相提并论,并相信平等这个观念具有普遍的适应性。在释"齐物"之意时说道:

---

① 阿诺德·汤因比(Arnold Toynbee):《一个历史学家的宗教观》,四川人民出版社 1990 年版,第 344 页。

> 齐物者，一往平等之谈，详其实义，非独等视有情，
> 无所优劣，盖离言说相，离名字相，离心缘相，毕竟平
> 等，乃合齐物之义。①

尽管如此，这并不意味着章太炎认为西方的平等就符合东方，就像他不认为西方的代议制度符合中国的实际一样。他的着眼点还是在中国自身的资源上，从《齐物论》说到法相宗，并把这个说法当作普遍的范本推开去。很显然，他所理解的平等就是庄子的"齐同""等差"，不仅在优劣问题上，也包括名相等言说的无差别。这里存在着一个如何理解不平等的问题。《庄子·秋水》中说："因其所大而大之，则万物莫不大；因其所小而小之，则万物莫不小。"差别只在于主体的态度和看待问题的角度而已，主观上不把它们看作有差别，差别就不存在。章太炎把这个观念从平等性上做了发挥，他说：

> 齐于不齐，下士之鄙执；不齐而齐，上哲之玄谈。②

使原本的不平等达到平等，即齐于不齐，是不高明的；不去改变那种不平等，却能因任之，在主观上看作是平等的，这才是高明的。差别与齐同、平等与不平等只是表象上的，也是不重要的，我们根本不要去改变它们的自然性质，重要的是从最高的原则上（道）看去，这些差别和不平等都可以化解为齐同和平等。这和章太炎的自性的观点是一致的，一切的看法与判断只是一心之用，所谓"依自不依他"。本来，庄子的齐同、等差是哲学认识论的概念，而平等则是政治学的概念，章太炎从哲学认识论看待政治学，可谓具有发明之义，而且也并非没有道理，西方的平等理论也把平等看作认识的问题，"与认识

---

① 《章太炎全集》第六集，上海人民出版社1982年版。

② 《齐物论释》，见《章太炎全集》第六集。

一词相应的是平等"①。从实际情形看，平等与不平等，既是一个实际的地位与权利，也有个主观的认识问题，就是说，我们既要在实际的社会政治生活中发现自己与别的人或事是否处于平等的地位，享有均等的权利；同时，我们需要找到这种平等和均等的感觉，或者说我们怎样看待它们。比较合理的情形是在主客交叉的视角下确定平等，比如说法律面前人人平等，我们应当在法律地位和主观感觉上都意识到是平等的。这两个方面的任一种情况的单方面发展，都可能引发不平衡的现象，如匹夫志不可夺、不可辱，反之，或自视其贵、轻贱他人，等等。当然，这些都是依此引申出来的问题，章太炎只是从认识问题联想到了平等。由于他只从认识论上考虑平等问题，因而，他的平等观念终究只限于"上哲之玄谈"，至于普罗大众的平等权利，他是不可能从玄谈中推出来的。

重要的是，他有这种平等的意识和平等的呼声，并试图深入论证这种平等性。他说：

> 以指喻指之非指，不若以非指喻指之非指也，以马喻马之非马，不若以非马喻马之非马也，即无执则无言说也。既已为一矣，且得有言乎？即于事唯见事，亦即性离言说也。随其成心而师之，谁独且无师乎？即于自性假立唯见自性假立也。未成乎心而有是非，是以无有为有，即彼事自性相似显现而非彼体也。……即于差别假立唯见差别假立也。

又说：

> 方谓之齐，已与齐反，所以者何？遣不齐故。是故

---

①　皮埃尔·勒鲁（Pierre Leroux）：《论平等》，商务印书馆 1994 年版。

《寓言篇》云：不言则齐，齐与言不齐，言与齐不齐也。
《大般若经》四百七十八云：若于是处，都无有性，亦无
无性，亦不可说为平等性，如是乃名法平等性。当知法
平等性既不可说，亦不可知。除平等性，无法可得。离
一切法，无平等性。又云：非一切法平等性中有戏论，
若离戏论，乃可知法平等性。此义正会《寓言》之旨。①

"指"与"马"是庄子用来说明是非无定论的例子，不同
的认知主体产生了不同的认知效果：以指称来表明指称不是
所指称的对象，不如以不是所指称的对象（"非指"）来喻明
指称并非所指称的对象。以马的称谓来表明马的称谓不是具
体的马，不如以不是具体的马（"非马"）来表明马的称谓不
是实体的马。"反复相喻，则彼之与我，既同于自是，又同于
相非。均于相非，则天下无是；同于自是，则天下无非。"②章
太炎将庄子的思想与华严宗的思想加以会通，从中分出"所指
者"，即境，"能指者"，即识；认为庄子以境喻识之非境，不
若以非境喻识之非境，境、识都不是确切的真实存在。这种论
辩的目的在于破除偏执、成心，从差别中看出无差别，从道的
角度来看，等等差别只是假立不实的。同样，言与不言，齐与
不齐，只要对某种东西有所言说，就可能背离所言说的对象，
如同刚说出了"齐"，就与"齐"相背离，因为有所言说，就
必定有所未能言说的。与其这样，不如一无所言，"直置不言
而物自均等"③。平等与不平等、差别与齐同，只在于以什么样

---

① 《齐物论释序》，见《章太炎全集》第六集，上海人民出版社 1982 年版。
② 郭象：《庄子注》。
③ 成玄英：《庄子疏》，又说："夫以言遣言，言则无尽，纵加百非，亦未偕妙。
唯当凝照圣人，智冥动寂，出处默言，其致一焉，故能无言则言，言而无言也；
岂有言与不言之别，齐与不齐之异乎！故曰言无言也。"

的视野看待它们，以差与不平的观点来看待，就存在无穷尽的差别与不平等；以齐与平等的观点来看待，就不存在任何的差别与不平。从相对主义的认识论来评判任何的事情的界限和差别的不确定性，从而认定人与人、事与事之间本来就是平等的，从"齐物"的事实看出"齐民"的事实，这是章太炎的用心所在，与他的自由观念一样，他要从超出人与人的范围来论证人与人之间的事情。所以他说：

> 终举世法差违，俗有都野，野者自安其陋，都者得意于娴，两不相伤，乃为平等。……故曰道家者流，出于史官，其规摹闳远矣。[1]

这完全同于庄子的"是非两行"，在互相不相伤害的情形下，各安其所，各得其宜。章太炎之所以称赞道家"规摹闳远"，就在于道家从一个自然的关系看到了社会关系，并且把这种关系引入社会政治生活中来。这种思想方法在二十世纪之交的学术界有着共同性，中国的思想家们无不染上达尔文、赫胥黎、斯宾塞进化论思想的影子。

卢梭曾经说过："人是生而自由的，但却无往不在枷锁之中。"[2]又说："不平等在自然状态中几乎不存在，是从我们各项能力的发展中、从人类心灵的进步中取得其力量和成长的，最后更通过所有权和法律的制定而变成巩固和合法的。"[3]卢梭立论的基础乃是天赋人权，认为人生来就享有自由和平等，不自由和不平等是后天的社会环境强加给他的，因此人在被迫的情形下而服从，是做得对的；但在可以打破时而打破它们，就做

---

① 《齐物论释序》，见《章太炎全集》第六集，上海人民出版社 1982 年版。

② 《社会契约论》，商务印书馆 1994 年版，第 8 页。

③ 《论人类不平等的起源和基础》，引自《西方哲学原著选读》下卷，第 79 页。

得更对，因为人只是恢复他应有的权利。"平等"这个词被认为是卢梭对西方社会革命的贡献，是他使得平等成为系统的学说，并被广泛地接受为一种信念和原则，以至于平等和自由成为习惯性结合，"在许多情况下，从一个方面看是争取自由的运动，从另一个方面看却是争取平等的运动，两者习惯性结合已成定论"①。自由、博爱、平等这三个词中，"从其中一个词中能逻辑地推绎出其他两个词来"②。这并非说平等和自由是一回事，而是说平等和自由有着连带关系，平等是一种政治权利，没有政治、经济及其他方面的平等，自由就不能够实现，平等是一种实现自由的保证。我们看到，西方的自由、平等理论虽然着眼于自然状态，但其矛头所向却是现实的社会不自由与不平等，因而，这种自由主义的理论给社会带来的是一种强大的力量，催促人们去改变这种状态。在章太炎那里却看不到这种力量，他仍然停留在相对主义的认识基础上，对现实的不自由与不平等只是一味采取"怎么看"的态度，从而难以将理论化为实践，化为社会行动，这是他的自由、平等理论软弱无力的重要原因。

事实上，中国比较早地具有平等观念，只是这种平等观念并没有与自由的观念联系起来。《礼记·礼运》的大同思想对中国历史产生了巨大的影响，在理想状态的"同"里已经包含了均等的意义。但那种同或均等，是没有现实基础的，因为那种状态是设定的结果，它不承认"私"这个前提，而是人人都以"天下为公"。环勾之谓私，背私之谓公。人人都放弃一己之私心，放弃"拥有"这个观念，在此基础上，人人把对自己

---

① 霍布豪斯（L.T. Hobhouse）：《自由主义》，商务印书馆1996年版，第22页。

② 皮埃尔·勒鲁（Pierre Leoux）：《论平等》，商务印书馆1994年版，第16页。

和对自己亲人的尊重和爱推及至所有的人，全社会都能如此，就达到无差别的境界。这里，无差别就是平等。《荀子·王霸》曾说："传曰：农分田而耕，贾分货而贩，百工分事而劝，士大夫分职而听，建国诸侯之君分土而守，三公总方而议，则天子共己而已矣！出若入若，天下莫不平均，莫不治辨，是百王之所同也，而礼法之大分也。"①荀子的平均观念建立在他的"分"的观念基础上，如人与天之分，人与人之分，分有职责、本分的意思，人人恪守自己的职分，而不侵夺他人的责任范围，就是一种平均、平等，就像人不去侵夺天的职分一样。荀子的平均观念明确地具有了不侵凌他人利益的含义。荀子的观念有其产生的合理依据，因为他把人性本质设定为恶，而不是善，在恶的基础上来谈论平均。但是，他同样没有中国近代社会所渴望找到的天赋人权的观念，权利的观念的确是西方舶来的。

《太平经》中不仅包含了自然平等关系，也具有了明确的社会平等意识，《太平经钞》说道："太者，大也，言其积大如天，无有大于天者。平者，言治太平均，凡事悉治，无复不平，比若地居下执平。……天地中和同心，共生万物。男女同心而生子，父母子三人同心，共成一家，君臣民三人共成一国。"这是在承认等级制度存在的合法性基础上追求公平的社会政治理想，而且这种公平还包含了和谐的人际关系这层意义。《太平经》的平均观念总体来说仍然是模糊的，至多只是在人格与经济平等上提出了强烈的要求，而没有在政治权利上提出平等的要求，但《太平经》的影响非常深远，中国均地与

---

① 共，读为恭，谓天子恭己。见梁启雄《荀子简释》，中华书局1983年版。

均财富的传统观念与《太平经》不无关系。

康有为在设计他的大同社会时，虽然已经接触了西方思想，但他的思想资源仍然是传统的，尤其是承续了《礼记》的大同思想，他提出了平均财富、平均等级等社会主张，但同样，他所设定的理想状态的基础并不存在，他的唯一的基础与《礼记》和《太平经》没有两样，即善的要求，而不是权利的要求。

可以看到，中国传统的平等思想没有与自由的思想联系起来，自由是自由，平等是平等，那是两个不相搭界的思想领域。所以，自由因为没有现实的平等权利的保证，就只好逗留在意志与精神的领域里；平等因为没有权利的具体要求，只有善良的愿望，而为了实现这种善良的愿望，要么遥想未来，要么以粉碎一切现成秩序的方式实现。章太炎以解释传统经典的方式，把自由与平等作了富有积极意义的联想，甚至他也想到了某些权利的重要性。如说：

> 是故汉人无民权，而满洲有民权，且有贵族之权者也。①

可惜，他对权利并没有一个系统的界说，容易让人以为他只是偶尔想到它。他没有一种对于权利重要性的理论自觉，在善与权利之间，他还是自由、平等服从于善的要求，而不是权利优先于善。在这一点上，他不及严复，更不及孙中山。

自由、平等作为一种社会制度的安排，都要以个人所享有的程度为前提，如同每个人的自由是一切人的自由的前提一样，没有了个体的自由和平等，就没有了群体的自由和平等，因为群体的自由成了空洞的抽象。章太炎在这个方面的思考集

---

① 《驳康有为论革命书》，见《章太炎全集》第四集，上海人民出版社1982年版。

中在他对"群"与"独"的关系论证上，他说：

> 是故古之持大命者，不决于墨食，不诹于外朝，盱
> 衡厉色而定其事。欲定之事，非积众贤，则无以自惊。
> 故学士之有群者，其储之宿也。及夫睿哲仁强者，一昔
> 执政而建大计，则引其所知，所知者又引其所知，既定
> 其分以临制守故者，然后噂沓不起，而五德不代胜。①

> 大独必群，群必以独成。日红采而光于鼂，天下震动
> 也；日柳色而光于夕，天下震动也：使目与五纬群，尚不
> 能照寸壤，何暇及六合？……曰：与群而成独，不如独而
> 为群王。……小群，大群之贼也；大独，大群之母也。②

章太炎想到了民权，但他主要是想到了民族的生存权利。
在民族救亡图存的情势下，他希望国人能够充分地肯定自己，
即肯定自己的主体性，独立不苟，在理念上先要确立自由和
平等，也就是从自身确立"我是我"，我是自由的，我与他
人、与他民族是平等的。所以，他呼吁"独"的精神，所谓吾
"求独而不可得也"。同时，他与同时代的思想家一样，担心
因为自由而成了一盘散沙，没有凝聚力，从而失去整体自强的
能力，而在那个时候，整体的行动显得十分必要。所以在事关
国家政治决策上，他不主张把"群"拆散成每个个体来看待，
在决策上不必要按照每个人的意志行事，可以而且应当集中每
个人的智慧，却不要平等地取得决定权，以致争论不休而无
结果，所谓"五德不代胜"。但是，只有独而无群的精神，就
没有一种社会责任感，如同"独头""独翁"或"独居"，所
谓"吾求群而不可得也久矣"。章太炎认为这样的"独"无

---

① 《訄书·明群》，见《章太炎全集》第三集，上海人民出版社1982年版。
② 同上。

补于社会，只有富有群体精神的"独"才是需要的，"群"和"独"的关系不能偏废，所谓"独者群，则群者独矣"。可以看得出来，章太炎在"独"与"群"的问题上实际有一种心理上的犹豫，他主张独的精神，但如果过分张扬，担心只有个人，没有群体的合力，而掌权的人过分地"独"，一切按自己的意志行事，更有独裁的可能；他强调"群"的精神，又怕群龙无首，社会失去自身的组织能力，所以，他更倾向于以"独"来统"群"。如此，他就只能在"独"与"群"之间寻到平衡，并把这种平衡作为一种定律肯定下来。靠什么来支撑这种定律呢？这就是道德。他提出革命者必须要有道德，并深信是否能够革命成功，取决于是否具有德性，所谓"无道德者不能革命"。[①]

在个体自由与群体精神方面，严复和梁启超也都主张两者应该平衡。严复说："纯乎治理而无自由，其社会无从发达，即自由而无治理，其社会且不得安居。"[②]梁启超说："团体自由者，个人自由之积也。人不能离团体而自生存，团体不保其自由，则将有团焉自外而侵之，压之，夺之，则个人之自由更何有也！"[③]在他们生活的那个时代，是一个主张个性解放的时代，所以自由的声音始终是强大的，然而，救亡图存的现实紧迫性以及东方文化讲究群体作用的传统，也给他们的自由观念以极大的影响，使得他们必然采取寻找平衡的做法。在这一点上，章太炎与严复和梁启超没有什么不同。

---

①《革命之道德》，见《章太炎选集》，朱维铮、姜义华编注，上海人民出版社1981年版。

②严复:《政治讲义》，见王栻编《严复集》，中华书局1986年版。

③《论自由》，见《梁启超文选》上集，中国广播电视出版社1992年版。

# 梁启超文化观寻迹与反思

与多变的时代一样，梁启超的文化观念也几经变化，从早期托古改制的"全变"思想到中期"教无可保"的西化思想，再进到晚期中西精神、物质两分互补的文化主张。其中既相连贯，又严有区别。

## 一

同晚清大多数知识分子同轨，梁启超早期接受"国粹"式的教养，耽溺于训诂辞章之学，不知其外"更有所谓学矣"，迷于立德立功的科举之梦，拘拘乎美三圣、循道统的文化价值观。偶读《瀛环志略》，"始知有五大洲各国"，"颇有怵于中外强弱之迹"。适康有为主变法，在广州教"以陆王心学，而并及史学西学之梗概"[①]，摧陷旧学，始给他以巨大震惊，如"冷水浇背，当头一棒，一旦尽失其故垒"[②]。自此发生思想文化观念裂变，追随康有为鼓吹"变法维新"，对传统的文化观展开了深入反省与迅猛批判。梁启超思想的起落始终与所接受

---

① 《三十自述》。本文引文主要采用中华书局 1989 年出版的《饮冰室合集》，故以下引用不再注明。

② 同上。

的思想材料相偕而行。1890 年至 1900 年，他主要接受了康有为的"公羊三世说""大同说"，受到严复翻译的《天演论》、英国人傅兰雅编辑的《格致汇编》以及麦肯锡的《世界的演变：十九世纪史》等书的影响。传统与现代、中国与西方杂厕其间的认知格局熏染了青年梁启超的思想面貌：他运用理性的冷峻目光严肃地审视了传统文化，对民族文化的优劣做了初步的分疏，不留情面地剖析"积弱"的根性，却在感情上摆不脱儒家思想的窠臼，力图从本位文化来看待古今、中西；他站在变革的浪尖上促波兴澜，却试图在传统经典中找寻变革的根据，并根据改造过的进化陈式规范变革的步履、幅度和周期。

　　变法图存是这一时期人们的中心议题，梁启超奔走疾呼："法者，天下之公器也。变者，天下之公理也。……变亦变，不变亦变。变而变者，变之权操诸己，可以保国，可以保种，可以保教。不变而变者，变之权让诸人。"[①]他历数东西各国变法之利与不变法之弊，说明变法乃是不可逆转的"世界公理"，中国立国之古等印度，土地之沃迈突厥，只因因沿积弊，不能振变，遂"亦伯仲于二国之间"。与所有同时代主张变法的人一样，梁启超以进化论作为哲学理论基础，将这种哲学理论运用于文化研究领域，很自然地把所有文化的差异看作时代先后之别，一般地否认文化类型的区分。在梁启超看来，东西文化主要是时代发展先后的差异，没有根本的不同，他说"吾所谓新法者，皆非西人所故有，而实为西人改造。改而施之东方，其情形不殊，盖无疑矣，况蒸蒸然起于东土者，尚明有困变致强之日本乎？"[②]又说："泰西与支那诚有天渊之异，其实只有

①　《变法通议》。
②　同上。

先后，并无低昂，而此先后之差，自地球视之，犹旦暮也。"①
既然肯定了中西是先后之别，那么不唯肯定中国有能力吸纳西
方文化以自强，而且也摆脱了洋务派"中体西用"范式的萦
绕，全面接收西方文化就顺理成章了。他所倡导的"全变"，
就是要使中国封建文化（包括形质的和精神的）全面地蜕变。
首先要改君主专制政治为民主政治，"中国之行新政也，用西
人者，其事多成，不用西人者，其事多败"。②意识到"求物
质文明易""求精神文明难"，他便竭力主张立学校、育人才、
新民德，认为旧学之蠹中国，犹附骨之疽，俗儒拘墟谬瞀之
论，虽坚且悍，应当将在旧学俗儒毒害下的人们唤醒过来。梁
启超用了极大的努力来揭示国民性格中的劣根性，如云："西
人明达，华人固陋；西人奉法，华人营私也。"③加又云：中国
人"言学术则曰宁静，言治术则曰安静，处事不计是非，而
首禁更张……柔静无为之毒，已深中人心"，④以致人们"习焉
安焉，驯焉扰焉，静而不能动，愚而不能智"⑤，以积密安静为
美德，以好事喜功为恶词，"容容者有功，娆娆者必缺"。梁
启超警告道：如果人们仍"坐此一念，百度不张"，最终不免
"澌灭以至于尽"。这不仅是对以儒家中庸思想为特征的文化
心理最激烈的批判，也是呼唤新文化的最强音！

　　为了证明中国有能力将西方文化统统"拿来"，以图新自
强，跻身世界文明之列，梁氏又着意在传统文化中寻找内在
根据。谈到西方进化论，他认为孔子据乱世、升平世、太平

---

① 《与严幼陵先生书》。
② 《变法通议》。
③ 同上。
④ 《说动》。
⑤ 《论中国积弱由于防弊》。

世的"三世说"曾最早表明了进化之公理，"天地万物之情状
虽繁虽赜，而惟三世可以驭之"①。谈到西方议院制，他认为中
古"虽无议院之名，而有其实也"②，《洪范》《孟子》所云"卿
士""诸大夫"即"上议院"，所云"庶人""国人"，即"下
议院"。谈到西方议院制，他认为中古"群术"即是政治民主，
《易经》中"群龙无首"，《春秋》中"天下远近大小若一"，
以及《礼记》之"大同"皆表现了最早的民主；而井田制度
则表现了经济平等之"极则"。谈到西方科学技术，他认为六
经"无一字不可见于用"，此乃中古"固有之实学"，③与西方
格致之学精微不弎。只是由于东汉刘歆伪经，宋代儒学末流乖
理，明清辞章训诂的偏失，才造成如今中学之流弊，以致君权
日尊，民权日衰，外患内乱交加。这实际上是在"法先王"的
族号下揆弃了中世纪，在用心穿缀的中古外衣下泛滥近代资本
主义文明，在古的原则下翻新，在中的基础上贩西。除了历史
和感情的因素外，这样做也是摆脱中体西用和羁绊，突破中西
大防的最有效方法，同十八世纪伏尔泰运用自然神论摆脱神学
束缚具有异曲同工之效。在这里梁氏运用了类比方法，模拟欧
洲资本主义文艺复兴的理论过程，把批判矛盾对准中世纪封建
专制政体，以仿佛文化复兴的形式偷偷将西方近现代资本主义
民主政治、经济生活、文化理论输入进来，以振变萎靡不兴的
中国社会。然而，将如此复杂的文化现象做如此简单的类比，
其粗疏与牵强在所难免。

　　在文化价值观上既向于今，又脱不了古，既取法于西方文

---

①　《读春秋界说》。

②　《古议院考》。

③　《西学书目表后序》。

化，又不自觉地以中国文化为本位，这种古与今、中与西相依违与特殊渗和，造就了梁启超这一时期思想文化的基本性格。

## 二

如果说 1901 年以前梁启超的思想尚未超越康有为、严复的境界的话，那么这之后则不然。戊戌变法流产，他亡命日本，游历美国，直接感受了日本的"复兴"，美国的"自由"，大量阅读了西方文化书籍，特别是欧洲十七、十八世纪启蒙思想家的著作，"思想为之一变"[①]。他在致康有为的信中批评康只讲"开民智"，不讲"兴民权"，直言"大同之说，在中国固有先生精思独辟，而在泰西，实已久为陈言"，[②]并以"抉破罗网，造出新思想"为己任。在《保教非所以尊孔论》中他宣称："吾爱孔子，吾尤爱真理！吾爱先辈，吾尤爱国家！吾爱故人，吾尤爱自由！"终于和康有为的旧思想体系做了诀别。

梁启超以不惜"为二千年来翻案""与四万万人挑战"的大无畏精神进一步对传统文化展开了猛烈抨击，抛弃了维新变法"保国、保种、保教"的理论口号。首先，他竭力打破孔子在人们心中的偶像，宣称"孔子之不适于新世界者多矣"[③]。在他看来，儒学末流言考据则争师法，言性理则争道统，把思想本来很开放的孔子日愈演成思想偏狭、独断的教主。如今一些舞文贱儒，动以西学缘附中学，其名为开新，实则保守，却自命为孔子之徒，实乃"反其精神而用之"。这既是对保教思

---

① 《三十自述》。

② 《致康有为书》1900 年 4 月。

③ 《致康有为书》1902 年 5 月。

想的彻底批判，也是梁氏自己的严肃反省。他坚信，欲拯救中国"莫急于以新学说变其思想"，而不能在旧学的框框里徘徊。欲变其思想，首先要"除却"国民的"奴性"，"中国数千年之腐败，其祸及于今日，推其太原，皆出自奴隶性来。不除此性，中国万不能立于万国之间"[1]。而奴隶性"非自无始以来即有卑屈之性"[2]，乃久栖息专制政治之下养就的。梁氏举出四种当除却的奴性：好敬慕古圣杰之奴性；好俯仰随人之世俗奴性；喜安于境遇之奴性；易受情欲左右的奴性。指出国民的奴性还不够，仅仅靠反省和自我批判也不能除却奴性，他及时地引来了西方的"自由"："言自由者，非对于压力而言，对于奴隶而言之。"[3]亦即自由是对奴隶的反对（他称"对待"），奴隶象征专制，自由象征着平等民主，后者既是前者的否定，又是人类进化的必然法则。他认为西方各国政体纵有万殊，自由乃是共有的第一要义。故而学习西方，首先要引入"自由"观念，自由实为"今日救时之良药，不二之法门"[4]。

　　鉴观欧洲文化复兴之艰难，熟察中国封建文化之顽愚，梁启超在思想最激进的 1903 年左右，大力倡导"破坏主义"，呼喊"快矣哉破坏！""仁矣哉破坏！"。在他看来，没有破坏，就没有建设，欧洲新文明之诞生乃以破坏为前提，中国历史自身亦以"天然之破坏相终始"。他甚至公然鼓吹革命，深信"中国之万不能不革命"[5]。在这个时候，他与以孙中山为代表的革命党人的观点非常接近，而且他的确也曾试图寻找与革命

①　《致康有为书》1900 年 4 月。
②　《拟讨专制政体檄文》。
③　《致康有为书》1900 年 4 月。
④　同上。
⑤　《新民说》。

党的共同点。

摧陷除旧的目的是为要廓清布新，梁氏对传统文化的迅猛批判是为了肇兴他的"新民说"，即"欲以探求我国腐败堕落之根深，而以他国所以发达进步者比较之，使国民知病所在"①，以自警厉、自策进；博考西方各国所以自立之道，在于汇择其长者而取之，以补我之所未及。破坏、除旧表现了忧国之心，布新、建设表现了爱国之心，"愈益忧之，则愈益爱之；愈益爱之，则愈益忧之"②。而梁启超用以除旧、破坏的理论工具还是进化论，他说："进化论实取数千年旧学之根柢而摧弃之、翻新者也。"③然而，当梁氏着手建设新文化时，便暴露出他的旧文化潜隐根性及其理论的软弱无力。

与革命党人不同，梁启超主张在清朝封建外壳下实行资本主义，他在悉心考察东西方各国资本主义社会政体后，认定："君主立宪者，政体之最良者也"④。认为君主立宪制最符合"中国历古之风俗与今日之时势"。在他看来，行共和立宪或君主立宪只是个"变通"手段或路径区分而已，目的都是立宪，在《答和事人》中他说道："大抵保王与革命，两党之手段不同，其目的未尝有异也。"其实际情形并非完全如此，梁氏鼓吹破坏，革命之不可免，却又生怕由此带来的巨大社会痛苦，说什么"因习惯而得共和政体者常安，因革命而得共和政体者常危"⑤；他主张民主政治，推行自由主义，却又担心"人民无政治之知识""能力"，会陷入混乱，而要借君权以保护，

① 《致徐勤书》1903 年 4 月。
② 《新民议》。
③ 《自由书》。
④ 《进化论革命者颉德之学说》。
⑤ 《立宪法议》。

将其限制在"开明专制"之下；他视封建专制之危害甚于洪水
猛兽，却又不敢与之决裂，而要保存皇帝，等等。梁启超始终
徘徊、依违于两端之间，也终究没有能够"抉破"封建文化
的罗网。造成这样的文化态度，其基本原因不外哲学和文化
理论观念两大方面。首先，社会进化论遵循循序渐进的路径，
反对渐进过程的中断，反对革命，以此来解决社会政治、文
化问题，必然导致"庸俗"。第二，梁启超坚持英雄豪杰造就
时势的英雄史观，"二三豪俊为时出，整顿乾坤济时了"。因
此，他在鼓吹民主政治时主观上觉得需要借助圣明的君主予以
保护。第三，梁氏曾激烈批判了儒学中庸观念，而实际上他在
营构未来社会蓝图时，却不自觉地重蹈中庸之道，企图调和专
制与民主，旧文化与新文化，对善于调和这种矛盾的英国他予
以盛赞："善调和者，斯为伟大国民，盎格鲁－撒克逊人种是
也。"[1] 第四，梁氏所受传统式的教养，使传统文化在其心理已
经根深蒂固。虽然他在理论上对传统文化以及自己的封建意识
进行了毫不留情地批判，但在文化心理上，在感情上，仍然不
自觉地按照这种意识来纵论横议古今、中西。在 1910 年当他
结束流亡生活，将活动的舞台搬回还处在封建观念禁闭的国内
时，他内心深处潜在的封建意识便逐渐显露，甚至一度在政治
上与袁世凯、段祺瑞之类合流。然而这还只能看作这一时期他
的思想文化观的一面，他的积极的一面同样不容抹杀，因为他
所达到的理论见度乃是甩掉传统的包袱所奋力达到的。

---

[1] 《开明专制论》。

三

20 世纪初爆发的世界战争，不仅摧毁了欧洲近代资本主义文明，而且也摧毁了膜拜这种文明的东方文化精英们完美的梦想，严复、章太炎等人践履了大体相同的"离异—复归"文化路径，素以"变通"闻名的梁启超在文化观上同样又经历了一次变异。

首先，他意识到以进化论为特性的时代观念衡量一切文化优劣的偏失。由于倚重科学推动的物质文明，因而把一切内部、外部生活，精神和物质生活统统"托庇科学宇下"，建立了一种纯物质的、纯机械的人生观，把精神现象也归到物质运动的必然法则下了，这无异于"运命前定说"[①]。于此他反省道："科学精神之有无，只能用来横断新旧文化，不能用来纵断东西文化。"这表明梁氏认识到了精神文化的相对独立特性，认识到东西方异质文化各自存在的价值，并试图用这些特性和文化价值观重新界说文化现象，这种转变与他在哲学观念上的转变是息息相关的。

梁启超前门轰走了进化论，后门迎进了实证哲学和生命哲学。他服膺孔德实证哲学调和物质和精神两极端的对立，褒扬柏格森生命哲学所特具的直觉思维方式和生命在征服物质所腾跃出来的创造能力。他认为，这些与中国传统哲学中物我一体、心境不二的观念一脉相通。梁氏即在这种中西哲学重新调和的基础上来界定文化概念："文化者，人类心能所开积出来

---

① 《新民说》。

之有价值的共业也。"① 何谓"共业"？即人类身心创造活动霏洒在其所属的社会乃至全宇宙的"魂影"，它超越时空，永不磨灭。何谓"开积"？即人类有意识的创造和有意识的模仿。创造、模仿虽则未能"远离现境"，创造、模仿自身的存在及其效果却又是超越时空的普遍的"自在"。何谓"有价值的"？即经过人类自由意志选择而创造出来的。他将宇宙事物分为自然、文化两系，自然系受因果律支配，文化系纯受自由意志支配。他又将"共业"分为"业种""业果"（种、果、业皆借用佛教语），业种是创造活动自身，纯属自由意志领域；业果是创造出来的"实在体"，过去心能的"环境化"。故"文化种是活的，文化果是呆的"②。他还按其创造价值和总量将文化分为物质的和精神的两类。在梁氏看来，物质的文化果在"环境化"之后，便与自然系同类，并入因果律的领域，并逐渐成为文化创造的障碍。正是在这个意义上，他附和杜里舒的观点，肯定物质的文化是非进化的，物质的文明会像过去罗马帝国的繁华一样消逝，而现在人们享受的物质文明比起从前来，"实在看不出有什么特别舒服处来"③。只有精神的文明才随历史著著向上，一天比一天认得真切，永不消逝。梁氏正是以这种文化理论为基础来重新审视评价古今、中西文化的。首先，他对中西文化做了类型的区分："东方的学问，以精神为出发点；西方的学问，以物质为出发点。"④ 以精神为出发点的东方文化追求精神生活的绝对自由，物质生活仅视为补助精神生活的工

---

① 《欧游心影录节录》。
② 《科学精神与东西文化》。
③ 《研究文化史的几个重要问题》。
④ 《东南大学课毕告别辞》。

具；以物质为出发点的西方文化易受客观规律支配，而在精神上失去独立性创造性。因此，东方文化理所当然地优越于西方文化，因为它比西方文化更符合文化的本性。如此，用东方文化去搭救陷于物欲横流的西方文化"实在有这个资格"。其次，他认为中国传统文化并未失去效力，"中国固有之基本亦最合世界新潮"[①]，孔子"尽性赞化""自强不息"的精神，老子"欲归其根"的玄旨，墨子"上同于天"的宏论与当代实用哲学、创化哲学求心物调和、理想与实用一致的主旨相契合，当代人若能循此三圣的路径走下去，可以辟得"现代的思想与实用一致"的众多境界。同样，不能因为孔子"说了许多贵族的伦理"不适用于今就菲薄他，不能因为柏拉图"说奴隶制度要保存"就否定他的理论价值。道理极明了：精神的文化最能体现"共业"，它只会渐渐扩大，却并不与时俱灭。

在这里我们可以看到，梁启超似乎又回复到他原先的出发点了，然而，毕竟"今胜于昔"。他早期基本上是以进化论为圭臬，以破坏、否定为己任来疏通中西、古今文化的，其对本土文化的肯定是不自觉的。而现在他是以自由意志为特征的文化观念为指导，以建设、肯定为己任来清理古今、中西文化的，他的"回复"实际是一种翻新和进步，是新的条件下的整合。与以往沉醉西风，一味地"输入"态度不同，他主张变消极为积极，大量地"输出"，"发挥固有的民本精神，以矫欧洲代议制度及资本主义之流弊"[②]。与"保教"的态度不同，他深信"思想统一为文明停顿之征兆"，主张"采无限制输入主

---

① 《研究文化史的几个重要问题》。
② 《在中国公学之演说》，见《梁启超演讲集》，天津古籍出版社 2005 年版。

义，待国人别择"①，因为"要发挥我们的文化，非借他们的文化做途径不可，因为他们研究的方法实在精密，所谓'欲善其事，必先利其器'"②。与依违于两端、非此即彼的态度不同，他力主"化合"两种特质文化，即"拿西洋的文明来扩充我的文明，又拿我的文明去补助西洋的文明，叫他化合起来成一种新文明"③。梁启超认为这么做的根据在于：以一种特质与另一种特质相化合，"自然会产生第三种更好的特质来"，如同人格的形成一样。④ 与盲目"法先王"而泥古过高的态度不同，他认为故步自封，"说什么西学都是中国所固有"，是十分可笑的。

在 20 世纪初，梁启超是第一位试图将时代观念和民族观念交叉透视文化现象的人，他在分疏中西文化时，窥见文化类型的意义，意识到文化的动态创造性质，以及人类的精神活动在创造活动中的主动性和精神文明的相对独立性。他在评价中西文化时，力图提高国民的民族文化意识，增强民族自信心，同时他又以开放的文化心态主张"化合"中西文化，认为文化的走向必然是"人类一体"，反对唯我独尊的文化独断主义。这些无疑是非常可贵的见解。

当然，梁启超文化观长处与其不可避免的短处不可截然分开。首先，他贬低物质文明，夸大精神在文化创造中的作用和文化的精神部分的相对独立性，以致失去了物质的根基。其次，他虽然洞悉到文化的时代性和民族性各自的意义，但他在

① 《〈改造〉发刊词》。
② 《欧游心影录》。
③ 同上。
④ 同上。

具体运用这两种观念时却不时地陷入混乱，如他把物质的文化视为非进化的一兴一衰的循环，把精神的文化视为逐步扩大的进步，同时他又主张用中国古精神文明"搭救"西方近现代精神文明的失落，这样不仅轻易地否定了物质文明与精神文明在发展总体上的一致性，也否定西方文化自有的特质。其三，他曾奋力挣脱而终未曾挣脱的传统的"羁绊"，在欧战以后的确使他的文化观念呈现"回复"的势态，他提出的"补助""搭救""化合"说，实际上仍然以本土文化，特别是儒家文化为本位来横议中西文化的，认为"儒学与科学，不特两不相背，而且异常接近"①，等等。然而，应当承认，这种"回复"是前进中的回复，是梁氏在文化观上所达到的光辉的顶点。

## 四

追溯梁启超在文化观上几次嬗变的轨迹，品评他的得失，可以得到什么启示呢？

（1）文化的两种特性不可偏废。倚重时代特性往往忽视不同空间地域的异质文化，把文化的精神部分与物质部分视为完全的同步，又以物质文化发展的程度划齐精神文化的发展，漠视精神文化的相对独立性以及民族文化存在和发展的价值，以物质生活发达区域的文化置换物质生活不甚发达或正在发展中的区域的民族文化，强迫一个民族放弃自己的文化传统，接受另一种文化传统。以这种观点进行文化实践就会遭到完全的失败，从胡适到当今的"西化派"，他们的主张之所以难以行得

---

① 《为什么要研究儒家哲学》。

通，其原因皆归于此。相反，倚重于文化的民族性，往往忽视文化发展的时间观念，容易把物质文化与精神文化的发展割裂开来，将精神文化生活的相对独立性夸大到足以涵盖所有物质文化生活的程度，以致故步自封，以天下之文必出于己的本位偏狭文化心态去对待外来文化，甚至于泥古非今，以古经典诠释其现代文化的种种现象。以这种观点进行文化实践必然背离世界文明发展的大道，将民族文化引向死胡同，近代史上的"中体西用"论即是明证，而康有为、章太炎、严复晚期的文化复古论则为现代人提供了明鉴。梁启超在这个问题上实践了性质相反的两面，一方面他以文化自由意志论将民族特质文化，特别是古代文明推崇到无以复加的地步，以文化本位主义菲薄西方近现代文化；另一方面他又以"人类一体论"把文化视为一个永无止境的发展过程，希望东西异质文化互相补助提携，以"化合"新文明。尤其是他提出的"文化非保于人"的观点，督促国人以开放的文化心态，打开门户，大胆输入，主动迎受世界所有异质文化，好坏优劣由国人"别择"。前者把人们引向封闭，后者又将人们引向开放。显然，后者更能体现梁启超的性格。这也是他与康有为、章太炎文化观相区别的重要一面。梁启超给当今提出的最有价值的思考是：文化的传播（东西双向）不可人为地拒斥，也不可人为地推行，应当人为地辟出宽阔的文化环境，任人们自己去选择、吸收和涵化。

（2）文化传统的"潜流"不可低估。当梁启超判定当时中国处于封建文化向现代文化的"过渡时期"时，便试图用时代精神的劲力"截断"仍在无声地向前移动的"潜流"。当他意识到这条"潜流"的深厚与力量之巨时，便拉起"破坏"的大旗，号召国人"挥破坏之泪，绞破坏之脑，敝破坏之舌，秃破坏之笔，沥破坏之血"①，用西方文明以冲涤之，用新文明以易之。他希望斩刈民族性格中的劣根性，看到国民以新民的姿态改换旧民的形象。然而，不仅"潜流"未能"截住"，国民"依是旧时相识"，而且他自己也未能摆脱传统文化的影响，终究不免与之缘附潜移。在他的文化论中，新的与旧的、西的与中的参半杂糅的史影随处可见。这便是梁启超未曾清楚认识到的"国情"。当梁启超看到传统的文化、民族的精神自身长处时，便试图用这种文化、这种精神的伟力去唤起国民的自觉意识，凝集国民的爱国热情，以便在优胜劣汰的世界竞争中自强自立。当他意识到民族文化的巨大潜力和"人类一体"时，便鼓冶"建设"民族文化，"补助"人类文化。这乃是梁启超所认识到了的"国情"。其实，两种"国情"只是同一问题的两面，一面表现了传统文化的惰性，此惰性成为几代中国人欲摆脱至今曾摆脱的包袱；一面表现了传统文化的优点，此优点成为数代中国人欲在世界文化之林中争强的动力。梁启超在文化观上的得失，给我们一个显明的信号：须清醒认识到传统文化中的惰性，以及甄别、破除惰性任务的艰巨，甚至非敲骨汲髓不能根除；传统文化中的优点应大力弘扬，民族虚无主义不唯不可取，而且有害。如果不是这样，便不能理解近二百年"先进的中国人"矢志不渝地批判封建专制主义，探索新文化路径的历史。

---

① 《新民说》。

# 李大钊东西文化观述评

李大钊东西文化观经历了一个历史过程，早期他借助于纵向比较方法，突出了文化的地域性、民族性和多元性，强调了不同的"文明型式"。"五四"以后，他主要运用横向比较方法，突出了文化的时代性，强调了世界文明的整体性。他的文化观，乃至他的世界观的转变是既有联系，又有区别的。

## 一 "动的文明"与"静的文明"

李大钊论东西文化是以欧亚两大陆的文化为出发点的，他认为："人类生活的演奏，实以欧罗细亚为舞台。"[①]人类文明的舞台，确由欧亚这两种类型的文化（他称为"异派文明"或"特质文明"）来充当主要角色的。李大钊接受了孟德斯鸠的地理环境论，认为"孟氏给印象于读者的神智中最清楚的普通原因，是物理的环境——地理与气候的原因"。在李大钊看来，物质文明首先是以地域区分开的，"欧罗细亚大陆之中央，有一凸地曰棹地（Tableland），此与东西文明之分派至有关系，因其地之山脉不延于南北，而亘乎西东，足以障碍南北之交

---

① 《李大钊选集》，人民出版社1959年版，第319页。

通。人类祖先之分布移动，乃成二大系统，一为南道文明，一为北道文明。""南道文明"也就是"东洋文明"，中国、日本、中南半岛、马来半岛、印度、波斯、埃及等皆属于这个文化圈；"北道文明"也就是"西洋文明"，俄罗斯、德意志、法兰西、英吉利、西班牙、丹麦、意大利、葡萄牙、巴尔干半岛，甚至蒙古、满洲等都属于这个文化圈。与地域差异相联系，气候差异是文化类型区别中的一个重要因素，"南道得太阳恩惠多，受自然之赐予厚，故其文明为与自然和解、与同类和解之文明。北道得太阳恩惠少，受自然之赐予啬，故其文明为与自然奋斗、与同类奋斗之文明"①。西北气候寒冷，其文明服从于求温的需要，东南气候炎热，其文明服从于求凉的需要，求温者力求主动，求凉者但求静而已。"基于自然之影响，东西、南北文化的物质文化生活大异其趣，南道的民族以农业为主，其民族为定住的，北道的民族以工商为主，其民族为移住的；东人食物以米蔬为主，以肉为辅，西人食物反是；东人衣则广幅博袖，履则缎鞋木履，西人衣则短幅窄袖，履则革履；东方运输用帆船、骡马、人力车，西方则用轮船、马车、足踏车、火车、电车、摩托车……适应于物质生活的需要，东方家族繁衍，实行家族主义，西方家族简单，实行个人主义；东方贱女尊男，西方尊重女性。在政治生活领域中，东方行专制政治，有世袭的天子，有忠顺的百姓，依一人之意思遏制众人之愿望，使之顺从"，②故其政象是万世一系，毫无生机，几于死体。西方行民主政治，有数年更迭的元首之代议士，有随民意

---

① 蔡尚思编：《中国现代思想史资料简编》第一卷，浙江人民出版社1982年版，第128页。

② 同上。

以为进退的内阁，"聚集各个势力以为发展"，①故其政象与时俱化，刻刻流转，刻刻流行。

从道德、宗教、思想等深层文化现象来看，东西文化亦迥然有别。东人持厌世主义，无竞争意识，个人生存亦无甚重要，西人持乐天主义，以前进奋斗为首务，确信人道进步；东人的哲学为求凉哲学，西方的哲学为求温哲学；东人以牺牲自己为人生本务，西人以满足自己为人生本务；东人厚于父子长幼之间的爱，西人薄于这种爱；东方道德在个性灭却，西方道德在个性解放；东方宗教是解脱的宗教，其教义以清静寂灭为人生之究竟，西方宗教是生活的宗教，其教义以永生在天，灵魂不灭为人生之究竟。

概而言之，"南道文明"与"北道文明"、东方文化与西方文化乃是两种殊异的"文明模式"，西方文化为动的文化，东方文化为静的文化。

这是根据文化特质的分析比较和按地域空间的分布将中西文化界定为殊异的文化类型。虽然他的这种界定缺乏科学的参照系统作为依据，但他毕竟窥见到了两种文化的一些主要特点。他既没有因袭"保存国粹"之成见，视西方文明为"奇技淫巧"，也没有对西方文化一味地膜拜，而是对日新月异或陈陈相因的中西文化现象进行了反思，对中国传统文化的优劣进行了初步的分梳。20世纪初，李大钊是第一个展开中西文化比较的，他对文化多元的性质做了最初的说明。然而他的比较与划分有很大的历史局限性。第一，李大钊进行文化分类的立足点是地理环境论，表明他力图用物质文明原因说明文化分

① 蔡尚思编：《中国现代思想史资料简编》第一卷，浙江人民出版社1982年版，第100页。

野，但如同地理环境论本身的缺陷一样，他的文化类型划分不足以说明东西两种文学现象的差异。而且，他在做这种划分时也缺乏足够的根据，如把华夏文化系统的蒙、满民族划为西方文明，却把殊异的文化系统诸如埃及、印度等笼统划为东方文明。第二，他以地理环境论为基础，把世界文化分为东西两个系统再进行比较，但忽视了时间概念，乃是对超历史时间的文化轨迹的反思与比较，即把处于不同文明时期的文化现象的不同视为文化传统和社会空间的不同，不仅否认了社会形态的差距，也忽视了生产力水平的高下，如把专制集权与民主政治、个性灭却与个性解放、人力车与火车、帆船与轮船等表示的时代差异看作文明文化类型的差异。因此说，他没能真正全面深入、具体地透视中西文化现象，还只限于一种单向视角的、表象化的理解。第三，他把作用于文化进步的诸因素，如政治、经济、生活习俗、行为方式、道德思想、宗教信仰等等量齐观，又强调"思想史超越以前的力量"①，没有注意到最能体现时代差异的经济生活方式的基础作用，故而他所理解文化、历史的发展是"一贯相连的永远性"，无渐进过程的中断。第四，他所做的"动"与"静"的文明的概括亦未免于粗疏，任一文化系统从萌发创生到积累进化，从继承发扬到变异纳新，都是动的创造过程，都是有源头的活水，无绝对的动或静，只能是有动有静的。持这种观点的还有与李大钊同时期的伧父先生，他说："西洋社会为动的社会，我国社会为静的社会。由动的社会发生动的文明，由静的社会发生静的文明。"② 只是在动与静的取向上，李大钊倚重于动的文化，伧父偏重于静的文化。

① 《李大钊选集》，人民出版社 1959 年版，第 217 页。
② 引自陈序经《东西文化观》，台湾牧童出版社 1977 年版，第 101 页。

这种动与静的划分实际上是受欧战以来流行的把东西文化区分为"精神文明"与"物质文明"观点的影响。

　　五四运动前夕，李大钊迅速转向马克思主义，他认识到了经济生活方式对文化体系的重要作用，早期文化观有了一些改变。他在《法俄革命之比较观》一文中断言：新文明新生活的诞生，必经"最大牺牲、最大痛苦之后"，引起"根本之颠覆""非常之祸变"。认为法国革命与俄国革命有一时代差距，一为争"自由"，一为争"面包"；一为"国家主义上之革命"，一为"社会主义上之革命"；一为"爱国的精神"，一为"爱人的精神"。"时代之精神不同，革命性质自异。"① 在《由经济上解释中国近代思想变动的原因》一文中，他运用经济观念分析了社会诸因素作用于问题体系的不平衡性，认为孔子伦理道德建立于农业经济组织，"孔子伦理的基础"的根本动摇是农业经济组织的解体，故中国传统"家族团体中所含经济的结合之性质，恐怕比血统结合的性质多些"②。后来他在《人种问题》一文中同样强调："一民族的特性必代表一时代的理想，但须于这时代的总精神之下乃能了解。"③ 据此，他在《孟德斯鸠的历史思想》中批评孟德斯鸠的根本缺点是"未把握住进步的观念"，"少用或不用那是历史哲学的方便（法），这即是共存的与衔接的社会情状的比较"④，"把社会现象悬离于他们的时间上的关系"⑤。

　　然而，李大钊思想体系转向了马克思主义，他也并未放弃

　　① 《李大钊选集》，人民出版社 1959 年版，第 102 页。
　　② 同上书，第 296 页。
　　③ 《李大钊文集》下，人民出版社 1984 年版，第 771 页。
　　④ 《李大钊全集》第四卷，人民出版社 2006 年，第 290 页。
　　⑤ 同上书，第 302 页。

"文明型式"说，他仍然坚持民族文化的多元性质，相信"不同的民族各有其不同的文化"①，肯定"民族的区别由其历史与文化之殊异，故不问政治、法律之统一与否"②，而"民族所在地之山川形势，于历史上即为各时代的民族舞台"③。他觉得人种、民族之间由于自视而发生"异视"，实际上乃是文化的民族个性差别的表现。李大钊极其赞赏孟德斯鸠"点出一切社会生活的成果是密切相关的理论"④，认为文化机体的诸要素共同作用于文化的发展，只是要肯定道德风貌、生活习俗、宗教信仰、政治组织、思想习惯等文化现象在"经济上有它的基础"⑤。

从前期以地理环境论为基础到后期以经济生活方式为基础，无疑是李大钊观的一大进步，因为前期他把中西文化主要看作文化类型的差异，而后期确能看出古与今、传统文化与现代文化的问题。这种转变既表明了李大钊前后期文化观的区别，又表明了联系性。这种区别是世界观、文化观转变的区别，是由持民族个性原则剖析文化现象到持民族个性和时代共性双重原则剖析文化现象的区别，是由单向或平面视角观察东西文化到多向或立体视角全面透视东西文化的区别；这种联系在于后者高于前者而涵盖了前者，后者是前者的深化。故此，应当把李大钊文化观的前后期视为发展的整体。

① 《李大钊文集》，人民出版社 1984 年版，第 766 页。
② 同上书，第 771 页。
③ 同上。
④ 《李大钊全集》第四卷，人民出版社 2006 年版，第 302 页。
⑤ 《李大钊选集》，人民出版社 1959 年版，第 297 页。

## 二　"调和之法则"

在对待中西文化的态度上，胡适认为中西文化只是"古今之异"，陈独秀主张中西文化是新旧之别，两人都是以单线进化理论模式来评判中西文化的。梁启超的中西文化几经变化，其落脚点还是要以中国传统文化为本位，实行"以西补中"，认为离了西学便是无用，离了中学便是无本，从而最终没能从儒家思维模式中走出来。应当说，李大钊早期对文化的民族性和时代性已有不甚清楚的认识，表现在文化走向上，他既不同意"国粹"，又不同意"西化"，而主张东西文化实行调和。

通过对世界各国文明史的审视，李大钊认为，静与动的文化皆有盛衰之期，"由文明史观之，一国文明，有其畅盛之期，即有衰颓之运"①。"欧洲动的文明有发达的物质生活，却也暴露出它自身难以克服的矛盾，英法两国的文明均已臻于熟烂之期，德国的文明如日中天，言其运命，亦可谓亦臻极盛，过此以往亦不免于衰颓之运，故欧洲文明就其自身重累而言，不无趋于自杀倾向。东方静的文明精神生活已处于屈败之势，中国文明之痼疾已达炎热最高之度，中国民族之运命至臻奄奄垂死之期。"②然而，"平情论之，东西文明互有长短，不宜妄为轩轾于其间"③。李大钊看到的西方文化之长，主要是现代的物质技术、民主政体，其短是"拜金主义"的价值观和文化生

---

① 《李大钊选集》，人民出版社1959年版，第102页。
② 蔡尚思编：《中国现代思想史资料简编》第一卷，浙江人民出版社1982年版，第128页。
③ 同上书，第132页。

活的奢侈性。他看到的中国文化之长，是具有自己优良民族文化传统，其短是物质技术落后，没有建立起民主政体。这里面就既包含了古今文化之异，也包含了中西之别。所以，李大钊主张，东西方文化只有相牵相引，相互提携，"尊调和之道"，"奏调和之功"，方能摆脱衰败的噩运。"宇宙间美尚之品性，美满之境遇，罔不由异样殊态相调和相配映之间荡漾而出者。"[1] 可是，"调和之境，虽当宝爱，而调和之道，则不易得也"。[2] 真正合理的调和，必定包含三层内容。第一，调和之机"肇于两让"，调和之境"保于两存"。即这种调和的前提是矛盾着的双方对峙，其内在根据不是双方无休止地斗争，而是要互谦于让；但不是失去"自主"的无原则地"让"，是相互竞进中的"让"，而且"让"要达于"两存"，因为调和的目的"在存我而不在媚人，在容人而不在毁我"。[3] 李大钊举例说，西洋生活的法则在于保存自我，东洋生活的法则在于牺牲自我。"故西洋人言调和，它自使其保存自我之努力，止于不牺牲他人；东洋人言调和，宜以不牺牲他人为归，而先谋保存其自我。"[4] 他认为那种一言调和，即"捐禁竞争"，一言竞争，即"妨碍调和"的调和观，实际上是滥用"此种绝美之名辞"，最终降于颓废，流于养其腐化之性，退于强有力者鄙弃之列。故此，他坚决反对姑息苟安、避难就易、习故安常的庸俗调和论，拒斥"自毁之调和""牺牲之调和"，力主"两存之调和""竞立志调和"。第二，新旧质性无绝异。以人而论，

---

①　蔡尚思编：《中国现代思想史资料简编》第一卷，浙江人民出版社1982年版，第130页。

②　同上书，第141页。

③　同上。

④　同上书，第142页。

年少者未必一定新，年长者未必一定旧，隶于旧者未必无新。
"世之称为新者，必其所企关于进步者较多之士也。世所目为
旧者，必其所企关于秩序与安固者较多之人也。苟此解为不
谬，则如此两种人但有量之殊，安有质之异？"①故此新旧力量
的相依相持，相攻相搏，皆依其所秉持之质性本无绝异，且全
相同。第三，矛盾着的双方"尽备调和之德"。文化的调和不
仅仅是物的交换，主要是一种思想行为。调和又不是新旧思想
的简单组合，也非简单地由第三者调停，而是处于对峙、交战
状态的两种思想具有调和之德，"凡能达于调和之境也，溯厥
由来，成于自律者，他律者亦半，而第三者之调停不与焉"②。
自律又称"有容"，即能深自抑制，以涵纳其他之势力；他律
又称"有抗"，即确认其对待之势力为不能泯，而此对待之势
亦确足与之相抵，遂不得不出于调和之一途。他律与自律、有
抗与有容相持相依，不专己以排人，不挟同以强异，"分此皆
虚伪之调和，非真实之调和；支节之调和，非根本之调和"③。
只有在以上三种意义上的调和才是真调和，如思之不慎，辩之
不明，极易误解，结果，"真正合理之调和未著厥历，而虚伪
敷衍之调和已肆其祸"。④

　　显然，李大钊的调和论与传统儒家的调和论哲学略有异
趣。儒家的调和论是承认矛盾，经过调和消解、泯灭矛盾，在
调和中居中，不偏不倚，过犹不及。李大钊的调和论不是消
解矛盾，是在存我、有抗前提下容许、涵纳对方，在调和中

---

　　① 蔡尚思编：《中国现代思想史资料简编》第一卷，浙江人民出版社1982年版，
第143页。

　　② 同上书，第144页。

　　③ 同上书，第145页。

　　④ 同上书，第142页。

不失却自我，它要求矛盾着的双方"皆有活动之机会"，两种对立的势力不仅有"时间的交互动作"，且有"空间的交互动作"。①李大钊的调和论实际是一种构成矛盾的对立双方相依相持、联系发展的矛盾观。但是，他认为发展是竞进，不是双方的斗争与克服、否定，这样就把发展局限于"同质异量"的交替。在他看来，新旧争哄不绝，异派轧轹未已，长此以往，极其危险。故他主张双方"并存同进，不可妄想灭尽反对的势力，以求独立横行的道理"②。李大钊的调和论作为世界观，有着不可克服的矛盾，然而作为一种文化观的理论方法确有其特殊的价值。东西文化既是新与旧的不同时代的文化，又是静与动不同类型的异派文化。作为新与旧的矛盾，物质技术和社会政治落后的东方民族只有被动地受到西方现代文明的冲击，接受西方文明的传播。作为静与动的异派之争，东方民族可以拒斥西方文化的传播，东西方民族各有自己的选择，都只能采取涵化的方式接受外来文化。正是这两重性质，东西文化不能用"征服"的手段解决冲突，双方须有容人的雅量，又有自信独守的坚操。如果企图灭尽反对势力，断断乎不能如愿，只能落个与人无伤、适以自败的结果。李大钊断言："宇宙大化之进行，全赖有二种之世界观鼓驭而前，即静的与动的，保守与进步是也。东洋文明与西洋文明，实为世界进步之二大机轴。正如车之两轮、鸟之双翼，缺之不可。而此二大精神之自身，又必须时时调和，时时融合，以创造新生命而演进于无疆。"③东

---

① 《调和刍言》，见《李大钊全集》第二卷，人民出版社 2006 年版。
② 蔡尚思编：《中国现代思想史资料选编》第一卷，浙江人民出版社1982年版，第 160 页。
③ 同上书，第 131 页。

西两种主要文明调和的直接结果便是出现第三种文明。

## 三　"第三种文明"

寻求走出中世纪，实现本民族现代化的路径，是鸦片战争以来中国的文化精英们一直在艰苦探索的主题。李大钊做中西文化的比较，其主题也不例外，只是在中国现代化路向的选择上，既不赞成狭隘的民族主义，也不推崇殖民化的畸形文明，而主张中西文化实行调和，取长补短，借西方的现代文明富强自己，借民族传统中的优良因素丰富自己。他所理解的现代化被称作"新文明"。在他看来，东方文明已经衰颓，西方文明亦呈败落之兆，"为救世界之危机非有第三种新文明崛起，不足以渡此危崖"。[①]但是，第三种文明不由一种与东西文明都无关的另一种文明取代，也不是东西方相互征服产生的新文明，而由东西文明调和而致，东洋文明宜竭力打破其静的世界观，以容纳西洋之动的世界观，西洋文明宜斟酌抑止其物质生活，以容纳东洋之精神生活。作为文化类型的差异，东西方各有所长，不因文化传统之不同，"挟种族之偏见以自高卑人"。作为时代的差异，西方文明较东方文明"实据优越之域"，火车轮船不能不乘，电灯电话不能不用，个性自由不能不要求，代议政治不能不采取，"吾侪日常生活中之一举一动，几莫能逃其范围"[②]。故此，物质的生活万不能摒绝勿用，东方文化应使静止的观念与西方动的观念相接近，与西方的物质生活相

---

　　① 蔡尚思编:《中国现代思想史资料选编》第一卷，浙江人民出版社1982年版，第133页。

　　② 同上。

适应。

值得提起的是，伧父先生也持东西文化调和观点，只是对调和观念的理解和对东方文化调和程度的看法与李大钊不同。伧父的调和观基本没超出传统的儒家调和论，而且认为西方的"数世纪竞争活动之结果，所获得之资本，流入吾国，以开发富源，吾国社会以数千年刻苦安静的结果，所滋生之人口，输入他国，以兴起工事"[1]，这本身已是调和的事实了。李大钊则把调和过程看得复杂得多，他认为东方文化只有竭力受西方文化之特长，才能济吾静止文明之穷。而且，他再三指出，以静的文化调和动的文化，不只是采用一些西方的物质技术而已，思想意识的调和是东西方文化调和的主要内容，要"以最大努力使静的世界观与动的世界观接近"[2]。由于在静的生活中，欲根本改变其世界观，"其事至难"，如持静的观念以临动的生活，必怪象百出，如"以半死带活之人驾飞行艇，使发昏带醉之徒御摩托车，人固死于艇车之下，艇车毁于其人之手。以英雄政治、贤人政治的理想，施行民主政治，以肃静无哗、唯诺一致的心理，希望代议政治，以万世一系、一成不变的观念，运用自由宪法，其国之政治固以杌陧不宁，此种政制之妙用亦必毁于若而国中"[3]。在此意义上，调和不只是文化表层的调和，更重要的是政治制度、思想观念、心理意识、生活习俗、宗教信仰等中深层文化的调和，当于日常生活中习练熏陶之，始能渐渍濡染，"取法乎上，仅得其中"。李大钊看到中西文

---

[1]　引自陈序经《东西文化观》，台湾牧童出版社1977年版，第102页。

[2]　蔡尚思编：《中国现代思想史资料简编》第一卷，浙江人民出版社1982年版，第137页。

[3]　同上书，第133、134页。

化调和的艰难是对的，但他由此提出"将从来之静止的观念，怠惰的态度，根本扫荡"，这就与他东西文明互有长短而持调和的观点相抵牾了，这也说明李大钊在这个问题上的疑惑与徘徊，以及对于传统文化中惰性的痛切之恨。

李大钊认为东西方民族文化差异较大，往往固执其文化特质，不易与反对之文明言调和，而能综合异派文化兼容并收之民族，往往于异派文明之调和易于介绍疏通之功。他设想俄罗斯的文化"诚足以当媒介东西之任"，以地理位置看，俄国位于欧亚接壤之交，"故其文明之要素，实兼欧亚之特质而并有之"。[①] 以文明发展程度看，俄国较欧洲各国文明进步为迟，有向上发展之余力。从民族精神看，俄国人既受东洋文明之宗教"感化"，又受西洋文明之政治的"激动"，故其文化半为东方的，半为西方的。"十月革命"的成功，更体现了"世界新文明之曙光"。所以，李大钊认为俄罗斯人"将来能创造一兼东西文明特质"的新文化。[②] 认识到中西文化之间的巨大鸿沟，以及异派文明传播须借助于一定的媒介，这是他的一个观念，不过，他主要借助于地理位置的分析，并没有清楚俄国按其传统是一个欧洲国家，俄国革命的成功体现的是一个时代关系，而不是文化的问题。所以，他把俄国视为第三种文化以调和东西文化，就与前面所说的东西文化调和、"第三者不与焉"相冲突了。这是他思想上的矛盾。

当然，李大钊也并不固执俄国文化充当第三种文化的看法，只能算作一个设想。按其思想的一致性，最终他还是认识到，东西文化的调和只是调和者自身的事情，他深信东西文

---

① 《李大钊选集》，人民出版社1959年版，第103页。

② 同上书，第104页。

明真正之调和，"必至两种文明本身各有彻底之觉悟，而以异派所长补本身所短，世界新文明始有焕扬光彩发育完成之一日"①。最后，李大钊坚信，中华民族有美与高的地理优势，高山峻岭，纵横南北；长江一泻，黄河奔流，浊浪滔滔；江湖大泽，有连天之慨。如此灵淑的山川，雄浑的气象，秀美的江河，必神化中华民族的性质和襟怀，赋予美与高的品性，"对于东西文明之调和，吾人实负有至重之责任；当虚怀若谷，以迎受彼动的文明"②。使之变形易质于静的文明之中，而别开吾东方文化之较与近世精神接近者介绍于西方，期于东西文化调和有所裨益，以尽中华民族对于世界文明第二次贡献。

李大钊的东西文化观在如今看来，不是一种成熟的理论，他与梁启超的文化观相互发明与补益，梁启超提出：东方的学问以精神为出发点，西方的学问以物质为出发点，并且主张调和论，颂扬善调和的盎格鲁－撒克逊人种是"伟大国民"，认为东西方文明经过"化合"可以产生"新文明"；李大钊则写了多篇有关调和论的文章，诸如《调和之法则》《调和剩言》《调和之美》，以及《辟伪调和》等，主张调和东西文明，可以产生"第三种文明"。在李大钊的文章中少见他对梁启超的文化观有过评议，可见两者之间是很少交流的，但两人都极力主张"调和论"，这是值得玩味的。一方面可能在处理东西文化上，擎出中国传统的"调和论"可能是减少冲突的最好的办法；另一方面，在西方文化滚滚来潮之际，强调中国文化的精神与静的特质，也是保持一些文化自信的有效办法。总体来

---

① 蔡尚思编：《中国现代思想史资料简编》第一卷，浙江人民出版社1982年版，第140页。

② 同上书，第132页。

说，梁启超的文化论比李大钊的文化观系统深邃一些，但他们的观念反映了二十世纪初中国新文化运动先驱们对于中西文化认知的态度与水平，也提供了一些有益的启示：中西文化包含了两个方面的问题，一是民族文化传统差异的问题，二是古与今、传统文化和现代化的关系问题；两种殊异的文化可以在双方共同努力下实现调和，虽然这个过程极其艰难；中国的现代化只能按本民族的实情进行选择，既不失却民族性格，又能以现代新文明的姿态立于世界民族之林。

时过境迁，当今的中国，无论其物质生活方式、生产技术水平、社会政治制度，还是思想观念、价值观念、行为方式都远非"五四"时期可比，重温"五四"先驱们的中西文化观，或许有助于今天的讨论。